"互联网+"创新创业实践系列教材

从0到1
创新创业

钟元生 刘春兰 钟钰雯 文小慧 何志江 彭文莉 编著

清华大学出版社
北京

内 容 简 介

本书总结了首批国家级社会实践一流课程"'互联网＋'创新创业方法"的多年教学经验，系统介绍了该课程"从 0 到 1 创新创业"实践的基本思想和实验方法，有助于服务"科技自立自强"人才的培养工作。

全书结合微软、科大讯飞、百度、腾讯、阿里等科技企业的初创期以及屠呦呦等科技工作者的早期职业生涯的大量事例，提出了创业无处不在的理念；系统叙述了在"从 0 到 1 创新创业"阶段中，科创项目定位、科创道路选择、商业模式探索以及科创股权分配等关键知识；并以一个拖地机器人初创企业为例，系统提出了一套开展"从 0 到 1 创新创业"思维训练的实验方案。全书理论联系实际，思维训练和实践操作并行，以便读者结合自己的创业想法，锻炼"从 0 到 1 创新创业"的落地执行能力，增强科技创业信心，减少创业风险。

本书可作为高等学校软件工程、计算机科学与技术等计算机类专业学生开展专创融合教育的教材，也可供各行各业创业起步者参考。

版权所有，侵权必究。举报：010-62782989，beiqinquan@tup.tsinghua.edu.cn。

图书在版编目（CIP）数据

从 0 到 1 创新创业/钟元生等编著. -- 北京：清华大学出版社，2025.3.
（"互联网＋"创新创业实践系列教材）. -- ISBN 978-7-302-68869-3
Ⅰ.F241.4
中国国家版本馆 CIP 数据核字第 20256NK093 号

责任编辑：袁勤勇
封面设计：傅瑞学
责任校对：王勤勤
责任印制：宋　林

出版发行：	清华大学出版社
网　　址：	https://www.tup.com.cn，https://www.wqxuetang.com
地　　址：	北京清华大学学研大厦 A 座　　邮　编：100084
社 总 机：	010-83470000　　邮　购：010-62786544
投稿与读者服务：	010-62776969，c-service@tup.tsinghua.edu.cn
质量反馈：	010-62772015，zhiliang@tup.tsinghua.edu.cn
课件下载：	https://www.tup.com.cn，010-83470236
印 装 者：	三河市君旺印务有限公司
经　　销：	全国新华书店
开　　本：	185mm×260mm　　印　张：15　　字　数：347 千字
版　　次：	2025 年 4 月第 1 版　　印　次：2025 年 4 月第 1 次印刷
定　　价：	48.00 元

产品编号：103700-01

前言

近年来,我国对大学生创新创业愈加重视,开设了大量创新创业课程,出版了许多创新创业教材。本书根据首批国家级社会实践一流本科课程"'互联网+'创新创业方法"的教学内容整理而成。

本书直面"从0到1"科技创新人才培养的社会需求,基于创新驱动创业的理念,培养学生"从无到有"地创办一家科创公司或开创一项新事业的综合能力,增强其原创意识,涵盖走近"从0到1"、选定创业项目、走对创新道路、摸准商业模式、夯实科创股权等关键知识,"从0到1"创业项目定位实践、"从0到1"创新道路选择实践、"从0到1"商业模式探索实践、"从0到1"股权管理实践以及"从0到1"双创实践导航五类实践,以及创新创业竞赛介绍等内容,共11章。

与国内外同类教材相比,本书具有以下特点。

(1) 定位新颖。本书的教学目标不仅是传授创业或管理创业公司的一般性知识,更是培养学生的创业精神,清楚自己的相对优势,即使不能成为一个成功的科创企业家,也知道如何成为一个优秀的"内部创业者"。具体有三大目标:①提高学生的批判思维、沟通交流、团队合作和终身学习等基本能力,锻炼其坚韧不拔的素质;②培育其"明大势、闯新路、接地气"的创业素养;③以红色创业文化鼓舞学生的斗志,提高"从0到1"的双创信心和挑战自我的勇气。

(2) 实践牵引。与"从1到N"的模式复制、技术应用或市场营销创业教材不同,本书聚焦于科创小团队最关键、最困难的"从0到1"阶段,以"科创育人"统领全书,围绕项目定位、创新道路选择、商业模式探索、股权管理等"从0到1"阶段的实践需求,精选理论知识和实践步骤,引导学生以实践的眼光来学习,用一个大作业牵引,边学边练,从小实践过渡到大实践。

(3) 案例驱动。本书面向新时代科创型企业创立与发展的实际需求,加强课程教学内容的改革,以精益创业思想代替传统火箭式创业思想,以互联网企业案例代替传统宽泛性创业案例,以一大批科创案例驱动教学,视角聚焦,内容新颖,给读者以启迪。

本书由钟元生担任主编,负责全书的方案设计、内容策划、细节把控、质量把控和统筹定稿工作。编写分工如下:钟元生负责第1~7章的撰写并参与第10、11章的撰写,钟钰雯、刘春兰负责第8章和第9章的撰写,何志江参与第8章的撰写,文小慧参与第10章和第11章的撰写,彭文莉参与第1章和第3章的撰写。邓付聪、易子涵、张玉玲、吴冕、曹雷、苏羽欣等研究生参与了本书早期内容的讨论和课件制作。

  由于教材编写时间的局限性和作者知识水平的客观制约,书中的不足之处在所难免。在此,诚挚期望各位专家及读者能够提出宝贵意见,以便在教材再版之际进行有效的修订与完善工作。

作 者

于江西财经大学麦庐园

2025 年 1 月

目录

第1章 走近"从0到1" <<<1
1.1 小团队大梦想:青春无敌 ... 1
1.1.1 人人都有梦想 ... 2
1.1.2 圆梦宛如创业 ... 2
1.1.3 科创小团队撬动大事业 ... 3
1.1.4 科技创新正当其时 ... 6
1.1.5 "从0到1"大有可为 ... 7
1.2 不开公司,也在创业 ... 8
1.2.1 立足本职创事业 ... 8
1.2.2 立志科研建伟业 ... 9
1.3 "从0到1"VS"从1到N" ... 12
1.3.1 学习中的"从0到1" ... 12
1.3.2 改革开放40年的"从1到N" ... 12
1.3.3 新时代呼唤更多的"从0到1" ... 13
1.4 "从0到1"中的IT人 ... 14
1.4.1 "从0到1"中IT人的优势 ... 14
1.4.2 "从0到1"中IT人的劣势 ... 15
1.4.3 "从0到1"中IT人的态度 ... 16
1.5 本章小结 ... 17
课后习题 ... 18

第2章 选定创业项目 <<<20
2.1 选择大于努力:基因打造 ... 20
2.1.1 初创项目选择的重要性 ... 20
2.1.2 企业基因的形成过程 ... 21
2.1.3 企业基因影响新产品开发 ... 26
2.2 科创项目定位方法 ... 27
2.2.1 创造新产品,树立新品牌 ... 27
2.2.2 瞄准新需求,服务新用户 ... 29
2.2.3 聚焦差异化,构造精品化 ... 29
2.3 科创项目定位分析的思维导图 ... 30
2.3.1 提供的产品或服务 ... 30

    2.3.2 服务对象 …… 30
    2.3.3 赚哪方面的钱 …… 31
    2.3.4 为什么是我 …… 31
    2.3.5 科创项目定位分析 …… 32
  2.4 本章小结 …… 32
  课后习题 …… 33

第3章 "从0到1"创业项目定位实践   <<< 34
  3.1 任务一：产品需求分析 …… 35
  3.2 任务二：产品功能设计 …… 38
  3.3 任务三：用户画像分析 …… 39
  3.4 任务四：产品盈利点分析 …… 41
  3.5 任务五：团队能力与产品研发匹配度分析 …… 42
  3.6 实验步骤总结 …… 43
  3.7 本章小结 …… 44
  课后习题 …… 44
  本章附录 …… 45

第4章 走对创新道路   <<< 49
  4.1 无创新不创业：科创正道 …… 49
    4.1.1 科技创新的重要性 …… 49
    4.1.2 坚持创新第一动力 …… 51
    4.1.3 小众领域创新创业，大有可为 …… 54
  4.2 颠覆式创新与改进式创新 …… 54
    4.2.1 颠覆式创新 …… 54
    4.2.2 改进式创新 …… 55
  4.3 穿新鞋不要走老路 …… 56
    4.3.1 颠覆式（破坏性）创新下的成长模式 …… 56
    4.3.2 改进式（持续性）创新下的成长模式 …… 57
  4.4 行业老大创新的窘境 …… 57
    4.4.1 诺基亚没落的启示 …… 57
    4.4.2 硬盘行业 …… 59
    4.4.3 如何走出创新窘境 …… 61
  4.5 科创公司弯道超车 …… 62
    4.5.1 科创公司创新创业的优势 …… 62
    4.5.2 科创公司采用颠覆式创新更易成功 …… 64
  4.6 企业创新要坚守社会底线 …… 64
    4.6.1 企业创新无底线，必将导致灭顶之灾 …… 64

4.6.2	网络创新底线越低,风险越大	65
4.6.3	坚守底线,助力企业再焕生机	66

4.7 科创道路选择思维导图 ················ 67
    4.7.1 我要创造什么新产品 ················ 67
    4.7.2 我的产品有何技术创新 ················ 67
    4.7.3 我的小众市场在哪里 ················ 67
    4.7.4 我的产品怎么占领主流市场 ················ 67
    4.7.5 创新的高风险和不稳定,我准备好了吗 ················ 69
4.8 本章小结 ················ 70
课后习题 ················ 70

第 5 章 "从 0 到 1"创新道路选择实践   <<< 73

5.1 任务一:产品功能点或类型判断 ················ 74
5.2 任务二:技术创新程度分析 ················ 82
5.3 任务三:创新点用户付费意愿分析 ················ 83
5.4 任务四:创新链条推进顺序设计 ················ 84
5.5 本章小结 ················ 86
课后习题 ················ 87
本章附录 ················ 88

第 6 章 摸准商业模式   <<< 92

6.1 不试不知道:项目落地 ················ 92
    6.1.1 创业与商业模式 ················ 92
    6.1.2 商业模式探索实例 ················ 92
    6.1.3 探索商业模式的途径 ················ 93
6.2 火箭式创业与精益式创业 ················ 94
    6.2.1 火箭式创业——华丽失败 ················ 94
    6.2.2 精益式创业——科学试错 ················ 95
    6.2.3 初创公司的商业模式 ················ 98
6.3 痛点、痒点与兴奋点 ················ 99
    6.3.1 痛点——用户急迫解决的刚性需求 ················ 100
    6.3.2 痒点——能增加用户体验的功能 ················ 101
    6.3.3 兴奋点——令人惊喜的小功能 ················ 101
6.4 设计 MVP(最小可行化产品) ················ 102
    6.4.1 MVP 的基本定义 ················ 103
    6.4.2 MVP 的分类与举例 ················ 105
    6.4.3 怎么设计 MVP ················ 105
6.5 付费式、黏着式与病毒式增长引擎 ················ 108

6.5.1 付费式增长引擎 ··················· 108
  6.5.2 黏着式增长引擎 ··················· 109
  6.5.3 病毒式增长引擎 ··················· 109
 6.6 科创项目商业模式探索思维导图 ··················· 110
  6.6.1 假设的用户痛点是什么 ··················· 110
  6.6.2 我的方案解决了什么问题 ··················· 112
  6.6.3 我能够提供什么可行的解决方案 ··················· 112
  6.6.4 怎么扩大我的用户人群或销量 ··················· 112
  6.6.5 我能够从中获得什么价值 ··················· 113
 6.7 本章小结 ··················· 114
 课后习题 ··················· 114

第7章 "从0到1"商业模式探索实践 <<< 117
 7.1 任务一：收集整理新产品的功能与创新点 ··················· 118
 7.2 任务二：设计第一个MVP ··················· 124
 7.3 任务三：初拟MVP迭代方案 ··················· 126
 7.4 任务四：完善调整MVP迭代计划 ··················· 130
  7.4.1 完善MVP迭代计划 ··················· 130
  7.4.2 分析MVP迭代计划 ··················· 131
  7.4.3 调整MVP测试顺序 ··················· 132
 7.5 实验步骤总结 ··················· 134
 7.6 本章小结 ··················· 134
 课后习题 ··················· 135
 本章附录 ··················· 136

第8章 夯实科创股权 <<< 139
 8.1 先小人后君子：股权力量 ··················· 139
  8.1.1 骨干持股少：创始团队难稳定 ··················· 139
  8.1.2 创始股权：制约企业发展 ··················· 140
  8.1.3 股权激励：企业做大做强 ··················· 141
 8.2 科创小团队须高度重视股权结构 ··················· 143
  8.2.1 以出资额分配股权容易导致创业失败 ··················· 144
  8.2.2 平均分配股权：股东矛盾多 ··················· 144
  8.2.3 股权结构不合理：利益分配公平难 ··················· 145
  8.2.4 股权激励：便于科创人才招揽 ··················· 146
 8.3 科创股东权利探析 ··················· 147
  8.3.1 股权决定企业所有权 ··················· 147
  8.3.2 分红权商定企业利润分配 ··················· 148

8.3.3 决策权议定企业重大事项 ………………………………………… 151
8.3.4 增资权约定融资的优先顺序 ………………………………………… 151
8.4 科创小团队融资过程与要点 ………………………………………… 152
8.4.1 初创期融资 ………………………………………… 152
8.4.2 早期融资 ………………………………………… 153
8.4.3 中期融资 ………………………………………… 153
8.4.4 政府创业投资 ………………………………………… 154
8.4.5 融资要点 ………………………………………… 154
8.4.6 股权设计要点 ………………………………………… 155
8.5 科创股权成功变现的主要方法 ………………………………………… 155
8.5.1 股权转让 ………………………………………… 155
8.5.2 股权回购 ………………………………………… 156
8.5.3 公司收购 ………………………………………… 156
8.6 科创股权设计思维导图 ………………………………………… 157
8.6.1 团队领军人物占股 ………………………………………… 157
8.6.2 股权激励 ………………………………………… 157
8.6.3 合理分配股权 ………………………………………… 159
8.6.4 股东中途退出股权处理机制 ………………………………………… 159
8.6.5 保障股权 ………………………………………… 159
8.6.6 兼顾公司稳定和发展 ………………………………………… 160
8.7 本章小结 ………………………………………… 160
课后习题 ………………………………………… 160

第9章 "从0到1"股权管理实践　<<< 162

9.1 任务一：产品研发预算 ………………………………………… 163
9.2 任务二：团队岗位分工及股权分配 ………………………………………… 165
9.3 任务三：中途股东退出及股权转让规则制定 ………………………………………… 166
9.4 任务四：股东中途退出的财务与股权处理 ………………………………………… 167
9.5 任务五：公司设立后的股权融资与财务处理 ………………………………………… 169
9.6 实验步骤总结 ………………………………………… 177
9.7 本章小结 ………………………………………… 178
课后习题 ………………………………………… 179
本章附录 ………………………………………… 179

第10章 "从0到1"双创实践导航　<<< 185

10.1 "从0到1"双创实践简介 ………………………………………… 185
10.1.1 什么是"从0到1"的双创实践？ ………………………………………… 185
10.1.2 项目实践概况 ………………………………………… 186

10.2 "从0到1"双创实践类型 186
    10.2.1 已有产品改进 186
    10.2.2 科创产品研发 187
    10.2.3 双创竞赛实战 187
10.3 科创计划案例 189
    10.3.1 字节跳动 189
    10.3.2 Airbnb 192
10.4 学生实践案例分析 195
    10.4.1 卓导——研招好帮手 195
    10.4.2 心灵共振——治愈系公益项目 198
    10.4.3 股权分配虚拟仿真实验平台 201
    10.4.4 小行星——环绕你,拥抱你 205
    10.4.5 火堆:一站式"二战"助手 211
10.5 本章小结 214
课后习题 214

第 11 章 创新创业竞赛导航 <<< 216

11.1 代表性创新创业竞赛项目 216
11.2 创新创业三大国家级竞赛 218
    11.2.1 中国国际大学生创新大赛 218
    11.2.2 "挑战杯"全国大学生课外学术科技作品竞赛 220
    11.2.3 "挑战杯"中国大学生创业计划大赛 221
11.3 其他重要创新创业竞赛 222
    11.3.1 全国大学生电子商务"创新、创意及创业"挑战赛 222
    11.3.2 中国大学生计算机设计大赛 223
    11.3.3 蓝桥杯全国软件和信息技术专业人才大赛 223
11.4 备赛经验分享 223
    11.4.1 选题 223
    11.4.2 准备 224
    11.4.3 发展 224
11.5 本章小结 225
课后习题 225

参考文献 <<< 227

第 1 章

走近"从 0 到 1"

1.1 小团队大梦想：青春无敌

创业三要素包含机会、资源、团队。《孙膑兵法·月战》有云："天时、地利、人和，三者不得，虽胜有殃。"确实，打赢一场战争，天时、地利以及人和至关重要，三者兼具，方能百战不殆。在当今经济社会飞速发展的时代，创业者们亦在不断演绎着一场场没有硝烟的战争。这边或许正陷入穷途末路之境，那边却在蓬勃兴起，弱肉强食的竞争不断上演，一轮又一轮的财富梦想也在持续被创造。

"天时"代表机会，可遇而不可求。古人云："英雄顺时势，时势造英雄。"创业者需敏锐洞察市场大环境，紧紧抓住创业契机，牢牢紧跟时代步伐。你既可以成为风口的创造者，亦能成为风口下的逐梦者。马云早在互联网发展初期便前瞻性地提出电子商务概念，并于 1989 年创立阿里巴巴，他精准地预判并肯定未来趋势，有力地带动了网络购物、网上点餐、移动支付以及快递行业等的蓬勃发展，最终成为国内互联网行业的领军人物。2015 年，李子柒开启美食主题短视频的拍摄之旅。起初，其作品在美拍平台发布时反响平平。然而，2016 年初，新浪微博推出原创视频扶持计划，李子柒凭借敏锐的洞察力，果断抓住这一绝佳机会。时至今日，李子柒在国内外多个平台已收获逾 5000 万粉丝，更是中文视频订阅量最多的网络博主。在央视采访中，她诚恳地表示："是时代给了我一阵风，让我幸运地站在了短视频的风口上。"2020 年疫情突如其来，虽给餐饮、娱乐、旅游等行业带来巨大冲击，但同时也助推了线上视频、生鲜物流等行业的迅猛发展，足见"应运而生"的行业蕴含着广阔市场。正如英国著名物理学家、数学家牛顿所说："如果说我看得比别人更远些，那是因为我站在巨人的肩膀上。"在这瞬息万变且充满机遇的时代洪流中，创业者倘若能够准确把握风向标，便能成为时代的弄潮儿、商业领域中的佼佼者。

"地利"代表资源。恰如"借力使力""借势用势"所表达的那般，普通的创业者在竞争激烈的商业市场中，无疑处于相对弱势的地位，若欲获取竞争优势，除了竭力提升自身的经营能力与水平之外，更为关键的是学会借助外力，如此方能达到事半功倍之效。创业者既要脚踏实地走好每一步路，同时也需抬头仰望前方道路。近年来，国家始终大力鼓励大众创业、万众创新。历史的经验启示创业者，必须紧密扣合国家以及经济社会发展的新趋势、新变化与新要求。国家政策的扶持、市场资源的调配以及地域优势的利用等，皆是创业者可借助的"地利"因素。

"人和"代表团队，其核心在于积极向上且目标统一。众人皆知海底捞的服务乃其成功的关键要素之一，然而"721 合伙模式"（其中 7 代表总部持有门店 70% 的股权；2 意味着给予店长20%的门店股权作为激励;1则是指若老店长培养新店长开新店,可在新店享有10%的分红)才是它的制胜法宝!海底捞从传统雇佣制转变为合伙制,让员工实现老板梦,促使员工从为他人干活转化为为自己干活。华为创始人任正非借助员工持股制度,成功地使员工与公司结成利益和命运的共同体。通过集体奋斗,铸就了华为的辉煌事业。实际上,"员工持股"的华为模式极有可能代表了未来的正确方向。在创业征程中,团队成员各自发挥优势,秉持积极向上的态度,朝着统一的目标奋进,这是创业成功的关键所在。

习近平总书记指出,伟大事业都始于梦想,伟大事业都基于创新,伟大事业都成于实干。一个创业者具备了机会、资源、团队三要素,在创新创业的道路上发挥自己的真才实干,方能实现大梦想。

1.1.1 人人都有梦想

"我们都在努力奔跑,我们都是追梦人。"习近平总书记在2019年新年贺词中这句激昂的话语,如同一束明亮的火炬,点燃了无数追梦人心中的豪情壮志。一代人有一代人的使命,一代人有一代人的担当,立足新时代新征程,将自己的理想信念与国家发展大势相结合,努力成长为堪当民族复兴重任的时代新人,不负时代、不负韶华。

"为中华之崛起而读书"是周恩来总理在少年时代立下的宏伟志向。中国"氢弹之父"于敏,是一位鲜为人知的核物理学家,他将个人志向服从祖国需要,默默为我国国防事业奉献了终生。扶贫干部黄文秀为信念而奔跑,不贪恋大城市的锦绣繁华,把双脚扎进家乡泥土,把青春和热血融入脱贫攻坚洪流。工程师在自己的岗位上挥洒汗水,教育工作者为学生传道授业解惑,外卖小哥为人们送去一份份美味佳肴……千千万万的劳动者在自己平凡的工作岗位上努力奔跑,人们都有无穷的远方。年轻一代的我们,在成长的过程中,有过很多次梦想,小学的时候,可能会说我想当老师,我想当医生,我想当科学家……那时候我们对梦想是懵懂的,但追求是远大的;中学的时候,我们会想着如何进行一场大冒险,例如逃次课、翻次墙头,让青春不留遗憾;高中的时候,只想埋头苦干,考上好大学;大学的时候,才知道原来梦想只是为了毕业后能有个好前程。从小到大,只有少数人还在一直坚持最初的梦想,走在梦想的路上。

那么,现在你的梦想是什么呢?有的同学以后要当工程师,考公务员,读硕读博;有的同学想创业,希望实现财富自由;有的同学坚决不创业,认为创业风险高,十有八九会失败……

1.1.2 圆梦宛如创业

每个人都有自己的梦想,但不管是当老师、公务员、工程师,是攻读硕士、博士研究生学位,继续深造,还是创业,其实都是属于"从0到1创新创业"课程所讲授的"创业"的范畴。那么什么是创业呢?

狭义的创业,是指创办企业,也就是大多数人理解的创业。但是,我们这门课更强调的是广义的创业,是指实现价值,开创事业,也就是在本职岗位上干事创业,用创业精神经营自己的人生和事业。图1-1展示了创业的定义。

无论是一家公司从弱到强、一个事业从无到有,还是一项业务从小到大,我们都可以看作"创业"的过程。同样,我们开创个人事业,追求个人梦想,其实也是创业,例如,考公

狭义创业：创办企业

广义创业：从无到有

广义创业：从弱到强

广义创业：从小到大

图 1-1　创业的定义

务员、事业编，考研究生等。我们可将人生看作一场创业，要实现自身价值，实现梦想就要实现"从 0 到 1"的跨越。

1.1.3　科创小团队撬动大事业

团队是创业的重要因素。大量研究表明，团队在创新创业的过程中起着非常关键的作用。

1. 著名科创团队：微软

众所周知的著名创业团队——比尔·盖茨和保罗·艾伦（如图 1-2 所示）。艾伦和盖茨相识于湖畔中学，在这所学校，这两个男孩每天都会花费几个小时一起研究讨论计算机、比赛编程。

图 1-2　比尔·盖茨(右一)和保罗·艾伦(左一)

1968 年，13 岁的盖茨对运用 BASIC 语言为通用电气系统编程很感兴趣，在一台 33 型 ASR 终端和一台通用电气计算机上编写了第一个计算机程序——井字游戏。

1971 年，盖茨和艾伦被信息科学公司招去用 COBOL 编写工资管理软件。

1972 年，17 岁的盖茨和 19 岁艾伦成立了 Traf-O-Data 公司，利用 Intel 8008 芯片开发统计西雅图交通量的计算机系统，赚到 2 万美元，但最终破产。

1975年，《大众电子》杂志一月刊发行，封面报道了世界第一台微型计算机 Altair 8800（牵牛星 8800）。22 岁的计算机程序员保罗·艾伦产生一个想法：为 Altair 8800 开发 BASIC 编译器，使为微机开发商业软件变成一种可行的盈利业务。

1975 年 1 月，盖茨和艾伦改编了在 Traf-O-Data 编写过的一个 Intel8008 模拟器，在哈佛大学的 PDP-10 计算机上开发和测试了 Altair 解释器。最终完成的解释器包括它自己的 I/O 系统和行编辑器。并写出最短的引导程序来读取磁带存储器。

1975 年 2 月，艾伦和盖茨联系了 MITS 的创始人罗伯茨，在演示了自己的计划后达成了合作，艾伦和盖茨以 3000 美元的价格将编译器代码卖给了 MITS 公司，MITS 同时还需要支付高达 180000 美元的专利使用费。

1975 年 7 月推出 Altair BASIC 编译器。

1976 年 11 月，21 岁的盖茨与 23 岁的艾伦创办 Micro-Soft 公司（即微软公司），公司最初的业务是销售 BASIC 编译器。1976 年底，Micro-Soft 营收超过 1.6 万美元。

1978 年，得益于 Altair 8800 的流行，Micro-Soft 年营收突破 100 万美元，公司名称由 Micro-Soft 改为 Microsoft。

1980 年 11 月，微软公司与 IBM 公司达成合作，为即将推出的 IBM PC Model 5150 家用计算机开发操作系统。

微软得到 QDOS 操作系统的授权，开始重写 QDOS 操作系统代码的核心部分。

1981 年，微软买断 86-DOS（原 QDOS）并将其包装为自己的产品 MS-DOS。

1983 年，微软的营收超过 5500 万美元。与 IBM 的合作，让微软基本开创了家庭计算软件市场并逐渐称霸。

随后微软公司陆续推出 Windows 操作系统和 Microsoft Word、Excel 等 Office 产品，其从 0 到 1，再到 N 的发展历程如图 1-3 所示。

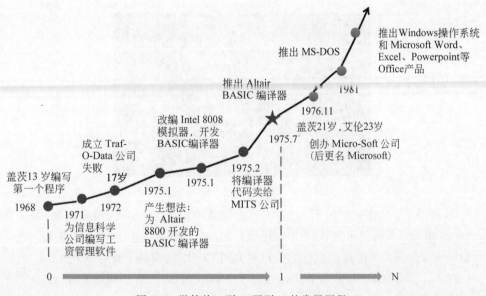

图 1-3　微软从 0 到 1，再到 N 的发展历程

科创小团队也能撬动大事业,微软初创时期也经历过起起落落,但是其创始人团队利用过硬的技术与卓越的眼光投身于计算机领域,实现了"从0到1"的突破,在此基础上创造出巨大的价值。

2. 实验室走出的团队:科大讯飞

科大讯飞公司的创业经历,是一个典型的中国技术创业案例。科大讯飞通过自主创新实现技术突破,构建源头技术壁垒,在被巨头垄断的市场中抢得发展机遇。

在2000年之前,中文语音技术几乎为国外公司垄断,微软、IBM、Intel等企业纷纷在中国设立语音研究基地。彼时中国的语音技术研究大多还停留在实验室阶段,科大讯飞的成立就离不开中国科学技术大学(简称"中科大")电子工程系的人机语音通信实验室。

1992年,19岁在读大学二年级的刘庆峰被选入中科大人机语音通信实验室,参与科学研究。

1995年,刘庆峰开始攻读研究生,成为国家"KD系列汉语转换系统"项目的主要负责人。

1998年,刘庆峰开发的语音合成系统在国家863计划成果比赛中夺冠,该系统被评测专家组认定为初步达到实用化水平,这让他产生了将研究成果产业化的想法。

1999年,26岁博士二年级的刘庆峰联合18位同学和老师创立科大讯飞(原名硅谷天音)公司,拿到安徽信托、美林集团、合肥永信三家公司3060万投资。刘庆峰及其创业团队如图1-4所示。

图1-4 刘庆峰(前左一)及其创业团队

公司成立第一年,刘庆峰将市场营销委托给一家福建公司,在市场营销出现混乱后将营销权收回,自己拓展市场。

2000年,公司推出针对PC的智能语音软件"畅言2000",因盗版猖獗等原因而失败。后来与华为合作,将语音技术嵌入华为的系统平台。2000年底,拓展了包括华为、中兴和联想在内的50多个合作伙伴。

2001年,科大讯飞拿到联想、英特尔等大型企业投资,一年间公司估值从原来的5000万元上涨到2.2亿元。

2004年,科大讯飞首次实现盈利。

2008年,科大讯飞成功上市,成为当时中国语音技术产业界唯一上市企业。

图1-5展示了科大讯飞公司的发展历程。

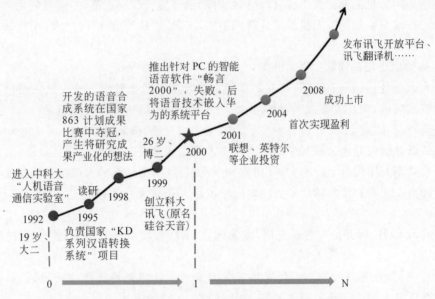

图 1-5　科大讯飞公司从 0 到 1,再到 N 的发展历程

科大讯飞瞄准语音识别、图像识别等技术,确定了专注语音产业的发展方向,快速发展并迅速产业化。创始人刘庆峰厚积薄发,在学习、研究中创立自己的企业,从 0 到 1 开辟出了语音技术的新天地,在国家重大政策及战略方向引领下,顺应时代要求,形成了政府鼓励认同、企业主动爱用、人民喜欢信任的产品格局,构建起典型的根据地业务,实现了"从 1 到 N"的规模化增长。

1.1.4　科技创新正当其时

当前,我国正处于一个大有可为的历史机遇期。百年变局,前所未有;科技创新,正当其时。

2020 年 9 月 11 日,中共中央总书记、国家主席、中央军委主席习近平在京主持召开科学家座谈会并发表重要讲话。习近平总书记从党和国家事业发展的全局出发,深刻阐述加快科技创新的重大战略意义,勉励广大科学家和科技工作者大力弘扬科学家精神,肩负起历史责任。

科技是国家强盛之基,创新是民族进步之魂。党的十八大以来,我国科技事业取得历史性成就,发生历史性变革,重大创新成果竞相涌现,一些前沿领域开始进入并跑、领跑阶段,科技实力正在从量的积累迈向质的飞跃,从点的突破迈向系统能力提升。但也要注意我国核心技术的短板依然突出,迫切需要打好关键核心技术攻坚战,实现更多的"从 0 到 1",创造更多的"从无到有"。

实现更多"从 0 到 1",意味着需要向更多"卡脖子"的地方开刀,大力提升自主创新能力,这是基于我国国内外形势的考量。当今世界正经历百年未有之大变局,我国发展面临的国内外环境发生深刻复杂变化,我国经济社会发展和民生改善比过去任何时候都更加需要科学技术解决方案,都更加需要增强创新这个第一动力。同时,在激烈的国际竞争面前,在单边主义、保护主义上升的大背景下,我们必须走出适合国情的创新路子,明确我国科技创新主攻方向和突破口,努力实现优势领域、关键技术重大突破,主要创新指标进入世界前列。

创造更多"从无到有",意味着创新难度更大、任务更艰巨繁重。这对广大科学家和科技工作者提出了更高要求。惟其艰难,才更显勇毅;惟其笃行,才弥足珍贵。在科学上没有平坦的大道,只有不畏劳苦沿着陡峭山路攀登的人,才有希望达到光辉的顶点。广大科学家和科技工作者要肩负起历史责任,大力弘扬科学家精神,把握大势、抢占先机,直面问题、迎难而上,坚持面向世界科技前沿、面向经济主战场、面向国家重大需求、面向人民生命健康,不断向科学技术广度和深度进军。

关键核心技术要不来、买不来、讨不来,科技创新等不得、拖不得、慢不得。面对我国"十四五"时期以及更长时期发展的迫切要求,我们要加快科技创新,在重大科技领域不断取得新突破,夯实世界科技强国建设的根基。

创新正当其时,圆梦适得其势。创新的范畴是非常广泛的,其中科技创新是关键,对全面创新的实现起到有效的引领作用,推动我国高质量发展的速度。受"新冠"肺炎影响,各行各业的经济发展都遭遇不小冲击,对第三产业,如交通、旅游、餐饮、酒店、影视娱乐、零售、物流等行业的影响较为广泛,于危机中见新机,于变局中开新局,同时医药、防护用品、在线教育、在线游戏、网络直播、在线办公等行业也迎来发展的机会。"盖有非常之功,必待非常之人",作为科技创新的生力军,青年人才是国家战略人才力量的源头活水,青年是科技创新人才队伍中最具创新活力的群体。

科技创新已经成为提高综合国力的关键支撑。在如今经济全球化的大格局下,一个国家只有具有科技创新能力才能被称为强国,才能不断激活、带动国家新兴产业的发展,从而带动整个社会的发展。同时,科技创新能力也是企业发展的核心动力,只有具备科技创新能力的企业才能在激烈的市场竞争中抢先机、占主动。我国产业处于转型升级的关键阶段,突破发展瓶颈的根本出路在于创新,关键要靠科技力量,促进科技经济融合发展,营造创业、创新、创造良好生态,让科技更好地服务经济社会发展,不仅正当其时,而且大有可为。

1.1.5 "从 0 到 1"大有可为

"从 0 到 1 创新创业"的定位是以初创科企"从 0 到 1"创业过程为核心,聚焦于初创科企精益创业、颠覆式创新。

当前世界经济形势严峻复杂,站在"两个一百年"奋斗目标的历史交汇点上,习近平总书记坚定指出:"要坚持用全面、辩证、长远的眼光分析当前经济形势,努力在危机中育新机、于变局中开新局。"对创业公司来说,可谓机遇与挑战并存。一方面,政府为创业者提供了诸多便利条件和优惠政策,例如实行创业担保贷款财政贴息政策,持续加大资金支持力度,缓解创业者的资金压力。当下创办一家公司相较于以往确实更为便捷,但另一方面,当前创业门槛有所降低,使得市场中涌入大量初创公司,创业公司要想在激烈的市场竞争中立足,难度也相应增加了。

新时代下的创新创业,是未来十年最大风口。

大学生决然不会仅仅满足于生活小康的状态,创新创业无疑是满足新需求的关键途径。而国家与社会也在持续为大学生营造愈发良好的科创支持环境。早在2021年10月12日,国务院办公厅就印发了《关于进一步支持大学生创新创业的指导意见》,为大学生创新创业给予了诸多切实的政策支持。例如,在教育方面,贯穿创新创业教育,提升教师能力,同时加强培训与大赛机制;服务平台建设上,积极推动校内平台开放,促使孵化器提供优惠空间,充分发挥示范基地作用,完善成果转化与保护机制,并且加强信息服务与宣传工作;财税领域加大专项资金支持力度,认真落实减税降费政策;金融政策方面鼓励机构提供服务并引导投资;保障与救助方面则重点关注创业失败的大学生等。

"十四五"规划和2035年远景规划明确指出,要以国家战略性需求为导向推进创新体系优化组合。加快构建以国家实验室为引领的战略科技力量,聚焦于量子信息、光子与微纳电子、网络通信、人工智能、生物医药、现代能源系统等重大创新领域。对于事关国家安全和发展全局的基础核心领域,需制订实施战略性科学计划和科学工程。瞄准人工智能、量子信息、集成电路、生命健康、脑科学、生物育种、空天科技、深地深海等前沿领域。从国家急迫需要和长远需求出发,集中优势资源攻关新发突发传染病和生物安全风险防控、医药和医疗设备、关键元器件零部件和基础材料、油气勘探开发等领域的关键核心技术。而大数据、人工智能、5G通信等技术,乃是创新创业所必需的硬功夫,学好专业知识才是关键所在。

越早思考"顺势而为",越早根据国家需求提升自己,成功机会就越大。学好"从0到1"科创知识,理解科创公司成长规律,这对于大学生未来避免盲目创业,更好地把握科创风口是非常有帮助的。当前国内国际环境都发生了很大变化,我国科技发展存在不少短板,很多产业技术瓶颈主要在于原始创新薄弱,李克强总理指出:"基础研究是推动原始创新、构筑科技和产业发展'高楼'的基石。"我国已经到了必须大力加强基础研究的关键时期,立足现实,决不能错过这个时机。聚焦原始创新,推进创新创业创造向纵深发展,"从0到1"大有可为。

1.2 不开公司,也在创业

创业的本质是构建一个可行的商业模式的过程,这一过程中创立的组织的形态就统称为企业。开创事业,实现价值是广义创业;腾讯和阿里巴巴创办企业也是创业;企业内开发出应运而生的软件也是创业;参加"双创"竞赛也是创业。立足本职创事业,立志科研建伟业,创业的形式不局限于开公司,创业的形式多种多样,为我们提供了无限可能。

1.2.1 立足本职创事业

正所谓"天下大事,必作于细",做好自己的本职工作是我们工作生涯中一个永恒的主题。无论你从事何种职业,无论你处于何等职位,无论你的收入高低,从小事做起也可以通过劳动创造幸福,学习技能成就梦想。《诗经》有云:"如切如磋,如琢如磨",学习与研究离不开琢磨与切磋,唯有如此,才能达到执着专注、精益求精、一丝不苟、追求卓越的境界。在新时代下,我们要努力做到干一行爱一行,专一行精一行,立足本职,从0到1,开创事业。

陈卫林：小螺栓，大匠心

陈卫林(如图1-6所示)，现在是国营芜湖机械厂的首席技师。

图1-6 陈卫林

1997年，陈卫林还只是一个从芜湖技校毕业的新人，成为国营芜湖机械厂的一名普通车工，做的是最脏最累的活。但是，为了弥补自己理论知识的不足，他用7年时间完成了大专和本科的夜大学习。后来厂里从美国引进第一台数控设备，设备的使用和维护都需要自己摸索。设备说明书都是英文的，而陈卫林的英文水平有限，不得不每天查着英汉字典一个字一个字地翻译。

制作车螺栓是车工的一项最基本的技能，陈卫林总是不厌其烦地把每根螺栓做好做精。2006年，工厂给陈卫林下了任务——为某型新飞机制造螺栓。这种螺栓在飞机上需要承受高强度的冲击载荷，而且制造工艺要求特殊，但国外对我国实行技术封锁，国内虽有一家企业生产却报价惊人，一架新机光螺栓费用就要300万元。

陈卫林受命开展技术攻关，针对螺栓的结构及用途，对强化关键点进行分析。他和他的团队设计、制造数显弹性滚压强化工装。从材料选型到切削参数，从强化工艺到试验条件，经过2个多月、100多道加工工序和上百次反复试验后，不仅成功制造出了这种螺栓，还提高了其结构强度，为每架装备节约成本200多万元。

20多年来，陈卫林从一名普通车工做起，勤学苦练，不断提升技能水平。因技术功底深，理论知识渊博，他被提拔为装备机械制造技术员，成为工厂机械制造专业既擅长操作又精通技术的第一人。他领衔的"陈卫林大师工作室"被认定为国家级技能大师工作室，累计完成360多项关键零部件自制攻关，直接经济效益达6000万元以上。

陈卫林立足本职，把小螺栓做好做精，用个人"小作用"换企业"大成果"，从"岗位新人"迈向"创新大工匠"，开创个人事业，实现个人自我价值，最终实现员工与企业的共同发展。

1.2.2 立志科研建伟业

1. 复旦博士：130行代码助力抗疫

复旦大学信息科学与工程学院生物医学工程专业博士研究生李小康，学以致用，"从

0到1"创新实践,开发抗疫利器,信息化助力疫情防控,织密校园安全防护网。

2022年3月初,上海学校启动常态化核酸筛查工作,要求班级辅导员必须核查学生"健康云"核酸完成截图,确保"不漏一人"。然而人工核查费时费力又易出错,信息科学与工程学院博士研究生李小康担任学院2019级信1班辅导员,他快速开发一项小程序,几分钟就能快速核查数百人的核酸完成截图,大大提高核查效率和精度。

学校进入准封闭管理之后,忙于抗疫的他,为了减少自己和身边老师的工作量,对一项烦琐的日常工作产生了思考。他想,核查核酸报告单调枯燥又费时,重复性很强,正符合计算机程序工作的特点。写一个代码程序用于自动核查核酸完成截图核查的想法,在他脑海中产生。

得益于长期的科研习惯和代码敏感性,经过思考,李小康的程序思路基本确定为OCR文字识别+正则表达式筛选。3月15日晚,他花了一个多小时就写出了初始代码,共130行,程序确实能够跑通,且运行效率很高。虽然遇到了几个技术难题——OCR技术的实现、学生提交截图类型不统一、截图数量多时的程序等待焦虑等。李小康逐一尝试多个工具,分析图像特点,寻找到了最佳解决方案。

程序写好后,李小康就在自己班级的核酸截图数据上进行验证,准确率果然很高,甚至检测出了之前人工核查没有发现的问题。并且,程序运行时间很短,80多张图只需要20多秒。后来,该程序在该学院服务,800幅截图,只需2分钟,大大节约时间和人力。学校信息办与李小康对接,收集二级单位管理需求,研究制定相关方案,开发全新小程序纳入学校"一网通办"平台。

从需求分析到程序开发,李小康攻克难题,成功将自己所学应用到现实生活中,助力疫情常态化核酸筛查工作,减轻了防疫人员的工作压力,提高了办事效率。

2. 屠呦呦:发现青蒿素

屠呦呦(图1-7中右一),从0到1,结合现代科学与传统中医,得到"发现青蒿素"的突破,研发抗疟新药,开创疟疾新疗法,为中医药科技创新和人类健康事业作出巨大贡献。

1955年,北大医学院药学系毕业的屠呦呦分配到中医研究院中药研究所从事中药研究。

1959—1962年,对西医有着很深造诣的她参加了卫生部的一个中医班培训,系统学习了中医药知识,还去药材公司向老药工学习中药鉴别及炮制技术,后来还参加了卫生部下达的中药炮制研究工作,是《中药炮炙经验集成》一书的主要编著者之一,这为以后的研究打下了坚实的中医药理论基础。

图1-7 屠呦呦

1967年越南战争,耐药的恶性疟在越南流行,拥有抗疟特效药,成为决定美越两军胜负的重要因素。美国筛选了30多万个化合物,都没有找到理想的抗疟成分。1967年,中国在越南的求援下启动523项目,开始研发抗疟新药。1969年,屠呦呦担任523项目课题组组长,承担抗疟中药的研发,致力解决国家难题。

此后,屠呦呦开始了艰难的探索。1969—1971年,研究了超过2000种的中药,发现了其中的640种可能有抗疟效果。从大约200种中药里筛选了380种提取物,最终确定了几种中药作为研究对象,青蒿正在其中。但当时青蒿的临床效果并不理想。

1971年9月,从中医古籍《肘后备急方》中得到启发,创建了低温提取青蒿抗疟有效成分的方法。

1971年10月,成功实现191号青蒿乙醚中性提取物样品对疟原虫的抑制率达到100%。

1972年8—10月,开展了青蒿乙醚中性提取物的临床研究,屠呦呦团队成员以身试药(青蒿素首次临床试用),不幸得了中毒性肝炎。

1972年11月,继续分离纯化青蒿的抗疟有效成分,将其命名为青蒿素。

1977年,青蒿素的研究成果首次公开发表。

1986年,青蒿素获得了新药证书(青蒿素产业化)。

2004年5月,世卫组织将青蒿素处方药物列为治疗疟疾的首选药物。

抗疟研究仍在继续,屠呦呦团队破解了"青蒿素抗药性"难题,还发现青蒿素能治疗红斑狼疮。

临危受命,艰辛探索,研究有新的突破,屠呦呦团队的研究成果,列为治疗疟疾的首选药物,挽救了数百万人的生命,产生了巨大的经济社会效益,并于2015年荣获诺贝尔生理学或医学奖。2019年,被授予共和国勋章。

图1-8展示了屠呦呦团队从0到1,再到N的创新历程。

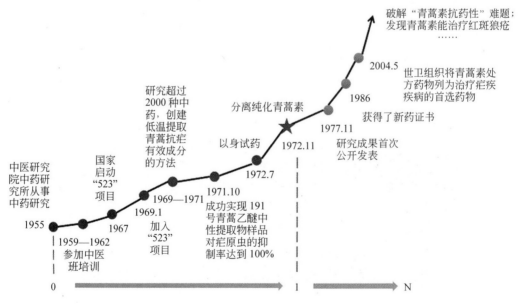

图1-8 屠呦呦从0到1,再到N的创新历程

1.3 "从 0 到 1"VS"从 1 到 N"

1.3.1 学习中的"从 0 到 1"

从 0 到 1：创新就是从无到有，尝试从未做过的事。

计算机专业的学生使用学习过的编程语言开发一个小项目就是"从 0 到 1"，例如，使用 C 语言完成 2048 游戏、使用 Java 语言开发学生信息管理系统等，如图 1-9 所示。做自己从没做过的事，也是一种"从 0 到 1"。

图 1-9 2048 游戏、学生信息管理系统

在做项目的过程中，从 0 的起点，迈出艰难的第一步，慢慢摸索，不断迭代，走向 1 的突破。然后通过积累项目经验，脚踏实地，实现个人职业发展的"从 1 到 N"。

1.3.2 改革开放 40 年的"从 1 到 N"

从改革开放以来的 40 年，Made in China(中国制造)(参见图 1-10 左图)的标识随着商品流、信息流激荡全球，成为广为人知的中国符号。

提起代工工厂，大家默认中国是"制造业大国""世界工厂"。从鞋子、自行车到玩具、服装，再到电子零部件、汽车零部件，中国制造渗透到了世界工业制品的每个部分。最典型的就是中国富士康集团，接手了苹果公司的零件制作与成品生产(参见图 1-10 右图)。

图 1-10 Made in China(中国制造)和中国富士康集团

那么，今天的中国为什么能成为世界工厂？

靠着廉价的原料和人力成本，我们在世界制造业中迅速站稳脚跟，飞速发展。

从 1 到 N：从少到多，照搬已取得成就的经验(复制)。

过去40多年,我国"从1到N"做到极致,强大的加工贸易让中国成功成为世界第二大经济体。但如今中国制造业出现严重危机:缺少自主品牌和核心技术、与日俱增的劳动力成本,等等。

1.3.3 新时代呼唤更多的"从0到1"

1. 美国对中国"卡脖子"

2018年3月22日至2021年12月18日期间,美国政府将多达611家中国公司、机构及个人列入实体清单之中。实际上,早在1997年2月,美国就首次推出实体清单,起初主要针对与大规模杀伤性武器相关的实体。而如今,美国凭借所谓的"实体清单",频繁运用"卡脖子"手段来遏制中国高精尖科技行业的发展。

2016年11月17日,在3GPP RAN1 87次会议的5G短码方案讨论中,华为主推的Polar Code(极化码)方案成为5G控制信道eMBB场景编码方案。这一成果标志着我国首次在通信高科技领域取得制定标准的话语权。谁制定了标准,谁就能够引领该标准下的技术和产品。由于主动权掌握在标准制定者手中,对美国而言,今后在通信领域将处于相当被动的地位。这一方案的确立,让美国产生了打压华为的念头。

2018年,华为研发出真正的5G产品,而此时美国在5G领域与华为存在较大差距。于是,美国加紧对华为的打压,"孟晚舟事件"成为美国对华为打压的开端。此后,美国陆续推出一轮又一轮禁令,从禁止购买华为产品,到禁止提供华为手机操作系统,再到禁止提供华为手机芯片,最后到禁止为华为代工手机芯片。

2022年8月,美国正式推出《2022芯片与科学法案》,该法案旨在通过巨额产业补贴和遏制竞争的霸道条款,推动芯片制造"回流"本土。

美国这一系列操作的目的不仅是维护其在高科技领域的霸主地位,更是借此扼杀中国高科技企业。

中国受到"卡脖子"威胁的主要原因是我国基础理论研究跟不上、科技创新的能力不够强,特别是在关键核心技术领域还缺少重大突破,原创能力,特别是从0到1的技术,我们掌握得太少。

那么,在被美国"卡脖子"的时候,中国如何实现"从0到1"的突破?

大到卫星导航系统,小到芯片,事实反复告诉我们,关键核心技术是要不来、买不来、讨不来的。只有把关键核心技术掌握在自己手中,才能从根本上保障国家安全。

2. 十年磨一剑:北斗卫星导航系统

北斗卫星导航系统(以下简称"北斗系统")是中国着眼于国家安全和经济社会发展需要,自主建设运行的全球卫星导航系统,是为全球用户提供全天候、全天时、高精度的定位、导航和授时服务的国家重要时空基础设施。

2020年6月23日,在中国西昌卫星发射中心,长征火箭搭载着最后一颗北斗组网卫星划破长空。2020年7月31日,北斗三号全球卫星导航系统正式开通(如图1-11所示),这标志着我国成为世界上第三个独立拥有全球卫星导航系统的国家。这一天,距离中国首次提出研制"双星定位通信系统"已然过去37年,距离北斗一号系统建设正式启动已过去26年,距离第一颗北斗卫星升空已有20年。37年来,一代代中国航天人前赴后继,在建设北斗全球卫星导航系统的历程中展现出"自主创新、开放融合、万众一心、追求卓越"的新时代精神。

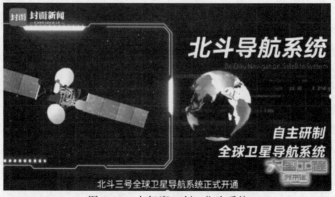

图 1-11　十年磨一剑：北斗系统

从 20 世纪 80 年代提出设想，到 1994 年北斗一号建设正式启动，中国开始探索适合国情的卫星导航系统发展道路，逐步形成了三步走发展战略：2000 年年底，建成北斗一号系统，向中国提供服务；2009 年年底，北斗三号系统建设启动；2012 年年底，建成北斗二号系统，向亚太地区提供服务。几代北斗人经过 30 多年的实践探索，走过了北斗系统建设"三步走"的发展历程（如图 1-12 所示）。北斗系统从 0 到 1，从无到有，从有源定位到无源定位，从服务中国到服务亚太，再到全球组网，创造了从"人有我无"到"人无我有"，再到"人有我优"的中国奇迹。

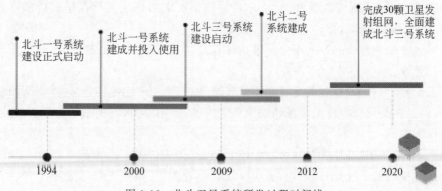

图 1-12　北斗卫星系统研发过程时间线

北斗系统的研发到全面建成告诉我们，应加强基础研究，提升原创能力，用从 0 到 1 的技术引领"中国制造"转型"中国智造"。

1.4　"从 0 到 1"中的 IT 人

1.4.1　"从 0 到 1"中 IT 人的优势

1. IT 人创业：李彦宏创办百度

李彦宏，百度公司创始人、董事长兼首席执行官，全面负责百度公司的战略规划和运营管理。1987年,李彦宏以阳泉市第一名的成绩考入北京大学。1991年,李彦宏收到美国布法罗纽约州立大学计算机系的录取通知书。李彦宏称自己在留学期间,白天上课,晚上补习英语,编写程序,经常忙碌到深夜两点。2000年1月,李彦宏回国创建了百度。经过十多年的发展,百度发展成为全球第二大独立搜索引擎和最大的中文搜索引擎。百度的成功,使得中国成为全球范围内仅有的4个掌握搜索引擎核心技术的国家之一(另外三个是美国、俄罗斯和韩国)。

2. "从0到1"中IT人的优势

像李彦宏一样,程序员创业有着较大的优势。

(1) 有技术快速开发新产品。

在全世界范围内,大多数IT行业巨头公司的创始人往往具备深厚的技术背景。例如,微软的创始人比尔·盖茨从13岁就开始编程,不到20岁便写出了BASIC语言。百度的创始人李彦宏曾是《华尔街日报》实时金融信息系统的设计者,还最先创建了ESP技术并成功应用于搜索引擎中。腾讯的创始人马化腾在深圳大学毕业后进入润迅通信发展有限公司,从软件工程师逐步晋升为开发部主管。网易的创始人丁磊曾是美国数据库软件Sybase(赛贝斯)的技术工程师。在创业前期,因为既需要强大的编程能力,又要懂得业务逻辑,所以大多数程序员拥有产品整个开发流程的经验。正因如此,在公司初创时期,程序员才能够快速实现产品原型或者指导他人去实现。

(2) 有能力快速学习新技术。

程序员最核心的竞争力就是学习能力,IT技术的发展日新月异,每天都有各种各样的技术更新,优秀的程序员必然具备良好的学习能力。如果一个程序员没有足够强的学习能力,就无法跟上如今互联网技术的变化,被淘汰、被解雇也是迟早的事。程序员必须不断充实自己的知识,学习最新的技术,不断保持自己的竞争力。

(3) 对互联网事物有着足够的敏感度。

互联网时代的技术更新快,程序员每天都在网上接受第一线的信息,对于技术的更新、发展都会有所了解,也更容易抓住技术创业的机遇。学习能力强的程序员敢于去尝试一些新兴技术,当一项新技术面世的时候,程序员总是乐此不疲地去尝试这项技术能用来做什么、不能用来做什么。他们较强的学习能力能让他们比其他人更快速地学习和掌握新技术,从而更快速地拥抱技术升级和把握技术创业机会。

1.4.2 "从0到1"中IT人的劣势

1. 重技术轻用户

一些程序员在开发产品时往往过分在意技术细节,喜欢凭空根据自己的想法去揣测用户需求,这就可能导致产品功能很完美,但是产品功能与用户需求并不匹配的。然而,无论什么产品做出来,最后肯定是要用户满意,因为只有用户满意,用户才会买单。例如,有一个抱着创业想法的程序员,他为了实现创业梦想,就辞去工作独自一人去到北京,租了一小间房子,一个人在房间里开发产品,足足开发了一年,终于将产品上线了。然而,当他拿着上线的产品去找投资者的时候,却四处碰壁,没有投资者愿意投资他,因为投资者认为他的产品与用户需求是不匹配的。这位有着创业梦想的程序员是基于他所掌握的技术和他以为的需求在开发产品,忽略了用户的真实需求,以至于陷入了闭门造车的困境。

2. 重工资轻股权

IT人的眼睛里有太多的技术,而只有极少的商业。术业有专攻,程序员往往只对其负责的代码语言熟悉,对商业知识的掌握较少,很多程序员的商业感觉并不是很好,即使有商业感觉,可能也只是一个想法、一个创意,但要具体将想法、创意落地还需要一系列的设计、开发、市场、运营、管理等,这都是程序员不太擅长的。很多程序员会下意识地认为把产品开发出来是最重要的,开发产品才是最难的,内心会认为市场、运营、管理很简单。这种心态就很容易导致一些程序员在和他人合伙创业时,难以合理地设计股权,无论是初创公司还是成熟企业,股权和期权的设计都是非常关键的。股权没有合理的分配,一方面会损害自身权益,另一方面也不利于企业的长远发展。IT人目前的状况多是过于关注能到手的稳定工资,追求短期回报;不懂互联网创业股权和期权等方面的知识,导致创业项目后期因股权、期权等方面的矛盾难以解决,严重影响项目的长期发展。

3. 重个人轻团队

一方面,在日常工作当中,许多程序员在开发产品的时候都喜欢"单打独斗",不爱跟他人进行沟通交流,而往往一个产品的设计、开发与推广需要众多员工或多个部门的协同配合,一旦沟通出现问题势必会影响整个产品研发的进程。另一方面,程序员作为一个初创公司创始人,要意识到自己在编程技术领域可能十分擅长,但是仍存在许多自己不擅长的领域。在自己不擅长的领域,找一个可以弥补自己缺陷的合作团队才是创业的最优解。例如,Adobe公司两个创始人一个精通技术,另一个精通商业,这样的搭配才更容易成功。

1.4.3 "从0到1"中IT人的态度

程序员在面对创业机会时,往往有三种类型的选择,分别是直接参与创业、不参与创业和半参与创业。

1. 直接参与创业

在克服了劣势的前提下,IT人可以直接参与创业过程。在这个过程中,需要理解以下几点。

(1)把握好用户需求是硬道理。在任何情况下,企业都不能脱离用户需求而独立创造价值。因此,创业者要不断挖掘用户的潜在需求,解决用户痛点,才能获得用户的信赖和认可。

(2)从自己的产品和服务入手,不断完善自己的产品体系,提高自己的服务质量,耐心听取用户的意见和建议。任何一款产品都不可能满足用户的所有需求,在共享经济时代,企业之间要加强合作,这样才能有效减少用户的流失率。

(3)学会从小处着手,避免好高骛远的现象。很多创业者从一开始就想做大项目、赚大钱,结果往往是急功近利,以失败的惨痛结局收场。对创业者来说,重要的是资金和资源,很多的大企业都是从小项目开始做起来的。因此,初创者要学会从小处着手。

(4)提高自身的创新能力,创新是企业发展的重要源泉和动力。在互联网时代,利用创新而成功的案例不胜枚举,例如视频直播、短视频、语音问答等。因此,创业者要不断探索新的商业模式。

(5) 把握好市场发展的趋势和时代发展的潮流,以及国家政策。近几年来,政府和企业对创业者的政策扶持力度在不断加强,为创业者创造了良好的创业环境。

总体来说,创业的成败不仅仅取决于技术、运气、对市场和社会环境的理解能力也都是很重要的因素。自主创业可以为创业者带来极大的创业自由性和积极性,一旦成功还会获得前所未有的满足感,并且实现人生的重大目标——经济自由。但同时也包含着很大的失败可能,资金链断裂、经济危机、市场评估出现偏差等很容易使创业人负债累累。因此,在进行自主创业时,请务必对风险进行评估衡量。

2. 不参与创业

受制于风险的承受能力、思想观念及个人水平等原因,有一部分人会选择不参与创业。他们更倾向于出卖自身的劳动力以换取工资薪水,追求一份较为稳定的工作。他们加入创业团队中时,并不是作为一名创业合伙人,更多是作为技术型人才雇员。

如果自己所在的创业团队获得了较大的成功,他们的收入也会相应增加。如果创业团队最终失败,他们受到的损失也仅仅是要换一个工作的地方。不参与创业可以避免一些创业可能遇到的风险(破产、负债),但也相当于告别了财务自由,并且随着年龄的增大,在技术方面的竞争力将逐年下降,上升空间会逐步缩小。

此外,由于不参与创业的思想,有可能在无意间拒绝了很有前途的项目,留下人生遗憾。

3. 半参与创业

还有一部分人,对创业本身并无较高的热情和兴趣,也不具备足够的时间。他们往往会选择一种半创业的模式参与到创业活动中。他们会通过使用资本加入创业团队中,对创业团队进行投资,创业团队盈利也可以为他们带来丰厚的报酬。还有一种方式则是自身成为中介,收集市场上的项目需求,再将这些项目外包给其他团队制作,并在这个过程中收取信息费。

半参与创业可以规避一部分创业的风险,并且不需要花费巨大的时间和精力。但弊端是该方式始终没有深入创业团队,无法在创业团队的决策中占有重要地位。实际上并不能算一种标准意义上的创业。

"从 0 到 1"中 IT 人的态度可以总结为表 1-1 所示。

表 1-1 "从 0 到 1"中 IT 人的态度

不同类型的 IT 人	态 度
直接参与创业过程	把握用户需求,从产品和服务入手,从小处着手,提高创新能力,把握市场发展趋势
不参与创业	追求稳定工作,看重自身技术
半参与创业	对创业团队投资,成为中介收集项目再外包

1.5 本章小结

首先,通过微软和科大讯飞两个著名科创团队的发展历程,展现了科技创新"从 0 到 1"突破以及后续规模化增长的过程,了解我国在科技创新领域已取得一定成绩,但仍面临核心技术短板等问题,从而明确科技创新"从0到1"大有可为,这是实现科技强国和企业竞争力提升的关键路径。接着,阐述广义创业概念,以陈卫林、李小康立足本职工作不断创新提升,以及屠呦呦在科研领域的杰出贡献为例,表明无论是在日常工作岗位还是科研领域,我们都应立足本职、立志科研,积极践行"从0到1"的干事创业精神,通过努力实现个人价值,为社会发展贡献力量。然后,从学生开发项目的个人实践、中国制造业从"制造大国"向"智造大国"转变的国家发展需求、美国对中国"卡脖子"背景下的国际竞争挑战三方面,深刻表明创新创业中"从0到1"的关键意义。在各层面都需要积极创新,才能在学习成长、产业升级和国际竞争中占据主动地位,实现可持续发展。最后,针对"从0到1"中的IT人进行全面剖析,分别从其具备的技术开发、学习能力、互联网敏感度等优势,重技术轻用户、重工资轻股权、重个人轻团队等劣势,以及直接参与、不参与、半参与创业的不同态度三方面展开分析。这有助于读者清晰了解IT人的现状,从而在创业过程中能够充分发挥优势、规避劣势,依据自身情况选择合适的创业态度,实现不断进步与发展,在创新创业浪潮中找准方向,积极应对挑战与机遇。

课后习题

1. 单选题

当今时代创新创业的主力军是(　　)。

A. 大学生　　　　　B. 教师　　　　　C. 公务员　　　　　D. 工程师

2. 多选题

(1) 以下叙述中,(　　)能体现当前是科技创新最好的时代。

  A. 创新是引领发展的第一动力

  B. 习近平总书记强调努力实现更多"从0到1"的突破

  C. 科创板从无到有发展壮大,强磁场效应持续放大,硬科技成色更加突出,试验田作用不断彰显

  D. 为科研人员减负降压,激发各类人才创新活力

(2) 关于本课程叙述正确的是(　　)。

  A. 本课程重点关注"从0到1"创业阶段的重要事项

  B. 本课程是一门创新创业实践导航课

  C. 本课程是一门实践课

  D. 本课程教授创办公司的流程

(3) 创业者应具备的基本素质包括(　　)。

  A. 智慧　　　　　B. 品质　　　　　C. 创新能力　　　　　D. 资金

(4) 关于"从0到1",下列说法正确的是(　　)。

  A. 从无到有　　　　　　　　B. 尝试从未做过的事

  C. 创造和创新　　　　　　　D. 量变的过程

(5) 关于"从1到N",下列说法正确的是(　　)。

  A. 从少到多　　　　　　　　B. 照搬已取得成就的经验

C. 复制　　　　　　　　　　　　D. 质变的过程
(6) 被美国"卡脖子",如何实现"从0到1"的突破?（　　）
　　A. 加强基础研究　　　　　　　B. 提升原始创新能力
　　C. 掌握关键核心技术　　　　　D. "中国制造"转型为"中国智造"
(7) 程序员创业具有哪些优势?（　　）
　　A. 强大的编程能力　　　　　　B. 能快速开发产品原型
　　C. 较强的学习能力　　　　　　D. 能快速迭代产品
(8) 程序员创业具有哪些劣势?（　　）
　　A. 重技术轻用户　　　　　　　B. 重工资轻股权
　　C. 重个人轻团队　　　　　　　D. 重大局轻细节

3. 判断题

(1) 只有创办企业才叫创业。　　　　　　　　　　　　　　　　　　（　　）
(2) 年轻人做成一件事有更多可能改变世界。　　　　　　　　　　　（　　）
(3) 不开公司,立足本职干事业属于本课程的创业范畴。　　　　　　（　　）
(4) 学以致用,创新实践不属于本课程的创业范畴。　　　　　　　　（　　）
(5) 缺乏创新创业意识,将会错过时代机会。　　　　　　　　　　　（　　）
(6) 创业能激发个人潜力,实现人生价值。　　　　　　　　　　　　（　　）
(7) 创新创业中,"从0到1"是关键。　　　　　　　　　　　　　　　（　　）
(8) 程序员创业一定能成功。　　　　　　　　　　　　　　　　　　（　　）
(9) 程序员可以选择半创业的模式参与到创业活动中。　　　　　　　（　　）
(10) 程序员直接参与创业过程时,不能脱离用户需求而独立创造价值。（　　）

第2章 选定创业项目

2.1 选择大于努力：基因打造

自李克强总理提出"大众创业、万众创新"后，大批创业者进入了互联网领域。然而，在这些刚进入互联网领域的创业者眼中，每一个创业项目看起来都非常不错，每一个创业项目的未来发展前景都非常好，每一个创业项目的盈利空间都非常大。那么，为什么还有那么多创业者以失败告终呢？

这是因为现实世界最残酷的定律，是"80/20"定律：20%的头部产品，占领了80%的市场份额；另外80%的产品，在苦苦争抢剩余20%的市场，仅仅是为了生存。很多平庸的创业公司在争抢过程中就这么倒闭了。

在这些失败者当中，有相当大的一部分创业者认为自己创业失败的原因就在于当初没有选好适合的创业项目。创业就是一个"自我折磨"的过程，需要去解决一个又一个问题。在创业的过程中，不要跟风创业，应该找出真需求，排除伪需求，并理性地确定自己现有的资源能否满足真需求。只有这样，创业之路才能走得更长、更远。

那么，创业者究竟要如何选择创业项目呢？如何鉴定产品是真需求还是伪需求呢？

2.1.1 初创项目选择的重要性

1. 种瓜得瓜，种豆得豆

正所谓"种瓜得瓜，种豆得豆"（如图2-1所示）。对一家企业来说，基因同样重要。首先企业基因决定了一个企业在某一个领域是否能存活下来或者发展壮大，基因决定成败，不同的基因决定了企业的发展道路。其次，在生物的发展中，基因是不断变异的，那么企业的基因也会向正反两个方向发展，当新产品适应企业基因的要素时就会呈正向发展，继续稳定企业的基业，当新产品偏离企业的基因群体时就会呈反向发展，则被排斥出局。最后，企业基因是企业进化的产物，达尔文在1859年出版的《物种起源》一书中系统地阐述了他的进化学说："物竞天择，适者生存"，企业基因也会随着企业的发展和成长不断地进化，从而壮大企业的基业。

2. 腾讯和阿里巴巴

腾讯的企业基因擅长即时通信，不擅长电商营销，因此腾讯做QQ、微信等即时通信软件能够成功，而做拍拍网、易迅、小鹅拼拼等电子商务平台会失败。

阿里巴巴的企业基因擅长企业对企业交易活动（B2B）、企业对个人交易活动（B2C），不擅长社交通信。

图 2-1　种瓜得瓜,种豆得豆

因此做阿里巴巴、淘宝等电子商务平台能够成功,而打造社交软件"来往"却失败了,成功与失败的背后往往离不开内在的企业基因,具体对比如表 2-1 所示。

表 2-1　企业的基因

企业名称	第一款成功的产品	企业基金			后期产品	成功/失败
		创始人基因	产品基因	盈利基因		
腾讯	QQ	① 技术过硬 ② 脚踏实地	① 面向个人 ② 擅长用户即时通信	① 个人用户充值 ② 企业广告费用	微信	成功
					拍拍网、易迅等	失败
阿里	阿里巴巴	① 重视商业	① 面向企业 ② 擅长企业对企业交易活动(B2B)、企业对个人交易活动(B2C)	① 企业用户店铺付费 ② 电商平台广告费用	淘宝、一淘、聚划算、支付宝、阿里云等	成功
					来往	失败

初创项目的团队、产品和盈利手段三者会共同决定企业的发展。创始团队的结构与组成、产品所属领域、适配的盈利手段三要素都存在一定的惯性,难以在短时间内修改。因此,初创项目的选择十分重要。

2.1.2　企业基因的形成过程

从创建团队到开发满足用户需求的产品,再到探索可行的盈利手段等,从开发第一款成功产品过程中形成企业的基因,接下来以腾讯和乐视为例介绍企业基因的形成过程。

1. 腾讯的企业基因

腾讯是一家世界领先的互联网科技公司,用创新的产品和服务提升全球各地人们的生活品质。腾讯成立于 1998 年,总部位于中国深圳。公司一直秉承科技向善的宗旨,一切以用户价值为依归,将社会责任融入产品及服务之中;推动科技创新与文化传承,助力各行各业升级,促进社会的可持续发展。通信和社交服务连接全球逾 10 亿人,帮助用户与亲友联系,畅享便捷的出行、支付和娱乐生活。腾讯发行多款风靡全球的电子游戏及其他优质数字内容,为全球用户带来丰富的互动娱乐体验。腾讯提供了云计算、广告、金融科技等一系列企业服务,支持合作伙伴实现数字化转型,促进业务发展。腾讯于 2004 年在香港联合交易所上市。

腾讯从 1998 年至 2015 年,旗下产品不断更新迭代,从付费 QQ 秀、QQ 宠物、QQ 炫舞、英雄联盟再到微信。

1998 年马化腾、张志东、许晨晔、陈一丹、曾李青五人共同创立了深圳腾讯计算机系统有限公司。

1999 年广州电信公司招标,马化腾和张志东、曾李青开发出 OICQ,却最终落选。

2001 年,QQ 发布两周年,用户数达 2.9 亿,但此时还不知道如何盈利,用户流量相当于负担。

2002 年,付费 QQ 秀上线,有 500 万人为此付费。

2005 年,腾讯推出 QQ 宠物,免费领养 QQ 宠物,但需要充 Q 币买生活物资养活宠物。

2008 年,腾讯推出 QQ 炫舞,免费的跳舞游戏,但可以通过 Q 币购买衣服和宠物。

2011 年,腾讯引进"英雄联盟"游戏,可以充值购买皮肤。

2015 年,腾讯自主开发"王者荣耀"游戏,可以充值购买皮肤。

企业整体从创始到开发产品的脉络走向,如图 2-2 所示。

图 2-2　腾讯的企业基因

(1) 创始人基因。

早期创始团队的性格特征会影响企业未来员工的性格特征。

1998 年,五人合伙创办公司,曾李青负责商业模式计划、融资合作,马化腾、张志东、许晨晔是计算机专业出身,负责产品设计与研发,陈一丹负责管理日常事务。

早期创始人具备以下特质。

① 踏实肯干、脚踏实地。曾李青早期带领几个骨干奔波于各地移动公司去洽谈开通"移动 QQ"的业务。

② 努力提升、攻坚克难。张志东是华南理工大学的计算机硕士,每天"宅"在宿舍里敲代码,技术不断进步,和马化腾共同研发 OICQ。

③ 重视用户、精益求精。马化腾始终认为要把自己当作用户来提要求,哪怕软件的界面快一秒钟,都是有价值的,把每一步做到极致。

现在腾讯员工普遍具备以下特质。

① 脚踏实地、执行力强。

② 不断学习、提升自我。

③ 把握用户需求、不闭门造车,认真严谨,不马马虎虎。

早期创始团队的性格特征影响着企业未来员工的性格特征,这些优良品质刻在了腾讯企业的基因上,形成了腾讯企业文化,一是正直,坚守底线,以德为先,坦诚公正不唯上;二是进取,无功便是过,勇于突破有担当;三是协作,开放协同,持续进化;四是创造,超越创新,探索未来。

腾讯五虎将的结构:五虎将成员(如图 2-3 所示)多以计算机专业人才为主。

马化腾,首席执行官(CEO),1993 年获得深圳大学理学学士学位。

许晨晔,首席信息官(CIO),1996 年获得南京大学计算机应用硕士学位。

张志东,首席技术官(CTO),1993 年获得深圳大学理学学士学位,1996 年取得华南理工大学计算机应用及系统架构硕士学位。

曾李青,首席运营官(COO),1993 年获得西安电子科技大学计算机通信学士学位。

陈一丹,首席行政官(CAO),1993 年获得深圳大学化学学士学位,1996 年获得南京大学经济法硕士学位。

马化腾　　　　许晨晔　　　　张志东　　　　曾李青　　　　陈一丹

图 2-3　腾讯五虎将的结构

腾讯高管的结构:后来引进的核心团队成员(如图 2-4 所示)也多以计算机专业人才为主。

刘炽平　　　　张小龙　　　　任宇昕　　　　汤道生

图 2-4　腾讯高管的结构

刘炽平,执行董事兼公司总裁,密歇根大学电子工程学士学位,斯坦福大学电子工程理硕士学位以及西北大学凯洛格管理学院研究生院工商管理硕士学位。

张小龙,副总裁、微信事业群总裁,曾担任博大公司的副总裁,从事企业邮箱领域工作,拥有多年的互联网产品经验。1994年毕业于华中科技大学电信系,获得硕士学位。

任宇昕,2012年担任首席运营官,毕业于电子科技大学计算机科学与工程专业,并拥有中欧国际工商学院EMBA学位。

汤道生,副总裁,云与智慧产业事业群总裁,曾在美国任职于Sendmail和甲骨文公司,从事企业软件研发与管理工作。

(2) 产品基因。

产品基因指的是产品的所属领域,企业第一个产品的领域、目标群体、核心功能对企业后续项目、产品能否顺利推进有一定影响。产品基因一旦选定,较难更改。腾讯第一个产品——QQ,擅长移动通信领域以及满足PC端用户信息传递。腾讯从连接人与人出发,开发和提供功能丰富、易于使用的即时通信和社交平台,以创新的方式让沟通、分享和交流变得更便捷、生动和个性化,丰富了人们的生活。

QQ是1999年2月由腾讯自主开发的基于互联网的即时通信工具。QQ定位为即时通讯软件,其他网络社交主要是同城聊天室,人员混杂。QQ创新设计搜索ID以及和陌生人单独聊天的功能,满足用户私人聊天的需求。

微信(WeChat)是腾讯公司于2011年1月21日推出的一个为智能终端提供即时通讯服务的免费应用程序。微信与QQ都为即时通讯软件,QQ是PC时代的产物,而微信则是移动互联网时代的产物,应用场景不同,受众群体也更为广泛。具体产品领域对比如表2-2所示。

表2-2 企业的产品领域

产品名称	目标群体	产品领域	产品核心功能
QQ	面向个人	移动通信领域	即时通讯功能,私人聊天功能。搜索ID以及和陌生人单独聊天的功能,满足用户私人聊天的需求
微信	面向个人	移动通信领域	即时通讯功能,分享功能、公众号平台

在通信与社交方面,腾讯公司在PC时代成功推出QQ,在移动互联网时代又成功推出微信,腾讯没有脱离自身的优势,而是借势更上一层楼,这与企业基因密不可分。

(3) 盈利基因。

盈利基因指的是产品盈利模式,企业第一个成功产品的盈利模式对企业后续项目、产品能否顺利推进有一定影响,产品盈利模式与企业创始团队、产品领域更匹配,则企业更易发展;反之,则企业较难发展。

腾讯早期第一个产品是QQ,个人用户为其主要付费群体,即时通讯服务免费,但推出QQ秀、QQ宠物、QQ炫舞等游戏,个人用户充值购买电子虚拟物品,靠社交流量赚钱。

微信继承QQ即时通讯服务的基因,在购物、旅游、移动支付、生活服务等功能上扩展业务。通过微信孵化出了众多互联网小巨头,例如京东、美团、饿了么、拼多多、唯品会,包括对其他第三方平台引流,凭借庞大的社交流量获利,产品盈利模式对比如表2-3所示。

表 2-3 企业的盈利模式

产品名称	目标群体	产品领域	盈利模式
QQ	面向个人	移动通信领域	开发免费的 QQ 秀、QQ 宠物、QQ 炫舞等游戏,打造 Q 币、游戏点券等虚拟电子物品,通过用户充值实现盈利
微信	面向个人	移动通信领域	与 QQ 同样凭借庞大的社交流量,赚取个人用户游戏充值费用、企业广告收入等

产品盈利模式与企业基因更匹配,则更易成功;反之,则更可能失败。

2. 乐视的企业基因

2004 年,贾跃亭创立了乐视网信息技术(北京)股份有限公司。乐视早期的首个项目"乐视云"就呈现出重概念、求融资、乱花费、难获利的特点,习惯于一个产品行不通就换下一个,继续凭借概念获取融资,由此企业基因便初步奠定。此后,乐视的其他产品涉足不同行业领域,但企业基因未变,依旧沿袭老路,故而难以取得成功。乐视涵盖乐视云、乐视影业、乐视电视、乐视手机、乐视汽车、乐视体育、乐视金融七大板块(如图 2-5 所示),项目持续不断,融资接连不停,却始终未见盈利。贾跃亭在运作乐视电视时,对外宣称"硬件亏损、内容及广告盈利";然而当乐视电视始终处于亏损状态、毫无起色时,他又开始鼓吹乐视手机;当乐视手机因自身缺乏核心技术,受他人制约,发展受阻时,又相继推出乐视汽车、乐视体育、乐视金融。其产品领域虽有七大板块,版图过于庞大,只是做到了宽泛布局,却未能做到精细深耕。

图 2-5 乐视的产品领域

团队、产品和盈利手段,共同构成企业基因,决定企业的发展。企业基因的形成,首先找到社交属性,其次跟踪用户需求,之后探索可行的盈利手段,最终形成基本的企业基因。

2.1.3 企业基因影响新产品开发

1. 腾讯的企业基因影响新产品开发

腾讯在电商领域屡战屡败,又屡败屡战,陆续推出过拍拍网、QQ 商城、QQ 团购、小鹅拼拼等(如图 2-6 所示),但无一例外,都失败了,关键原因在于其缺乏电商基因。

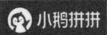

图 2-6　拍拍网、QQ 商城、QQ 团购、小鹅拼拼

成功的初创项目蕴含企业基因,腾讯第一个成功的项目是 QQ,企业基因存在连贯性,较难转变,社交基因转化为电商基因存在困难。由表 2-4 可知,1999 年 2 月推出的 QQ 以面向个人用户为主,擅长于个人领域,满足 PC 端用户即时聊天的需求;从而在 2011 年 1 月成功推出微信,以面向个人用户为主,擅长于个人的通信领域,满足个人的移动端用户即时聊天的需求,与腾讯的企业基因相匹配,微信的成功推出属于意料之中;然而 2020 年 4 月推出的小鹅拼拼,以面向企业用户为主,进入不擅长的电商营销领域,不擅长打造电商平台、开展电商业务;产品领域不对、产品盈利模式不适配,小鹅拼拼的失败在所难免。

表 2-4　腾讯新的产品领域

产品名称	目标群体	产品领域	产品核心功能	盈利模式	成功/失败
QQ	面向个人	移动通信领域	即时通讯功能,私人聊天功能	开发免费的 QQ 秀、QQ 宠物、QQ 炫舞等游戏,打造 Q 币、游戏点券等虚拟电子物品,通过用户充值实现盈利	成功
腾讯的电商平台	面向企业	电商营销领域	将商家的产品卖给个人(B2C)	打造平台,收取商家的入驻平台的费用及版面广告费用等	失败

(1) 产品基因。

产品基因即产品所属领域。腾讯早期第一个产品——QQ,擅长个人通信领域,能够满足 PC 端用户信息传递;2011 年腾讯成功推出的微信,擅长移动通信领域,能够满足移动端用户的信息传递;2020 年,腾讯推出的小鹅拼拼失败了,因为腾讯进入了并不擅长的电商营销领域,致力于满足企业与个人用户之间的交易。

由此可见,新产品如果和企业基因相吻合,容易成功;新产品如果和企业基因不吻合,容易失败。

(2) 盈利基因。

盈利基因即产品盈利模式。早期第一个产品——QQ,以个人用户为主要付费群体,即时通讯服务免费,但推出 QQ 秀、QQ 宠物、QQ 炫舞等游戏,个人用户充值购买电子虚拟物品,通过社交流量赚钱;2011 年腾讯成功推出的微信,个人用户为主要付费群体,即时通讯服务免费,通过社交流量,以及微信公众号、小程序的认证费和广告费赚钱;2020 年,腾讯推出小鹅拼拼失败了,因为小鹅拼拼以企业用户为主要付费群体,靠电商平台及服务赚钱。

由此可见,产品盈利模式与企业基因更匹配,则更易成功;反之,则更可能失败。企业盈利模式的基因一旦定下,较难更改。

2. 阿里的企业基因影响新产品开发

阿里巴巴企业的企业基因是为企业间交易(B2B)、企业与个人交易(B2C)、个人与个人交易(C2C)提供服务。阿里云助力中小企业数字化转型,符合阿里巴巴面向企业生存发展的基因,因此能够成功。数字化虽好,但是,对于经济实力、抵抗能力比较弱的中小企业来说,如果完全自主进行数字化建设,在人力、物力、财力等方面都面临各种各样的短板。阿里云为中小企业带来所需的企业服务产品,为其数字化转型大幅节省专业设计开支,帮助中小企业解决更多场景化、业务化的需求,带来稳定的基础支撑。

阿里早期第一个产品——阿里巴巴,阿里核心团队成员偏重商业,面向企业用户,完成 B2B、B2C 交易,以打造电商平台,吸引企业入驻缴纳管理费及广告宣传费,向企业用户收费;2009 年阿里成功推出阿里云,擅长满足企业用户需要,向企业用户收费;2013 年,阿里推出的"来往"失败了,因为其进入了不擅长的社交领域,不擅长满足个人用户需要,不擅长向个人用户收费。

3. 用友的企业基因影响新产品开发

用友公司的企业基因是财务管理,用友 ERP-U8 财务会计软件作为中国企业最佳经营管理平台的一个基础应用,满足企业不同角色的会计人员处理日常业务的需求,实现真正的财税一体化。

用友的第一个产品——用友财务软件(1990 年),面向大企业用户,实现企业财务管理便捷化,向大企业用户收费,卖软件给大企业用户;1997 年用友成功推出 ERP-U8,是第一款 ERP 产品,擅长满足企业用户需要,擅长向企业用户收费;2006 年,用友推出"移动商街"主打移动电子商务和 O2O 生活服务的商城,结果失败了,这是因为用友进入了不擅长的电商营销领域,不擅长流量变现以及向中小型企业收取电商平台管理费及广告费。

由此可见,新产品如果和企业基因相吻合,则容易成功;新产品如果和企业基因不吻合,则容易失败。与"团队—产品—盈利模式"相匹配的产品开发成功概率更大。

2.2 科创项目定位方法

2.2.1 创造新产品,树立新品牌

1. 企业遇到的困难

互联网时代商业竞争超越了时空的限制,企业之间竞争的速度、深度和广度前所未有,竞争更加惨烈。产品丰富,消费者满足过度,选择困难。传统的营销方式越来越难以奏效。由此可见,定位越来越重要。

当我们创造新产品,树立新品牌时通常会存在以下问题。

一是项目选择无法满足社会需要。产品丰富,消费者满足过度,选择困难。

二是产品企图满足所有人,不对消费者进行精细分类,与主要市场竞争成本高、难度

大；即使产品研发出来，消费者只认可老品牌。

三是初创企业的资金、人力资源有限，什么都想做，结果什么都做不好。

2. 步入定位时代

各个时代的关注点不尽相同，企业开始步入"定位时代"。市场有竞争，竞争就有选择，选择品牌关乎心智。企业营销就是把品牌纳入消费者的选择之中，之前我们通过一个独特的卖点能把品牌植入用户的心智，通过一个独特的形象把品牌植入用户心智。发展到今天几乎所有的卖点都模仿了，所有的形象都模糊了，唯有通过定位来建立自己的品牌优势。

如何进入定位时代呢？首要是确定产品时代，明确产品特点与客户利益；其次是形象时代，注重公司的声誉与形象；最后是定位时代，第一个进入潜在顾客的心智。

定位理论的核心是"一个中心两个基本点"，以打造品牌为中心，以打造竞争导向的观念和进入顾客心智为基本点。

什么是竞争导向？也就是业务的竞争。无论是老业务还是全新的业务，新进入者的业务一定是从潜在的竞争对手那里夺来的。因为全新业务一定是从老业务中分化而来，没有从天上掉下来且与原来业务完全没有联系的新业务，所以全新业务就与原来的老业务形成了竞争关系。这就是所谓的"竞争导向"。

什么是消费者心智？这就要提到心智的限制。

其一，消费者心智存在一种机制，即他们往往只看到自己想看到的。心智会对现有信息量进行防御，只接纳与自身状况相符的新信息，而将其他信息过滤掉。在实际生活中，表现为消费者通常只能记住排名靠前的两三个品牌，靠后的品牌则难以在他们心中留下印象。例如，提及外卖，人们可能首先想到美团；谈及网购，可能最先想到淘宝、京东等常见 App；提到牛奶，或许蒙牛、伊利会率先浮现在脑海中。当一个行业或品类出现时，消费者能迅速联想到对应的 App 或品牌，这便是心智占领的体现，它反映了心智是人在复杂环境中做出的习惯性选择。就像网购时，面对众多店铺和商品，为防止买到假货，人们通常会选择旗舰店购买。

其二，消费者心智如同一个容量不足的容器。一般情况下，用户确实只能记住排名前列的少数品牌，如电商领域的淘宝、京东，电子支付领域的支付宝，背单词方面的百词斩、扇贝英语，外卖行业的美团、饿了么，视频网站中的腾讯视频、爱奇艺，P 图软件中的美图秀秀等。

基于消费者心智的这些特点，科创公司在创业时，需要对产品进行定位，开发新功能、创造新产品、树立新品牌，例如 iPhone、小米对自己的品牌产品进行了精准定位（如图 2-7 所示），力求在潜在消费者心智中针对竞争对手占据最为有利的位置。

新品牌	新产品	新功能	潜在消费者	消费需求
iPhone	一款全触屏、多点触控设计的网络智能手机	融合通讯、数码、移动上网、掌上电脑(iOS和App Store)等功能	追求时尚的年轻人、白领和商务人士(果ături)	追求个性、独特；社交需求、娱乐需求
小米	我国首款双核智能手机	双核、双系统(MIUI和Android)、大容量电池	手机发烧友(米粉)	追求高性能、高性价比

图 2-7 iPhone 和小米步入定位时代

2.2.2 瞄准新需求,服务新用户

针对老产品,创造新需求,专攻新用户。

软盘是一款老产品,它的存储容量小,数据调取麻烦,容易因潮湿天气而损坏,导致存储资料无法读取。因此市场产生了新的需求,生产一款可以替代传统软盘的全新产品,一款小巧、稳定且容量大的移动存储器应运而生,朗科优盘创造了全球第一款 USB 闪存盘。市场产生了新的需求,自然出现了新用户,朗科掀起一场计算机存储领域变革,三星、英特尔等公司宣布淘汰软驱,推广 USB 移动硬盘。朗科逐渐与索尼、PNY、东芝、金士顿、群联等企业签订了专利授权许可协议,开创专利盈利模式。

2.2.3 聚焦差异化,构造精品化

1. 领先定位

初创公司不能模糊自己的特点和优势,应该聚焦差异化,领先定位和重新定位对手,尽快建立品牌。

第一个进入消费者心智的品牌相比后来者有巨大优势,就如动物记忆生母一样,"印刻现象"也会发生在潜在消费者身上。如知乎所强调的"专业性、高质",正是为了区别于其他问答社区,从而确立行业内的首个"认真问答社区"。

2. 重新定位对手

如今每个品类产品都已经饱和,甚至出现过剩的情况,因此,想要进入潜在用户的心智必须重新定位对手。重新定位竞争对手的方式就是将竞争对手在消费者心智中原有的相关概念或产品清除,重新定位已经占据心智的竞争对手,以此来创建空位,赢得自己的位置。利用对手的弱点,动摇其在潜在消费者心智中的地位,旧的理念被推翻后,新理念推广起来就会容易很多。

知乎官方发布了一则主题为"你的认真,世界看得见"的宣传片,展示了知乎 2018 年第一波"形象大使"。他们并非明星,而是不同领域的"优秀回答者"。这些人解释了自己眼中的"认真",并带起了知乎站内话题"♯你认真做过的事♯"。很长一段时间,知乎的口号就是"认真,你就赢了"。在"上知乎对你们的意义是什么"这一问题下,有个高赞回答只有一句话:在这,没人笑话我"太认真"。短短 10 个字,包含三层意思:知乎的人很认真,外面的人不太认真,甚至有人以认真为耻。

因此,初创公司不能模糊自己的特点和优势,应该聚焦差异化,领先定位和重新定位对手,尽快建立品牌。

3. 思考

同样以解答问题为主要功能的知乎与百度知道,为何一个成为"问答工具",一个成为"知识社区"?

二者定位不同,聚焦差异化,构造精品化,如表 2-5 所示。

表 2-5 百度知道与知乎的比较

百度知道	知乎
更开放	较为收敛
直观获取答案	鼓励延伸探讨
参与门槛低	参与门槛高
获取经验值	获取认同感
无须与答题人建立联系	可以建立深入的交流并形成交际圈

2.3 科创项目定位分析的思维导图

科创项目定位分析主要包含 4 点：一是清楚我们要提供什么产品或服务，二是明白我们为谁服务，三是我们要懂得赚哪方面的钱，四是清楚为什么是我。

2.3.1 提供的产品或服务

科创项目，绝大多数先要解决生存问题，即需要形成可以持续产生收益的服务、产品。作为创业者要深刻理解和研究我们能提供什么产品或服务，即要有清晰的定位点，明确产品的功能或作用。在思考项目的定位点时要避免以下误区：一是避免产品同质化，做好市场调查，避免提供同质化产品或服务，没有特色的产品或服务是没有发展前途的；二是样样都有，样样不行，我们需要了解市场的需求，所提供的产品或服务要有针对性，专精某一领域，才能做到极致；三是追求处处优，处处强，所谓"不积跬步无以至千里，不积小流无以成江海"，只有从小事做起，脚踏实地，才能成大事。总结展示如图 2-8 所示。

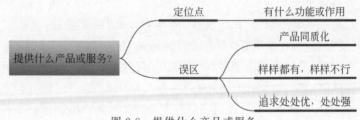

图 2-8 提供什么产品或服务

2.3.2 服务对象

科创项目在全面了解市场规律与市场周期后，应该时刻关注市场经济的发展规律。作为创业者要深刻理解和研究我们为谁提供服务，即要有清晰的定位点：我们提供的服务要满足某类用户、某类需求。在思考项目的定位点时要避免以下误区：一是讨好每个人，我们提供的服务不可能说可以讨好每一个用户，有针对性地留住一部分用户已经是很大的成功；二是服务各方面需求，任何产品都不可能说尽善尽美，业务广泛，在某一领域满足用户的需求，才能在市场经济的大海中，扬帆起航，驶向未来。以"为谁服务，服务什么"为核心，做出正确的选择与方向，总结展示如图 2-9 所示。

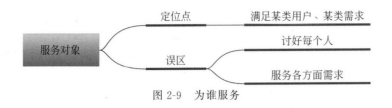

图 2-9　为谁服务

2.3.3　赚哪方面的钱

科创项目要清楚赚哪方面的钱，才能真正瞄准市场需求，抓住主要消费群体，又快又好地创业。作为创业者要深刻理解和研究我们要赚哪方面的钱，即要有清晰的定位点：我们能提供什么价值。在思考项目的定位点时要避免以下误区：一是谁的钱都想赚，我们所提供的产品和服务只能满足部分群体的需求，不可能谁的钱都能赚；二是用户各方面的钱都想赚，当你提供的服务或者产品能满足消费者的需求时自然有收益，如果你想赚用户各方面的钱，那就要提供更多的服务或者产品，对于创业公司而言很难提供全面而实用的服务或产品；对于已拟定的项目定位点，市场上已有对应且难以逾越的产品时，企图通过超越该成熟产品的竞争壁垒来获利。总结展示如图 2-10 所示。

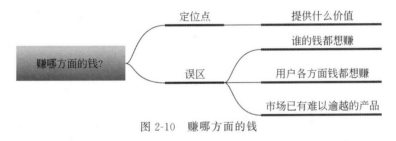

图 2-10　赚哪方面的钱

2.3.4　为什么是我

科创项目要懂得建立管理优势的护城河，不断提升管理效率，从而为创业带来成本优势。作为创业者要深刻理解和研究我们在市场上有何优势，即要有清晰的定位点：产品、用户、渠道等独特、不可替代的优势。在思考项目的定位点时要避免以下误区：一是做太多，产品或服务太广，出错率更高，用户体验感差；二是认为别人行，我也行，没有充分发挥自己的优势，扬长避短；三是市场调查不充分，只有全面了解市场的行情，我们才能发现市场的需求，提供有竞争力的产品或服务，总结展示如图 2-11 所示。

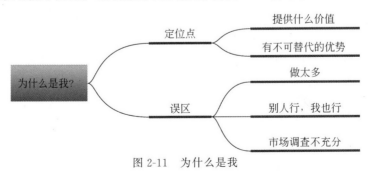

图 2-11　为什么是我

2.3.5 科创项目定位分析

科创项目定位分析主要包含 4 点：一是清楚我们要提供什么产品或服务，明确产品的功能或作用；二是明白我们为谁服务，所提供的产品或服务能够满足哪类用户、哪类需求；三是我们要懂得赚哪方面的钱，明确产品的价值；四是清楚为什么是我，产品、用户、渠道等独特、不可替代的优势，科创项目定位分析总结如图 2-12 所示。

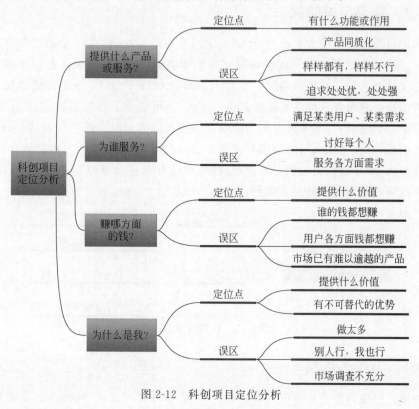

图 2-12 科创项目定位分析

2.4 本章小结

首先，以 80/20 定律凸显初创项目选择的关键意义，企业基因对企业发展影响重大，腾讯、阿里巴巴案例及初创项目要素的惯性均表明选择需谨慎。接着，阐述企业基因形成过程，从创始人、产品、盈利基因三方面展示。乐视因早期基因问题多领域涉足仍失败，腾讯基因形成需关注社交属性、用户需求与盈利手段探索。然后，说明企业基因对新产品开发的影响，腾讯电商失败、阿里阿里云成功及用友相关产品成败，均体现新产品与企业基因匹配与否决定其命运。之后，介绍科创项目定位方法，包括创造新产品树立新品牌时企业进入定位时代及定位要点，朗科优盘瞄准新需求赢得新用户，初创公司要聚焦差异化领先对手、重新定位对手，以实例展示不同定位影响。最后，借助思维导图从产品服务、服务对象、盈利来源、自身优势四方面明确科创项目定位要点，助创业者规避误区，提升创业成功率,为创业项目的科学选定提供全面指导。

课后习题

1. 多选题

(1) 下列哪些选项会影响企业基因的形成?(　　)

  A. 创始团队的结构组成　　　　　　B. 创始团队的价值观

  C. 产品所属领域　　　　　　　　　D. 产品盈利模式

(2) 科创项目定位时,应避免(　　)。

  A. 同别的产品功能差不多　　　　　B. 什么功能都想要

  C. 无显著突出功能　　　　　　　　D. 追求处处比人优、比人强

2. 判断题

(1) 创业要成功,项目选择是关键。选对了,事半功倍;选错了,努力白费。(　　)

(2) 企业第一个成功的产品蕴含企业基因。(　　)

(3) 早期创始团队的性格特征会影响企业未来员工的性格特征。(　　)

(4) 企业后续新产品与企业基因不同,更容易成功。(　　)

(5) 你是谁不重要,别人认为你是谁,才更重要。(　　)

(6) 定位的中心是"打造品牌",基本点是"竞争导向"和"消费者心智"。(　　)

(7) 定位主要目的是根据开发者的预期来完成产品。(　　)

(8) "王老吉"与"和其正"进行"正宗凉茶"之战的原因之一是为了占据领先地位。(　　)

(9) 重新定位对手需要让消费者发现对手的弱点。(　　)

(10) 科创项目定位应该满足某一类人,或者人的某一类需求。(　　)

(11) 科创项目定位应该想着赚所有人的钱。(　　)

(12) 科创项目定位应该做好充分的市场调查,避免过于乐观。(　　)

(13) 科创项目定位要在产品、用户、渠道等的一个或多个方面有独特之处。(　　)

"从0到1"创业项目定位实践

从本章开始进入本课程的实践部分。"从0到1"双创实践内容包括科创计划打磨、已有产品改进、科创产品研发和双创竞赛实战4方面内容。本课程以科创计划打磨为主进行介绍,第3章介绍创业项目定位,第5章介绍创新道路选择,第7章介绍商业模式探索,第9章介绍公司股权分配,要求学生掌握这4个步骤的流程,并撰写相应的商业计划书,致力于从创业项目定位、创新道路选择、商业模式探索以及公司股权分配4方面提高学生"从0到1"创新创业能力。第10章将介绍已有产品改进、科创产品研发和双创竞赛实战三方面"从0到1"双创实践内容,学生通过学习了解其相关步骤与流程,基于不同内容撰写相应的商业计划书,以提高自身的创新思维和专业素养。

本章主要介绍"从0到1"创业项目定位实践,需要学生在实践过程中组建团队,了解科创项目定位实践要求与步骤,再对科创项目定位方案打磨,撰写本团队关于创业项目定位的商业计划书并进行实践成果汇报与交流,具体过程如图3-1所示。

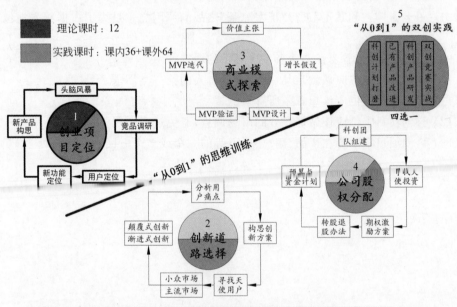

图3-1 "从0到1"科创导向的双创课程模块设计

基于第2章选定创业项目,开展创业项目定位实践,主要包含以下内容。

(1) 产品需求分析；
(2) 产品功能设计；
(3) 用户画像分析；
(4) 产品盈利点分析；
(5) 团队能力与产品研发匹配分析。

为了便于大家了解具体实施过程，我们以"云智科技"的创业项目定位为例，介绍创业项目定位实验的主要内容、步骤、任务与要求。

"云智科技"公司（以下简称云智公司）从激烈的竞争中突围，以独特定位与技术"出圈"。在市面上的扫地机器人只解决"扫"、不解决"拖"的问题时，该公司瞄准"拖地"这一新场景，首次解决了自动洗拖布的问题，颠覆了传统扫地机器人行业。本次实验共包含 5 方面内容，分别是产品需求分析、产品功能设计、用户画像分析、产品盈利点分析以及团队能力与产品研发匹配度分析。

第一，进行产品需求分析。通过市场调查，调查市场上相关领域与相关竞品，分析其使用的技术和当前未满足的需求。

第二，进行产品功能设计。思考我们的产品可以使用哪些技术解决市场调查中发现的问题，并基于此设计我们的产品功能。

第三，进行产品用户画像分析。思考我们的产品用户类型以及用户的使用场景。

第四，进行产品盈利点分析。思考产品为社会或用户提供了什么价值，用户为什么愿意花钱购买具有这一价值的产品。

第五，进行团队能力与产品研发匹配度分析。思考团队具备哪些能力、哪些技术基础或行业经验，在研发产品时的优势和劣势，竞争对手为什么做不了或为什么不愿意做。

下面大家就自己的创业项目，完成以下 5 个任务：
- 任务一：产品需求分析。
- 任务二：产品功能设计。
- 任务三：用户画像分析。
- 任务四：产品盈利点分析。
- 任务五：团队能力与产品研发匹配度分析。

3.1 任务一：产品需求分析

1. 背景

产品需求分析是提炼用户真实需求，并提出符合产品定位的解决方案。解决方案可以理解为一个产品、一个功能或服务、一个活动甚至一个机制。

2. 任务

进行市场调查，调查领域内的相关产品有哪些，解决了哪些问题，进行竞品分析，思考竞争产品的特点，研究竞争产品的功能。思考其中哪些功能是用户喜欢且我们的产品可以学习的，哪些是用户讨厌的而我们可以避开的，哪些功能是用户需要的而我们可以做到的。

3. 要求

分别进行领域内相关产品分析与定位产品的竞品品牌产品分析。

（1）领域内相关产品分析。

在表 3-1 内填入该领域内相关产品的功能及其解决的问题。

表 3-1 领域产品

产品	功　能	解决的问题
产品 1		
产品 2		
产品 3		
产品 4		
产品 5		
⋮		

下面以"云智科技"的创业项目定位为例进行介绍。云智科技立志于智能家居领域，于是对智能家居领域相关产品进行调查。目前市场上智能家居领域相对热门的产品与其对应的功能如表 3-2 所示。

表 3-2 智能家居领域产品

产　品	功　能	解决的问题
扫地机器人	①自动识别灰尘，②吸尘扫地 ③规划路线，④自动返回充电	解决人工扫地的费力且不干净的问题
智能音箱	①音乐播放，②语音问答 ③智能家控，④智能通信	对智能家居设备进行控制
洗碗机	①洗涤，②消毒，③烘干，④储存	解决人工洗碗时费力且清洁不干净的问题
自动炒菜机	①自动翻炒，②省油省电 ③无油烟、无辐射烹饪	做饭过程的自动化和趣味化
智能路由器	①远程操作云盘或外接硬盘存储 ②自行控制带宽	对网络和设备智能化管理
智能空气净化器	①实时监测和显示室内空气质量（$PM_{2.5}$、温湿度），②除尘，③除味、除臭，④杀菌，⑤空气加湿	优化所在空间空气质量

（2）竞品品牌产品分析。

在表 3-3 内填入定位产品的各竞品品牌产品的分析项目。

表 3-3 产品竞品

竞品品牌	特　点	技　术	缺　点	产品价格区间	市场占比
品牌 1					
品牌 2					

续表

竞品品牌	特点	技术	缺点	产品价格区间	市场占比
品牌3					
品牌4					
品牌5					
……					

云智公司创始人的父亲在家庭聚会上说，拖地老要弯腰太累了，要不做一个能洗拖布的拖地机器人。"云智科技"创始人对扫地机器人进行市场调查和用户调研发现：

① 我国智能扫地机器人产业发展较晚，家庭渗透率一直很低。

② 市面上的家庭清洁机器人大都只解决"扫"，而没有解决"拖"的问题。

③ 目前的拖地功能需要人工换洗拖布，没有真正实现全自动，没有完全解放用户双手。

在2016年市场上扫地机器人的厂商及品牌数量众多，而根据价格、清洁能力、导航技术、噪音分贝等维度的不同可以分为多个档次。从国内的市场占有率来看，科沃斯、iRobot、小米及其生态链企业石头科技生产的扫地机器人深受消费者青睐，具体竞品详情如表3-4所示。

表3-4 扫地机器人竞品

竞品品牌	特点	技术	缺点	产品价格区间/元	市场占比/%
科沃斯	技术领先	① 蓝鲸清洁系统2.0 ② SmartMove路径规划技术 ③ 超强续航技术	① 噪声较大 ② 语音识别不灵敏 ③ 产品型号过多	2500～4000	40
iRobot	高品质	① VSLAM全景导航规划技术 ② 深度清洁技术 ③ Imprint智能互联技术	① 容易碰撞 ② 价格昂贵	3000～7000	5
小米	性价比	① 激光＋视觉导航 ② AI图像辅助房间分区 ③ 动态智能路径规划	① 续航时间短 ② 运行可靠性低 ③ 越障能力差	1000～1500	25

2016年以前市场上流行的以"扫"和"吸"为主的扫地机器人如图3-2所示。

图3-2 以"吸"和"扫"为主的扫地机器人

3.2 任务二：产品功能设计

1. 背景

产品功能是指产品能够做什么或能够提供什么功能。用户购买一种产品实际上是购买产品所具有的功能和产品使用性能。例如，汽车有代步的功能，冰箱有保持食物新鲜的功能，空调有调节空气温度的功能。产品功能与用户的需求有关，如果产品具备用户意想不到但很需要的功能，就会给用户留下很好的产品质量印象；如果产品不具备顾客需要的功能，则会给用户留下不好的产品质量印象；如果产品具备顾客所不希望的功能，顾客则会感觉企业浪费了顾客的金钱，也不会认为产品质量好。

2. 任务

利用需求分析的结果针对竞品的缺点与用户的需求进行产品功能设计。

3. 要求

在表 3-5 内填入该产品的功能、技术及解决的问题，并设计产品概念图。

表 3-5 产品功能

功能模块（F_n）	子功能（F_{nm}）	实现组件	技术（$F_{nm}\_T_j$）	解决的问题
F_1 功能模块 1	F_{11} 子功能 1	① 实现组件 1 ② 实现组件 2	$F_{11}\_T_1$ 技术 1	问题 1
	F_{12} 子功能 2		$F_{12}\_T_1$ 技术 2	问题 2
F_2 功能模块 2				
⋮				

实验结果示例：根据市场调查和用户发现，云智科技决定走差异化道路，要在产品体验不佳的地方下足功夫、做足创新。回归到问题本质，就是要解决市面上机器人"一块脏拖布拖全家、手洗拖布"的痛点。于是将产品定位为智能感知拖布脏污程度、自动回站清洗再出发、任务结束后自动风干拖布、避免细菌滋生的拖扫一体机器人，具体功能设计如表 3-6 所示。

表 3-6 拖扫一体机器人功能

功能模块（F_n）	子功能（F_{nm}）	实现组件	技术（$F_{nm}\_T_j$）	解决的问题
F_1 清洁功能模块	F_{11} 自动扫地	① 系统主控 ② 清扫驱动 ③ 水箱基站	$F_{11}\_T_1$ 无滚刷设计技术	容易毛发缠绕
	F_{12} 自动拖地		$F_{12}\_T_1$ 拖扫双路径技术	脏污边刷二次污染湿润地面
	F_{13} 自动洗拖布		$F_{13}\_T_1$ 智能感知拖布脏污程度技术	需手动换洗拖布
F_2 导航功能模块	F_{21} 智能路径规划	① 系统主控 ② 行走驱动	$F_2\_T_1$ VSLAM 路径规划技术 $F_2\_T_2$ 传感器技术	清扫不彻底
F_3 避障功能模块	F_{31} 避障功能	① 系统主控 ② 激光雷达传感器	$F_3\_T_1$ 结构光避障 $F_3\_T_2$ AI 视觉融合避障技术	容易碰撞

续表

功能模块(F_n)	子功能(F_{nm})	实现组件	技术($F_{nm}\_T_j$)	解决的问题
F_4 电源功能模块	F_{41} 续航功能	① 系统主控 ② 电池 ③ 充电设备	$F_4\_T_1$ 锂电池技术	需要频繁充电
F_5 App 控制功能模块	F_{51} 地图规划与管理 F_{52} 自主设计路线 F_{53} 计划制定与管理	① 系统主控 ② App	$F_5\_T_1$ App 开发技术 $F_5\_T_2$ 人机交互技术	扫地机器与人交互困难

产品外观、水箱基站、驱动、App 设计概念图如图 3-3～图 3-6 所示。

图 3-3　产品外观概念图

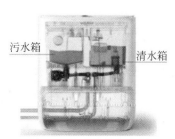

图 3-4　水箱基站概念图

图 3-5　产品驱动概念图

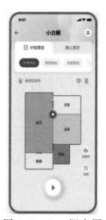

图 3-6　App 概念图

3.3　任务三：用户画像分析

1. 背景

做好用户画像分析非常重要。清晰的用户画像可以帮助我们集中资源和精力，专注于特定用户的市场上，从而建立局部优势，减少在其他领域的资源、人力、资金的损耗。还可以帮助提升用户满意度，建立自己的 IP 优势。我们只服务好特定用户，建立起这部分人群对我们 IP 的认知和满意度，使之成为高价值用户群。

2. 任务

针对产品进行用户画像分析，思考用户的类型与使用场景。

3. 要求

从不同维度与模块分析用户特征并填入表3-7中。

表3-7 用户分析

维度	模块	用户特征	说明
地理	国家/地区		用户所在的国家/地区
	城市/农村		用户所在的城市或农村规模及地域
	气候/地形		不同地理环境特性
人口	年龄		不同年龄段的用户
	性别		男性或女性,抑或其他性格偏好
	收入		用户收入水平影响消费
	职业		用户的职业类别和特点
	教育背景		用户的教育程度会影响价值观念
	家庭人口		家庭的规模、关系及住宅大小等
心理	生活方式		工作、娱乐、消费特定的习惯和模式等

实验结果示例：如表3-8所示,云智科技拖扫一体机器人用户明显偏年轻化,集中分布在20~39岁,占总人群的69.4%。主要为国内一二线城市工作繁忙的白领,养育小孩、宠物家庭以及智能家居爱好者,近六成为男性,偏年轻化的用户特征与扫地机科技感和智能化的属性吻合,主要应用场景为室内清扫。

表3-8 拖扫一体机器人用户分析

维度	模块	用户特征	说明
地理	国家/地区	中国	用户所在的国家/地区
	城市/农村	一二线城市	用户所在的城市或农村规模及地域
	气候/地形	室内	不同地理环境特性
人口	年龄	20~39岁	不同年龄段的用户
	性别	男性偏多	男性或女性,抑或其他性格偏好
	收入	中等	用户收入水平影响消费
	职业	白领	用户的职业类别和特点
	教育背景	无	用户的教育程度会影响价值观念
	家庭人口	2~5人	家庭的规模、关系及住宅大小等
心理	生活方式	爱好智能家居	工作、娱乐、消费特定的习惯和模式等

用户群体中养育小孩、宠物家庭的用户画像如图3-7所示,一二线城市白领的用户画像如图3-8所示,智能家居爱好者的用户画像如图3-9所示。

图 3-7 用户画像 1：养育小孩、宠物家庭

图 3-8 用户画像 2：一二线城市白领

图 3-9 用户画像 3：智能家居爱好者

3.4 任务四：产品盈利点分析

1. 背景

产品的盈利点就是产品具备的相较于竞品更符合用户核心需求的优势，用户权衡价格后愿意购买。

2. 任务

针对产品进行产品盈利点分析，思考产品相对于竞品有什么新的卖点，哪些新用户愿意为新功能付费，用户愿意为新产品付出多少钱，新的功能价值多少，愿意付费的群体规模有多大。

3. 要求

在表 3-9 内填入该产品的盈利点分析项目要点。

表 3-9 产品盈利点分析

分析项目	项目要点	备注
新的卖点		相对于竞品新增功能
新用户群体		愿意为新功能付费的用户
新产品预期价格		
新产品增值		
愿意付费的群体规模		

实验结果示例：云智科技拖扫一体机器人主要新卖点为扫拖一体与拖布自清洁功能，产品盈利点分析如表 3-10 所示。

表 3-10　产品盈利点分析

分析项目	项目要点	备　　注
新的卖点	扫拖一体、自动清洗拖布并烘干	相对于竞品新增功能
新用户群体	一线城市白领、二三线城市家庭、智能家居爱好者	愿意为新功能付费的用户
新产品预期价格	3600～4000 元	扫地机器人价格为 1699～1999 元
新产品增值	1000～2000 元	
愿意付费的群体规模	10 万～25 万元	

产品扫拖一体中便携更换磁吸模块如图 3-10 所示，拖布自清洁示意图如图 3-11 所示。

图 3-10　便携更换磁吸扫拖模块

图 3-11　拖布自清洁

3.5　任务五：团队能力与产品研发匹配度分析

1. 背景

创业者根据产品研发需要，将不同背景和专业的人聚集成一个整体。团队组织管理者应保证为团队提供完成任务所需要的各种资源，如物资资源、人力资源、财务资源等。如果没有足够的相关资源，团队不可能成功。

2. 任务

思考团队具备哪些能力，在研发产品时的优势和劣势，竞争对手是否具备这些能力与优势。从创始人、天使投资人等成员能力角度与初创企业所具备的技术与资源优势等角度进行团队能力与产品研发匹配度分析。

3. 要求

在表 3-11 内填入团队能力与产品研发匹配分析项目的能力或优势。

表 3-11 团队能力与产品研发匹配度分析

分析项目	能力或优势	备注
创始人		学习经历、工作经验、技术背景、主要成就,重点分析与创业相关的情况
天使投资人		对创业项目的资源支持
相关领域经验		创始团队相关领域经验
地域		相关产业支持
⋮	⋮	⋮

实验结果示例:云智科技作为一家机器人创新企业,横跨了 SLAM、三维感知、AI 物体识别、机器人结构技术、大数据应用等多个领域,目前已在多个方向取得突破。其创始人钻研机器人多年,而其天使投资人在行业内有丰厚的资源。产品的盈利点分析相关项目如表 3-12 所示。

表 3-12 产品盈利点分析

分析项目	能力或优势	备注
创始人	张先生本科、硕士均毕业于 985 高校,从中学时期开始钻研机器人,2006 年获得国际青少年奥林匹克机器人竞赛金奖	学习经历、工作经验、技术背景、主要成就,重点分析与创业相关的情况
天使投资人	李教授在松山湖创立了机器人产业基地,不仅提供场地,还提供了部分启动资金	对创业项目的资源支持
相关领域经验	创业团队成员毕业于国内外知名院校、有在公司从事高管职业经验。团队在 SLAM、三维感知、AI 物体识别、机器人结构技术、大数据应用等多个领域多个方向取得突破,已累计申请了 200 多项技术专利	创始团队相关领域经验
地域	公司所在地东莞,有大量机器人相关产业,可以快速为项目定制所需要的组件以及配合创业团队生产新产品	相关产业支持

3.6 实验步骤总结

本次实验主要讨论产品需求分析、产品功能设计、用户画像分析、产品盈利点分析及团队能力与产品研发匹配度分析 5 方面内容。实验步骤总结如表 3-13 所示。

表 3-13 实验步骤总结

任务	内容
任务一:产品需求分析	① 领域内相关产品调查 ② 产品需求调查 ③ 竞品品牌调查

续表

任 务	内 容
任务二：产品功能设计	① 产品功能设计 ② 产品概念图设计
任务三：用户画像分析	① 产品用户画像分析
任务四：产品盈利点分析	① 产品盈利点分析
任务五：团队能力与产品研发匹配度分析	① 团队能力优势分析 ② 团队资源优势分析

3.7 本章小结

本章基于第2章"选定创业项目"的基本思想，从实践的内容、步骤、任务与要求，设计了一种"从0到1"创业项目定位的实践方案。第一，进行产品需求分析实践，从其功能、主要解决的问题、所用到关键技术、用户市场、市场价格等方面，分析拟开发产品所在领域的相关产品及竞品。第二，进行产品功能设计，利用产品需求分析的结果，针对竞品的缺点与市场用户需求，提出拟开发产品的功能及子功能，明确实现这些功能的对应组件、可能涉及的技术范围和将要解决的问题。第三，进行用户画像分析，基于用户需求分析和产品功能设计，从地理、人口和心理等不同维度分析用户，确定拟开发产品的用户特征。第四，进行产品盈利点分析，从新产品的卖点、新用户群体、预期价格、新产品增值、愿意付费的群体规模等方面分析拟开发产品的盈利点。第五，进行团队能力与产品研发匹配度分析，分析创业团队具备的能力及其对研发产品的优、劣势，思考这些能力、技术、资源优势是否与产品研发要求相匹配。最后，总结了"从0到1"创业项目定位实践的主要步骤及其内容。

课后习题

1. 多选题

（1）产品需求分析是提炼用户真实需求，并提出符合产品定位的解决方案。解决方案可以理解为（　　）。

  A. 一个产品   B. 一个功能或服务

  C. 一个活动   D. 一个机制

（2）用户画像分析为什么非常重要？（　　）

  A. 聚焦资源精力   B. 专注特定用户的市场

  C. 建立局部优势，减少资源损耗   D. 提升用户满意度

（3）产品盈利点分析需要思考（　　）。

  A. 产品相对于竞品有什么新的卖点，哪些新用户愿意为新功能付费

  B. 用户愿意为新产品付出多少钱

C. 新的功能价值多少

D. 愿意付费的群体规模

(4) 团队能力与产品研发匹配度分析中可以从哪些方面进行分析？（   ）

A. 创始人　　　　　　　　　　　　B. 天使投资人

C. 相关领域经验　　　　　　　　　D. 地域

2. 判断题

产品具备用户所不希望的功能，顾客会感觉企业浪费了顾客的金钱付出。　　（　　）

本章附录

1. 科创项目定位实践相关表格

(1) 产品需求分析。

分别进行领域内相关产品分析与定位产品的竞品品牌产品分析。

① 领域内相关产品分析。

在表 3-14 内填入该领域内相关产品的功能和解决的问题。

表 3-14　领域产品

产品	功　　能	解决的问题
产品 1		
产品 2		
产品 3		
产品 4		
产品 5		
⋮		

② 竞品品牌产品分析。

在表 3-15 内填入定位产品的各竞品品牌产品分析项目。

表 3-15　产品竞品

竞品品牌	特　　点	技　　术	缺　　点	产品价格区间	市场占比
品牌 1					
品牌 2					
品牌 3					
品牌 4					
品牌 5					
⋮					

(2) 产品功能设计。

在表 3-16 内填入产品的功能、技术以及解决的问题,并设计产品概念图。

表 3-16　产品功能

功能模块(F_n)	子功能(F_{nm})	实现组件	技术($F_{nm}\_T_j$)	解决的问题

(3) 用户画像分析。

从不同维度与模块分析用户特征并填入表 3-17。

表 3-17　用户分析

维度	模块	用户特征	说　　明
地理	国家/地区		用户所在的国家/地区
	城市/农村		用户所在的城市或农村规模及地域
	气候/地形		不同地理环境特性
人口	年龄		不同年龄段的用户
	性别		男性或女性,抑或其他性格偏好
	收入		用户收入水平影响消费
	职业		用户的职业类别和特点
	教育背景		用户的教育程度会影响价值观念
	家庭人口		家庭的规模、关系及住宅大小等
心理	生活方式		工作、娱乐、消费特定的习惯和模式等

(4) 产品盈利点分析。

在表 3-18 内填入产品的盈利点分析项目要点。

表 3-18　产品盈利点分析

分 析 项 目	项 目 要 点	备　　　注
新的卖点		相对于竞品新增功能
新用户群体		愿意为新功能付费的用户

续表

分析项目	项目要点	备注
新产品预期价格		
新产品增值		
愿意付费的群体规模		

(5) 团队能力与产品研发匹配度分析。

在表3-19内填入团队能力与产品研发匹配分析项目的能力或优势。

表3-19 团队能力与产品研发匹配度分析

分析项目	能力或优势	备注
创始人		学习经历、工作经验、技术背景、主要成就,重点分析与创业相关的情况
天使投资人		对创业项目的资源支持
相关领域经验		创始团队相关领域经验
地域		相关产业支持
⋮	⋮	⋮

2. 答辩流程及评分标准

(1) 答辩流程。

根据前面所学的"从0到1"创业定位实践知识进行实践成果汇报,在表3-20中记录汇报时间、地点、组别(姓名)、团队人数、研究生助教姓名以及项目名称等。

表3-20 实践成果汇报安排

序号	时间	地点	答辩组	团队人数	研究生助教	项目名称	备注
1							
2							
3							
4							
5							

(2) 评分标准。

"从0到1"创业项目定位课程答辩考核为百分制,其中学生互评占总分的20%,助教评分占总分的30%,教师评分占总分的50%,表现突出可适当加1～5分。"从0到1"创业项目定位综合评价表如表3-21所示。

表 3-21 "从 0 到 1"创业项目定位答辩综合评价

组别				团队成员						
答辩时间				答辩地点						
项目名称										
总分 C＝20％C1＋30％C2＋50％C3＋C4	评分方式 评分项	内容完整(25)	表达清晰(15)	内容创新(15)	组员合作(10)	PPT呈现(15)	提问内容(10)	回答内容(10)	评分总分(100)
	学生互评 C1								
	助教评分 C2								
	教师评分 C3								
	个人表现突出(1~5分)								
	主讲 PPT			回答提问			个人突出表现总分 C4		

第4章 走对创新道路

4.1 无创新不创业：科创正道

4.1.1 科技创新的重要性

1. 我国科技创新的整体水平

科技的发展书写了人类的进步史，也正在书写人类面向未来的新篇章。2022年6月6日，中共中央宣传部举行"中国这十年"系列主题新闻发布会的第六场，主题聚焦于"实施创新驱动发展战略建设科技强国"。新闻发布会指出，党的十八大以来，我国全社会研发投入由2012年的1.03万亿元增长至2021年的2.79万亿元，研发投入强度从1.91%提升到2.44%；世界知识产权组织发布的全球创新指数排名中，中国从2012年的第34位上升至2021年的第12位；中国特色现代科技馆体系服务线下公众超8.5亿人次，"科普中国"平台传播量达416亿人次，213万名科技工作者实名注册成为科技志愿者，连续4年举办世界公众科学素质促进大会以深化国际合作。2012年至2022年，中科院累计向社会转化了约11万项科技成果，悟空、墨子、慧眼等一批科学卫星提升了我国空间科学的国际竞争力；凝聚态物理、纳米材料等一批重要前沿方向研究进入世界第一方阵；"中国天眼""人造太阳"等国际领先的重大科技基础设施成为科研的有力利器；国家自然科学基金共受理项目申请约201万项，资助约43万项，涵盖自然科学各个领域，形成了完整的资助体系。这些数据表明，我国科技实力正在从量的积累迈向质的飞跃、从点的突破迈向系统能力提升，科技创新取得新的历史性成就，中国成功进入创新国家行列，中国的科技创新整体水平位列全球第十二（如图4-1所示）。但是中国的科技创新有些方面与世界的先进水平相比还有一定的差距，例如"卡脖子"问题，有些关键的核心技术仍受制于人。

图4-1 央视财经"对话"栏目——"中国科技创新整体水平如何？"

2. 科技创新需要"从0到1"的突破

习近平总书记在科学家座谈会上强调指出,"我们必须走出适合国情的创新路子,特别是要把原始创新能力提升摆在更加突出的位置,努力实现更多'从0到1'的突破。"

科技创新"从0到1",是原始创新,是从无到有,不是改头换面、跟踪模仿,而是独辟蹊径、探索未知,解决更多"卡脖子"技术问题。

"新冠"肺炎发生以来,广大科技工作者在治疗、疫苗研发、防控等多个重要领域开展科研攻关,自主研发新冠疫苗(如图4-2所示),为全球抗疫贡献力量。

图4-2 疫苗研发

3. 美国打压华为事件回顾

近年来,美国频繁对中国企业出手,不仅对TikTok以及微信发布禁令,还在全球范围内施压盟友,要求多个国家拒绝与华为开展5G项目合作(如图4-3所示)。

图4-3 美国打压华为

据《环球时报》2020年8月26日报道,英国简氏防务网站在8月21日发表了一篇报道,就美国陆军未来的技术升级进行介绍,美国陆军计划将5G移动通信网络技术和低轨道卫星技术整合到"综合战术网络"系统中,这两项技术将主导该系统的下一次迭代升级。"综合战术网络"系统相比于以往美国陆军所采取的战术系统,使用了大量的商用通信技术和终端设备,为确保相关数据安全,这些商用设备上运行的软件都是美国陆军特别定制的加密版本,包括三星等多家企业均是美国战术终端设备以及安全加密软件的主要供货商。2018年美国陆军对三星的战术终端设备进行了测试,他们在上面使用了不少陆军自己开发的软件,不过美国陆军如今面临着一个困境,那就是综合战术网络很可能需要美国民用5G网络信号的支持与帮助,因为民用5G相比于商用而言,通信设备更轻小,更加省电并且速率也相对而言更高,并且部分民用5G的技术也相对更加先进,成本相对于军用数据链技术更低。简氏防务网站认为,这可能是导致美国政府仇视华为5G的原因之一。

由于摩托罗拉公司和朗讯公司相继破产,美国本土已经没有大型的民用通信设备制造商,也无法生产 5G 网络设备,这导致美国在 5G 问题上迟迟没有突破,也间接导致了美国陆军的计划无法实施。因此,为了确保美国民用 5G 网络是为政府和军方所控制的,美国自然不希望 5G 网络内有中国厂家的设备。

值得注意的是,在 2020 年,"美国之音"网站透露,由于在 5G 领域的领导地位已被反超,美国政府有意通过"跨越式发展"的方式,绕过 5G 而加大对 6G 的投资,试图反超中国在 5G 技术方面的优势,而该项计划早在 2016 年就被美国国防部提上日程。

4. 科技创新才是硬道理

(1) 为什么美国要打压华为?

华为作为全球 5G 技术的引领者,其 5G 专利数量位居全球第一。中国在技术方面的迅猛发展态势威胁到了美国的领先地位,因此从 2019 年 5 月 15 日起,美国便实施了一轮又一轮的禁令,涵盖禁止购买华为产品、禁止向华为提供手机操作系统、禁止向华为提供手机芯片、禁止为华为代工手机芯片等诸多方面。

(2) 面对美国的制裁,华为是怎么做的?

面对美国的科技霸凌,华为的底气有两个:一是十多年的未雨绸缪,二是全球领先的 5G 技术。任正非对芯片研发一直非常重视,在 2004 年,华为决定成立海思半导体,并持续投入大量研发资金。其中,海思麒麟芯片和巴龙通信芯片被用户广为熟知。华为每年将超过 10% 的收入用于科研。为了打破美国企业在操作系统领域的垄断,华为自主研发鸿蒙操作系统(如图 4-4 所示),实现了"从 0 到 1"的突破,不但让国产手机厂商的发展再无后顾之忧,还极大地保障了我国的信息安全。

图 4-4 华为鸿蒙系统

(3) 美国制裁华为给予我们哪些启示?

虽然华为集团早已"未雨绸缪",但美国对华为的制裁的确给中国企业造成了巨大的影响和损失。这再一次给国内科技企业敲响警钟,科技创新才是硬道理!

习近平总书记强调:"关键核心技术是要不来、买不来、讨不来的。我们只有坚持科技自立,把关键技术、核心装备牢牢掌握在自己手中,才能从根本上保障国家经济安全,迈出高质量发展的铿锵步伐。"

主导中国手机市场的四大巨头,华为、小米、OPPO、vivo 都在芯片领域打造自己的供应链,投入大量的研发费用,走科技创新之路,这才是企业高质量发展的第一动力。

4.1.2 坚持创新第一动力

1. 创新是创业的基础

缺乏创新的企业在激烈的竞争环境中难以生存,因为在资源、资金、供应链、渠道方面无法和该行业的头部公司相比拼。

浙江大学是中国创业率最高的大学。2020 年 5 月发布的《2020 浙大校友上市公司榜单》显示,在浙大系上市公司管理者中,来自浙江大学管理学院的毕业生高达98人,人数在该校二级学院中高居榜首。在大众惊叹于创业是否有秘籍之时,院长魏江给出了回答:无创新,不创业。

创新是创业的基础,缺乏创新的企业在激烈的竞争环境中难以生存,因为在资源、资金、供应链、渠道方面无法和该行业的头部公司相比拼,初创企业只有通过创新,找到自己的核心竞争力,才能不惧大公司挤占,获取创业的成功。

2. 不创新必将被淘汰

柯达是一家专业从事影像产品以及相关服务的生产和供应商,在传统胶片行业柯达一家独大(如图4-5所示)。1989年,柯达推出了第一台商品化的数码相机。

图4-5 柯达胶片

虽然柯达发明了全球第一台数码相机,但柯达的管理层墨守成规,不思创新,满足于传统胶卷产品的市场份额和垄断地位,沉迷于现有的获利模式。他们认为,卖不出去耗材,他们就没有利润,于是放弃了数码相机市场。

然而,随着数码相机技术的发展,数字科技给传统影像带来巨大冲击,在20世纪末期,柯达开始没落,2012年1月19日,柯达正式宣布破产。

柯达退市告诉我们,企业要不断创新,在这个变化日新月异的时代,唯有创新是不变的真理。不创新、拒绝创新,必将被市场淘汰。

3. 挖掘创新点

初创企业可以通过新市场、新技术及新价值三方面挖掘自身的创新点。

一是新市场,用原来的产品或服务满足新的市场需求。

二是新技术,创造人们需要的新产品或新服务。

三是新价值,使产品或服务质量更好,功能更多,成本或价格更低。

以电商行业来说,淘宝、京东和拼多多(如图4-6所示)是三大网购平台,对它们的创新点分析如下。

图4-6 淘宝、京东和拼多多

(1)淘宝。

在淘宝创立之前,eBay始终坚持"免费不是一种商业模式",坚持向卖家收费,然而马云却将免费变为商业模式,还进行了4方面的创新。

第一,汇聚大量的市场供求信息,最大可能地为买家与卖家提供交易机会,为了便于买卖双方进行沟通,推出了阿里旺旺。

第二,为了方便买卖双方交易付款,解决当时电子商务普遍存在的信任问题,推出了支付宝,作为淘宝网买卖双方信用的第三方担保。与 eBay 相比,淘宝多了一个买家确认的环节,让用户更加放心。

第三,通过收集与分析卖家和买家双方的注册时间、证件资质、交易记录、双方互评等数据信息,推出了诚信通,解决了部分网络交易中可能存在的欺诈问题。

第四,为了提升物流运输效率,推出了菜鸟裹裹,支持线上预约寄快递、线下寄件机自助寄快递、代寄点寄快递、国内外快递运单查询、快递自动跟踪、菜鸟驿站代收服务、快递进度实时提醒等服务。

(2) 京东。

京东的价值主张是为用户提供"多快好省"的商品和服务。相较于阿里巴巴,京东的创新之处主要体现在"快"和"好"两方面。

其一,京东建立了自己的物流系统。每年不断投入高额资金去进行供应链的信息化建设,使其物流系统更加先进,提升整体物流运转速度,实现其提出的"211 限时达"的服务,让用户享受极致的购物体验。

其二,"正品好货"一直是京东追求的品牌特色。为此,京东的监管非常严格,设立了严格的审查制度,让消费者能够买到正品,提升购物满意度。这就满足了一部分对产品质量有高度需求的客户,例如,当消费者想要网购一些手机、计算机等电子数码产品时,多数会选择产品质量比较有保障的京东平台(如图 4-7 所示)。

图 4-7 京东

(3) 拼多多。

拼多多(如图 4-8 所示)是一款团购应用,如果用户邀请足够多的好友,并大量购买商品,他们就能得到大幅度的折扣。

拼多多敏锐填补了一二线城市消费升级留下的巨大下沉市场空白,利用淘宝、京东淘汰低端供给的机会,巧妙运用消费者自身的微信流量,通过拼团实现低端需求用户和优质低端商家的连接。

拼多多利用微信社交红利迅速崛起,在中低端电商市场站稳脚跟,拼多多并不追求像淘宝一样商品覆盖全面,它集中主要资源吸引追求高性价比商品的用户,帮助商家实现薄利多销的目标。

图 4-8 拼多多

4. 找准创新方向

企业创新应坚持以国家和社会的需求为创新导向。

在抗击新冠疫情期间,很多知名企业都第一时间调整生产线,为国家和人民生产生活必备物资,满足人民多元化需求。以汽车行业为例,上汽通用五菱率先响应国家号召,一方面迅速改造生产线,保证口罩日产量达到170万个;另一方面结合自身行业优势,生产负压式救护车,利用新风系统,将舱内空气时刻循环,最大程度保证了医患安全(如图4-9所示)。

图4-9　五菱产品

4.1.3　小众领域创新创业,大有可为

各大市场的龙头企业,在资金、人才、技术、资源等方面都具有显著优势,初创小团队很难在主流市场上与之抗衡,只有抓住非主流市场进行创新,才能有可能颠覆大企业。

2015年首届中国"互联网+"大学生创新创业大赛的全国总冠军、杭州瑞杰珑科技有限公司董事长李响,谈到小众领域,他认为,在保证市场有需求的前提下,可以考虑某一产业中的小众领域创新创业。一是小众领域虽然称为"小众",但如果对其加以深入调研和了解,就会发现它其实也有着比较稳定的"流量池";二是小众领域内相关商家和竞争者数量较少,可供研究、发展的空间会相对比较广阔。

2010年李响团队开始对提升低视力群体视力水平的相关设备进行研究,两三年之后做到了中国第一名。因为当时除美国及欧洲几家公司对这方面有很长时间的研究和发展外,国内没有什么有力的竞争对手,这在一定程度上为创业发展提供了很大机会。

由此可见,小团队可以精准把握小众市场,从而开拓自己的商业版图。

4.2　颠覆式创新与改进式创新

4.2.1　颠覆式创新

1. 毛泽东军事思想:农村包围城市

秋收起义爆发后,由于对敌力量估计不足等原因,导致起义在军事上失利,部队不得不退到湖南省浏阳县文家市镇休整。在会议上,关于部队进退问题展开了激烈讨论,是要严格执行中央的指示,选择苏联红军已证明可行的"城市中心论"道路,还是另辟蹊径。毛泽东同志主张进军井冈山,开创"农村包围城市"的道路,发动群众进行土地革命,建立农村革命根据地,发展和壮大革命武装,然后夺取城市,取得全国革命的胜利(如图 4-10 所示)。

我党勇于创新地走"农村包围城市"路线,迎来新的发展机遇,并最终取得胜利。

图 4-10　秋收起义后进军井冈山

2. 面向新的细分市场

颠覆式创新(又称破坏性创新)。例如,iPhone 从高端切入(如图 4-11(左)所示),2010 年 iPhone 4 的横空出世颠覆了整个智能手机行业,iPhone 4 首次在手机里加入上网功能,能接入互联网,是对于诺基亚手机的颠覆式创新,是对人们手机操作方式的颠覆。360 杀毒软件可谓是"低端颠覆"模式的最为成功的代表者之一。360 是免费安全的首倡者(如图 4-11(右)所示),颠覆了传统杀毒软件市场,360 安全卫士、360 杀毒等系列安全产品免费提供给中国数亿互联网用户,因此 360 的用户急速增长,逐渐成为行业霸主。

图 4-11　iPhone 4 和 360 安全卫士

如淘宝颠覆零售业,超越零售巨头沃尔玛,让网购成为千家万户的生活方式;手机短信服务让 BP 机最终退出了历史舞台;数码相机的出现使传统影像市场急剧地萎缩,等等。

颠覆式创新对初创公司有很大的启发借鉴意义,是非常有价值的创新途径。颠覆式创新的目的在于打破既定的规则和模式,带有革命的性质,往往会对原有市场模式甚至整个行业构成致命的威胁,甚至可能导致一个旧的行业消失和一个新的行业诞生。

4.2.2　改进式创新

改进式创新(又称持续性创新)面向原有市场,在原有技术轨迹上不断改进,是一种渐进的创新。大公司比较擅长改进式创新,它建立在现有的产品、市场和技术基础设施之上,主要任务是不断地改善产品和不断地专业化。例如,苹果手机逐年依次发布了 iPhone 5S、iPhone 6、iPhone 6S、iPhone 7、iPhone 8、iPhone X 等一系列升级产品。再如微软的操作系统，由最初的 Windows 1.0，经 Windows 95、Windows 98、Windows 2000 到 Windows XP 等（如图 4-12 所示）。

图 4-12　iPhone 4→iPhone 13 以及 Windows 1.0→Windows 11

改进式创新往往着眼于现有的业务模式，强调对现有产品、服务、技术及管理方式的改进，强化现有市场格局和公司地位。大公司的持续性技术就好像是相扑，相扑是要比分量的，所以小个子无法跟大个子比，这是大个子的主场；而小公司的破坏性创新就好比柔道，我虽然个子小，但是我不跟你正面打（如图 4-13 所示）。

图 4-13　持续性创新和破坏性创新

由此可知，持续性技术创新有两个特征：第一，持续性地改善原有产品的性能，客户需要什么样的产品就做什么样的产品，而且越做越好；第二，技术进步的速度会超过市场的需求。破坏性创新也有两个特征：第一，一方面降低原有性能指标，另一方面进入新的性能改善曲线；第二，通常更简单、更方便、更便宜。

4.3　穿新鞋不要走老路

4.3.1　颠覆式（破坏性）创新下的成长模式

有缺陷、非主流、价格低、功能新的初期产品，存在这样一批天使用户（他们对产品早就想买，且能容忍明显缺陷）进行购买，从而产生一定收入。创新者不断改进缺陷，完善功能，使产品能满足更多用户需求，接近主流产品，其天使用户规模扩大，主流产品的用户逐渐加入，销量扩大、价格变低、收入增加。产品具备新功能、新价值，用户不断扩大，占领市场主流产品份额，超过市场上主流产品，并不断完善改进。

颠覆式（破坏性）创新下的成长模式一般是从天使用户起步。例如，小米在一开始并没有做手机，而是基于安卓进行深度优化、定制的第三方操作系统 MIUI，在系统中对于中国用户的使用习惯进行定制,每周固定更新,这让手机发烧友注意到了MIUI,他们体验后在论坛中提出改进意见,这种开发者与用户之间的互动使得MIUI在短短半年中就在论坛中拥有了50万的粉丝,之后小米便开始尝试做手机。小米从低端切入,探索新的商业模式,快速站稳脚跟,异军突起。2011年,团队建起了小米社区,聚集了一批手机发烧友,这就是小米的天使用户。以他们为核心,团队在论坛上与用户互动,听取用户的建议和需求,开发新产品供用户使用、测评。

小米以破坏性创新开拓新市场,充分利用互联网提供的便利,采用从营销到产品,再到商业模式的新方式,不断实现更少、更快、更好、更经济的发展目标,这让小米的市场基础越来越大。

4.3.2 改进式(持续性)创新下的成长模式

参考某一成熟产品,在某些特征上进行改进,形成新的产品投向主流市场。以价格战、营销作为推广手段,以争夺主流市场。通过占据主流市场降低成本,提高利润,靠资源和营销不断竞争。例如,"饿了么"先开创外卖行业,而美团看到这一行业的红利后,也想分一杯羹,成立团队进驻外卖市场,经过价格战和各种营销方式竞争后,美团实现后发者赶超,并保持稳固了龙头地位(如图4-14所示)。

图4-14 饿了么、美团

4.4 行业老大创新的窘境

4.4.1 诺基亚没落的启示

诺基亚曾经是全球知名的手机品牌(如图4-15所示),曾以40%以上的市场份额,创造了全球手机行业的神话。这个数字即使在今天,也让众多厂商望尘莫及。然而,对于很多人来说,诺基亚不仅是一个手机品牌,更是一个时代的缩影,浓缩着很多人青春年华的记忆。当年,多少美好或伤心的时刻,总是有诺基亚相伴。3250、5300、N59、E71,相信直到现在,还有不少人把它们收藏在抽屉里。当我们把它们拿出来,拍拍上面的灰尘时,能做的或许只有怀念了。

虽然在整个20世纪80年代,诺基亚在手机和通信业务上发展迅猛,但其他业务的发展并不如意,甚至是接连亏损。90年代初,苏联解体,芬兰一下子失去了最大的市场,整个国家的经济受到重创,诺基亚也不例外,高层甚至一度因为财政困难而考虑低价出售公

图 4-15　诺基亚：曾经全球知名的手机品牌

司。随着 GSM 通信标准在全球范围内普及，诺基亚意识到手机一定要方便用户携带，于是，诺基亚开始致力于手机的"瘦身"，它推出了众多 GSM 移动电话，获得了业界的认可，销量与日俱增。1998 年，诺基亚 6110 面世，这是全球首款内置游戏的手机，它将经典的贪吃蛇游戏推向了世界。今天，手机游戏的种类让人眼花缭乱，而当年，小小的贪吃蛇游戏却陪伴很多人度过了乏味的时光。在这一年，诺基亚成功取代了摩托罗拉，成为全球手机领域的新霸主。

进入 21 世纪后，手机市场格局发生了变化。一方面，众多手机厂商，如三星、西门子、夏普纷纷崛起（如图 4-16 所示）；另一方面，以摄像、彩屏、智能为代表的新元素开始成为发展趋势。

图 4-16　三星、西门子和夏普

面对全新的市场局势，诺基亚依旧表现强势。它的蝴蝶机 8250 在全球掀起了一场蓝色风暴，1100 的全球销量更是突破 2 亿台，堪称是电子产品之最。在功能机研发上，诺基亚无疑是成功的，随着塞班系统的到来，彻底缔造了一个属于诺基亚的塞班王朝。就在诺基亚如日中天之时，时代的转折点来了。2007 年，iPhone 面世拉开了手机触屏时代的序幕。随后，谷歌公司推出安卓系统一下子引爆了智能手机行业，而此时的诺基亚却依旧认为，传统的键盘手机和塞班系统还有潜力可挖，很快，塞班手机的市场份额开始下降。到 2008 年年底，诺基亚才不慌不忙地推出其首款触屏手机 5800，接着又推出商务键盘手机 E71，这两款手机在一定程度上挽救了诺基亚，然而与 Android、iOS 相比，塞班系统老化严重，体验不佳，在随后的几年里，塞班系统节节败退，诺基亚的市场份额锐减，公司内部开始不断裁员。2011 年，诺基亚出现了 1996 年以来的首次亏损，公司高层也决定抛弃塞班，但他们并没有选择安卓，而是打算与微软合作共同研发 Windows Phone 系统。年底，诺基亚首款 Windows Phone 手机 Lumia 800 诞生了，虽然它的硬件不算强劲，但凭借着固有的品牌效应和崭新的系统体验，这款手机还是获得了一定的市场反响。随后，诺基亚相继推出了多款搭载该系统的手机，尽管出了很多新机型，但 Windows Phone 市场占有率依然很小，诺基亚并未走出困境，颓势难掩，仍旧丢失了部分智能手机的市场份额。2013 年，市场上传来惊人的消息，诺基亚公司将把手机业务卖给微软，难过的或许不仅仅是他们,而是全世界喜爱诺基亚的人。2016年,微软又转手将诺基亚手机业务卖给了富智康集团和芬兰公司HMD Global。经过两家公司的努力,2017年,诺基亚手机终于重回市场(如图4-17所示)。这是个好消息,但也仅仅是诺基亚手机万里征途的一个起点,希望未来诺基亚手机在找准市场定位的同时能够跟上时代的步伐,不故步自封,坚持用创新的理念向用户输出高品质产品,重回行业巅峰。

图4-17 诺基亚更新换代

4.4.2 硬盘行业

硬盘发展至今已经有60余年的历史。在这几十年的历程中,硬盘的体积越来越小而容量则越来越大,硬盘的转速与接口也在与时俱进。世界上第一块硬盘诞生于1956年,当时IBM公司制造出世界上第一块硬盘350 RAMAC(Random Access Method of Accounting and Control),其容量为5MB,盘片直径为24英寸,盘片数为50片,重量上百千克。虽然350 RAMAC还不能被称为严格意义上的硬盘,但却在计算机发展史上掀起了新一页。1967年,东芝进军硬盘行业,率先推出了14寸硬盘。直到20世纪70年代中期,14英寸的硬盘几乎占据了市场全部份额,几乎所有的这些硬盘都出售给大型计算机制造商,此后14英寸硬盘技术对应了大型计算机市场需求。20世纪70年代至80年代,8英寸的小型硬盘逐渐被研发出来,其中包括舒加特、Micropolis、Priam、昆腾等老牌硬盘厂商,不过容量依旧很小,仅为10M、20M、30M以及40M,但是相比14英寸确实是小巧了很多,也轻便了很多。尽管8英寸硬盘受到了当时大容量大型计算机制造厂商的冷落,却吸引了新的多媒体应用、小型计算机等民用市场,此后8英寸硬盘技术对应了微型计算机市场需求。1980年,硬盘的体积又发生变化,希捷公司开发出首款5.25英寸规格的5MB硬盘——ST506,这是首款面向个人用户的硬盘。作为首款面向台式机的硬盘,5.25英寸硬盘的出现具有一定的积极意义,虽然其容量也只有5M,却带动了整个计算机存储器的发展,此后5.25英寸硬盘技术对应了台式个人计算机市场需求。1984年,世界上第一款3.5英寸硬盘诞生并面世,直到20世纪90年代,3.5英寸硬盘走向辉煌,取代了5.25英寸硬盘,成为台式计算机硬盘主流,此后3.5英寸硬盘技术对应了便携式计算机市场需求。1989年继而推出了一种2.5寸硬盘,直到20世纪90年代以后各个厂商都纷纷生产出自己的2.5寸硬盘。因其轻便、省电、体积小的特点,2.5英寸硬盘很快成为市场主流,此后2.5英寸硬盘技术对应了笔记本计算机市场需求,硬盘对比图如图4-18所示。1992年,小巧、便捷、省电的1.8寸硬盘诞生了,由于其价格比2.5英寸的硬盘要贵很多,通常情况下都不会在笔记本计算机上使用,1.8英寸的硬盘使用群体都是多媒体设备,部分MINI笔记本也会使用。

图 4-18　14 英寸、8 英寸和 2.5 英寸的硬盘

由此可见,在硬盘行业中,硬盘的技术迭代极为迅速,硬盘行业发展史如图 4-19 所示,从 14 寸盘发展到 8 寸盘,再到 5.25 寸、2.5 寸,而后又从 2.5 英寸转变为 1.8 英寸,变化如此之快。然而,硬盘技术的每一次迭代,行业的领军者都并非上一代的巨头,这是为何呢?

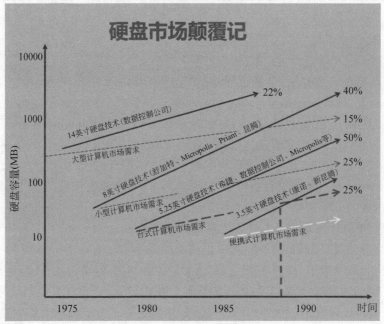

图 4-19　硬盘行业的发展史

大企业为什么会失败,这其实是行业领先者创新时的窘境。

第一,资源依赖性。经营状况良好的企业采用的是客户有效地控制了资源分配的模式。在硬盘行业,客户要求更大存储量的硬盘,对他们而言小硬盘没有多大作用,大企业只能去满足客户的需求。

第二,小众市场不能满足大企业的增长需求。大企业不可能放弃大硬盘市场及当前的盈利模式,而新技术的最终用户和应用领域是未知的,大企业官僚气息重,不愿去冒险去探索未知领域,因为失败的成本太大。

第三,技术供应可能并不等同于市场需求,导致新技术在成熟市场不具有吸引力。当一个新技术出来后,它只能满足一个小众市场,但小众市场可能慢慢会转变为主流市场。当 8 英寸硬盘在成熟市场流行的时候,5.25 英寸的硬盘对大型计算机来说,确实没有吸引力,但是对个人台式机却很有优势。当个人台式机成为主流之后,5.25 英寸的硬盘也进入了主流市场,成为新一代行业巨头。

4.4.3 如何走出创新窘境

如何走出创新窘境?

第一个建议,不要把开发新技术的职责放在原来的核心业务群中,成立或者投资新的独立子公司来进行技术创新,也就是内部赛马。

例如,昆腾公司当时在做5英寸硬盘,但是昆腾的员工做出了3.5英寸硬盘(如图4-20所示),然而公司高层认为,5英寸硬盘销量很好,没有必要研发3.5英寸硬盘,于是这些员工就想辞职成立新公司。昆腾的老板很有智慧,对新公司进行投资,让昆腾占有其80%的股份。这个小公司和大公司是独立运作的。小公司成长得非常快,很快小公司的业务就超过了大公司,到1994年昆腾公司就成为全世界最大的硬盘制造商。

图 4-20　昆腾硬盘

又如,内部赛马机制让腾讯收获了与QQ同等地位的社交软件——微信。腾讯公司当时内部有多支团队都在研发基于手机端的通讯软件,最终张小龙所带领团队推出了微信,迅速占领市场,获得大量用户,从此腾讯拥有QQ、微信两个现象级的通讯软件。对于赛马机制,马化腾十分提倡并表示:"应该鼓励自我革命,甚至内部竞争。"

第二个建议,善于发现新兴市场,投资初创公司,或者并购初创公司。

例如,软银的创始人孙正义投资阿里巴巴(如图4-21所示),在2000年,孙正义与马云在一次会议首次碰面,他很清楚互联网将要改变中国,马云的阿里巴巴很有前景,当下拍板决定投资2000万美元入股阿里巴巴,占股为34%。2014年,阿里巴巴上市后,孙正义投资的2000万美元一下子变成了500亿美元,涨幅高达4000倍,孙正义荣登"日本首富"。

在互联网行业,有不少成功的并购案例,其中阿里成功的收购案例(全资并购)包括高德地图和UC浏览器。高德地图成为阿里在LBS、O2O等移动互联领域的

图 4-21　阿里巴巴

基础设施,UC浏览器在国内外发展都不错,成为阿里电商导流的一大入口,现在还孵化出了极简模式的夸克浏览器。此外,还有谷歌收购安卓、YouTube,Facebook收购WhatsApp,等等。

4.5 科创公司弯道超车

4.5.1 科创公司创新创业的优势

1. 小公司更有创新意识

在市场竞争中,和大企业相比,小企业既没有资金实力,更没有品牌实力,如果技术上再没有特色,完全采取跟随战略,可能根本找不到进入市场的机会。只有另辟蹊径,做出产品或者服务的差异化,小企业才有可能找到存在的价值。想要找到差异化的唯一出路就是创新!

(1)赫宸公司。

只有几十人的赫宸公司,自创关键核心技术,致力于研发低成本高寿命的袋式除尘技术设备。正因为赫宸公司的产品成本更低,效果更好,很多电厂放弃使用大公司成熟的产品而选用赫宸的产品。因此,创新才是小企业进入市场的真正敲门砖。

在原有的赛道上(如电子商务、搜索引擎、汽车等),大公司已取得了绝对的优势,而小公司如果这时候也进入原有的赛道,就会远远地落在后面,甚至生存都成问题,所以,小公司只有靠创新,才能使自己生存下来。

(2)今日头条创始人张一鸣。

今日头条的创始人张一鸣(如图4-22所示),在他创业的时候,许多传统领域,如搜索引擎、电子商务、社交、自媒体等已被现有的巨头百度、阿里、腾讯、网易、搜狐等瓜分,在这些行业里,他很难立足,因此只好另辟蹊径,做颠覆性创新,大胆地推出了推荐引擎这一颠覆性技术,开辟了新赛道。

图4-22 今日头条

虽然BAT等许多大企业纷纷模仿跟进,例如,腾讯模仿今日头条的"头条号",推出了"企鹅号";阿里则推出了"大鱼号";百度推出了"百家号"。在推荐算法上,也都极力模仿今日头条的推荐算法,但始终都难以超越今日头条,由此可见,小公司比大公司更有创新意识。

再如拼多多,在淘宝、天猫、京东等大型电商企业已垄断电子商务的情况下,独辟蹊径,采用拼购的模式,开辟了一个全新赛道,公司业务成长的速度远远超过了淘宝、天猫、京东、当当等老牌电商企业。

综上所述,在一定程度上,小公司的颠覆性创新是被逼出来的,因为能走的道路、好走的道路都已被大公司独占了,所以小公司只能另辟蹊径。

2. 小公司更无畏

初生牛犊不怕虎,小公司往往更具无知无畏的特质。小公司在考虑事情时或许不像大公司那般复杂、长远,因而不会陷入犹豫不决的境地,而是敢于先行先试,勇于闯拼实干。而颠覆性的技术恰恰难以预料,它所需要的正是冒险精神与实干作风。

例如,美国企业家马斯克在火箭领域就是如此(如图4-23所示)。众所周知,火箭的研发是一件非常困难的事情,传统上只有政府才有这方面的实力,民间企业没人敢做这件事,但在马斯克看来,它没那么复杂,就大胆地去做了。很快,他就找到了突破技术瓶颈的方法,并亲自担任公司在火箭研发方面的首席设计师。在他的指导下,公司在技术上做出了几项创新,使火箭的推力更大,成本更低,结果不但做成了,而且还做到了世界第一,比政府做得还好,不但火箭的推力世界第一,而且还在人类史上首次实现了火箭的回收。

图4-23 马斯克

3. 小公司实行扁平化管理,更能抓住机遇

创新的机遇转瞬即逝,小公司大多采用扁平化管理模式,决策效率相对更高,特殊情形下公司创始人即可拍板定夺。反观大公司,往往机构臃肿,存在多重领导层级,致使决策效率偏低。

例如,20世纪90年代初,中国的数字程控交换机市场被国外大公司垄断,而当时华为公司正处于创始起步阶段,只有几十名员工,一没资金,二没品牌和技术,很难在市场上求得生存。但就是在这种艰难的情况下,1993年,任正非借高利贷投入技术研发,开发当时世界上最先进的数字程控交换机。这样高难度的事情,即使当时世界上的大公司都不一定能成功,何况华为这样的当时只有数十人的小公司,如果研发失败,任正非不但会倾家荡产,而且还要欠下巨额高利贷。

在这种情况下,如果由公司决策层集体讨论决定,一定会被否决,但任正非一个人就拍板决定了。在任正非的激励和引导下,研发部门创造出了奇迹,在很短时间内就开发出了连西方大公司都很难完成的新技术——数字程控交换机,而且成本和价格都低于西方垄断公司的同类产品,在价格和技术上都有明显的优势。这一颠覆性创新,使华为公司迅速占领了国内广大的电话通信市场,数年内就把西方大公司赶出了中国市场,接着又进军海外市场,先后占领了非洲、亚洲、欧洲、美洲等广大市场,使华为成为世界通信领域中的佼佼者。如果没有任正非当初及时的决策和创新,华为连生存下去都不可能,更不可能超越西方大公司。

4.5.2 科创公司采用颠覆式创新更易成功

1. 产品技术创新

随着新技术的不断发展,出现了一种颠覆原有产品性能的新产品,新产品可能比老产品更具使用价值,但成本更低,可以推进产品的大规模使用。这种产品技术的创新可以从高端市场切入,也可以从低端市场切入。例如,苹果推出的第一代智能手机属于从高端市场切入的技术创新典范,智能机替代了原有的功能机,使手机变得方便操作,提升了用户的使用体验。而华为是从低端市场切入的技术创新典范,从小型交换机起家,用低成本战略实现了当前云管端的一体化格局,成长为了通信行业的巨头。

2. 商业模式创新图

采用一种全新模式,以全新的价值传递方式对行业价值链进行重新塑造。例如电子商务、O2O开启了流量为王的新时代。其中,O2O模式即Online to Offline(在线到离线/线上到线下),指的是将线下的商务机会与互联网相结合,让互联网成为线下交易的前台。

京东的O2O模式基于线上大数据分析,与线下实体店网络的广泛布局以及极速配送优势互补,充分发挥了京东的平台优势和物流优势,是开拓O2O发展的又一有效突破。此外,亚马逊、携程、阿里巴巴、饿了么等都是这一类型创新企业中的卓越代表。

4.6 企业创新要坚守社会底线

4.6.1 企业创新无底线,必将导致灭顶之灾

三鹿企业在经营模式上进行创新,采取了"公司+农户"的模式。但三鹿公司为了自身利益想降低成本,考虑到掺水后的牛奶中的蛋白质含量降低,无法通过检测,而当时国内对于奶粉生产加工的技术落后于国外,要想达标,所花费的成本和代价太高。他们发现国内检测食品蛋白质的方法有漏洞,检测的是氮元素含量和占比。于是,三鹿集团抓住漏洞,投机取巧进行"创新",加入三聚氰胺通过检测,因为三聚氰胺中氮元素占比高,能把"蛋白质含量"快速提升。三鹿企业以低廉的生产成本进行低价倾销,三鹿奶粉销入千家万户,成为当时的乳业巨头。2008年3月开始,各地出现婴儿肾结石病例,三鹿集团陆续接到消费者投诉,并引发社会关注。三鹿奶粉添加三聚氰胺的事件最终被曝光,多名婴幼儿死亡,近30万家庭受到伤害,造成恶劣的社会影响。2008年,三鹿企业宣布破产,多名被告人被判处死缓、无期徒刑等。曾经一度登上中国最高科技奖领奖台,成为航天指定用奶的三鹿企业终于走到了尽头,一切归零。2009年董事长田文华被判无期徒刑(如图4-24所示)。三鹿集团罔顾消费者的生命健康,这种无底线的"创新"导致了"灭顶之灾",企业破产,法人入狱,一切归零。

企业的创新必须建立在社会底线之上,而不能沉到底线之下。社会底线犹如马身上的辔头,车子里的刹车,使创新不至于快到失速,失去重心。

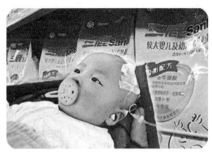

图 4-24 三鹿集团毒奶粉事件

4.6.2 网络创新底线越低,风险越大

通过三鹿企业的案例,相信大家对社会底线已经有了一定的了解,接下来,我们一起来看看互联网企业创新突破底线的案例。

1. "爱钱进"事件

网络金融"挣快钱"创新走上了邪路。

"爱钱进"App 的爆雷是近年来影响最大的恶性事件。"爱钱进"实际上是一个 P2P 网贷平台(如图 4-25 所示),在法律上,具有资质证明和备案的网贷平台是可以正常运行的。"爱钱进"采用高息揽储的方法,利用高息做诱饵,并进行大量的广告营销,走上金融创新"挣快钱"的邪路,诱导客户进行虚假交易。2020 年 5 月,有投资人爆料,称"爱钱进"到期不退钱。一个月后,"爱钱进"涉嫌组织策划传销,被立案侦办,公开资料显示有 37 万人被骗 230 亿。同年 10 月,"爱钱进"公司被申请破产重整。有不少网友对此评论,金融创新害了不少家庭。

图 4-25 "爱钱进"App

随着"爱钱进""小牛资本"等 P2P 巨头暴雷,P2P 行业持续没落,走向凋零。

2. 网络赌博平台

网络赌博平台也在不断"创新",但是网络马甲盖不住赌博平台的违法本质。赌博平台本身属于违法行为,越来越多的网络赌博平台利用各种网络手段进行平台模式创新和玩法创新,借助网上娱乐混淆视听,实际为网络赌博平台。

2018 年 6 月,广州市公安局发现网络公司"某某力公司"有异常。经查,该公司从 2017 年开始研发、销售网络赌博平台。2018 年春节后,为牟取更大的非法利益,花费数百万元"创新"赌博平台及其玩法,并先后注册"广东某某力网络科技有限公司""广州市某某佳软件开发有限公司",以服务器租赁、后台维护等方式掩盖其违法犯罪活动。网络马甲终究盖不住赌博平台的违法本质,公安局最终依法逮捕嫌疑人 74 名,冻结、扣押涉案资金

1100多万元。

2020年,安徽六安市金寨县公安局民警在工作中发现,辖区居民曹某在网络上公然发布消息,可高价收购他人的银行卡、手机卡,警方顺藤摸瓜将曹某抓获,他收购他人的银行卡达300多张,经查曹某买来的银行账户大多用在境外的一个赌博平台上,警方初步判断,他可能是为境外的赌博平台从事洗钱的活动。在对这个平台的流水进行分析后,发现其三个月的流水达到了160多亿,之后警方判断,曹某的背后隐藏着一个特大犯罪团伙。随着调查的深入,警方发现这个赌博平台的服务器和管理团队都设在境外,平时他们通过代理的方式进行推广,点击链接进行注册后就会成为这个代理下面的一个参赌人员。2020年10月警方成立了专案组,经过统一部署,在上海、湖北、安徽等地同时收网对涉案人员进行抓捕,前后共打掉平台代理、技术服务等各类犯罪团伙16个。有两名嫌疑人潜逃到菲律宾,最后被专案组规劝回国投案自首。这个案件总共抓获各类犯罪嫌疑人62名,全部被追究刑事责任,查封扣押冻结资产金3200余万元,全案的犯罪嫌疑人都被判处有期徒刑以上刑罚。

网络赌博平台背后的"创业合伙人",不惜重金"创新"赌博平台,借助网络娱乐的外衣,遮掩违法行为,等待他们的必将是法律的严惩。

3. 魏则西事件

网络创新助长违法行为,必将遇到重大挫折。

百度竞价排名是"价高者得"的推广方式,如果广告主对投放关键词出价高,就可以获得较前的广告排名位置。2014年4月,魏则西检查出滑膜肉瘤,通过百度搜索了解到武警北京第二医院的生物免疫疗法,该医院排名领先,并称疗效非常好。然而,魏则西在该医院治疗后致病情耽误,不幸去世。2016年5月,联合调查组进驻百度公司,指出百度在客观上对魏则西选择就医产生了影响,对百度提出相应整改要求。据调查了解,武警北京第二医院给百度公司极高的推广费用。百度为了自身利益,创新性地提高付费竞价在竞价排名机制中的权重,助长了不良商家虚假广告等一系列违法行为。魏则西之死将百度推上风口浪尖,百度在人们心中的信誉度大大降低,对企业发展造成严重影响。

4.6.3 坚守底线,助力企业再焕生机

谈到这里,我们不得不感慨这样一位企业家,他就是新东方的创始人俞敏洪。

在国家"双减"政策实施的背景下,新东方股价暴跌,市值急剧缩水,半年时间便蒸发了两千亿之多。新东方遭遇了政策红线的冲击,然而,它既没有慌乱失措,也没有逃避责任。这其中的原因源自俞敏洪做企业的底线原则:倘若新东方突然倒闭,新东方的现金余额务必满足两项条件。其一,要退还所有学员的剩余学费;其二,需支付所有员工 $N+1$ 的遣散费。不得不说,一个企业能够做到这样的程度,实在是难能可贵。

俞敏洪带领团队转型进入直播带货行业(如图4-26所示)。在2022年6月中旬,东方甄选直播间忽然爆火,直播间的粉丝快速突破2000多万,同时新东方的股价也涨了好几倍,可以算是转型非常成功了。东方甄选直播间的爆火,虽然存在偶然因素,但能肯定的是,俞敏洪始终坚守创业底线,才能有机会迎来现在的成功,他是一个有担当、有底线的创业者。

俞敏洪始终坚守创业底线,才能在新东方遭遇政策红线时,有机会迎来事业第二春。企业坚守底线,即使受到重大挫折,也有机会"绝处逢生",从头再来,再创辉煌。

图 4-26 俞敏洪

4.7 科创道路选择思维导图

科创道路选择主要包含 5 点:一是清楚我要创造什么新产品,二是明白我的产品有何技术创新,三是明确我的小众市场在哪里,四是清楚我们的产品怎么占领主流市场,五是懂得创新的高风险和不稳定。科创道路选择思维导图如图 4-27 所示。

4.7.1 我要创造什么新产品

作为创业者要深刻理解和研究我要创造什么新产品这个问题。首先要有清晰的定位点:我们是用有新功能的产品替代现有产品,还是用有价格优势的产品替代同功能老产品?如果是创造老产品就应该创造老产品所不能满足边缘市场需求的新产品。在思考科创道路时要避免以下误区:过于强调新产品的完美程度,不敢早日推向市场,或者一开始就希望全新产品会被主流市场认可。思维导图如图 4-28 所示。

4.7.2 我的产品有何技术创新

作为创业者要深刻理解和研究我的产品有何技术创新这个问题。首先要有清晰的定位点:一是我的创新是走技术改进道路,还是实现颠覆性技术;二是产品是物美价廉,还是市场空白。在思考科创道路时要避免以下误区:一是以改进性创新的思想看待颠覆性创新技术,持悲观态度,瞧不起新机会,错失时机;二是老想着颠覆式的破坏创新,追风口,不屑于做持续性的改进创新。思维导图如图 4-29 所示。

4.7.3 我的小众市场在哪里

作为创业者要深刻理解和研究我的小众市场在哪里这个问题。首先要有清晰的定位点:用新技术解决主流市场未满足的用户痛点,这些痛点用老技术无法解决或解决不经济。在思考科创道路时要避免以下误区:只调查现有主流市场的用户需求,得到不可行的结果,或者只考虑将新技术用于解决老产品的问题。思维导图如图 4-30 所示。

4.7.4 我的产品怎么占领主流市场

作为创业者要深刻理解和研究我的产品怎么占领主流市场这个问题。首先要有清晰的

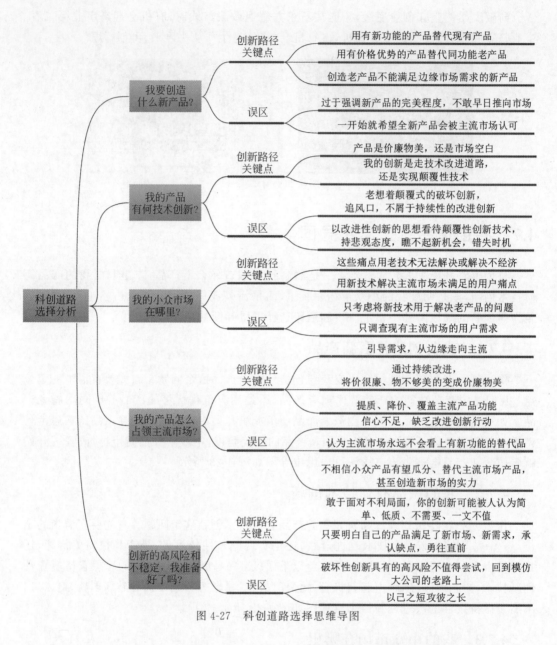

图 4-27 科创道路选择思维导图

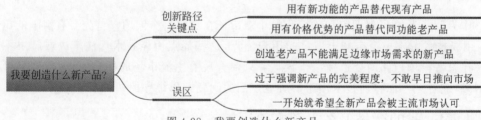

图 4-28 我要创造什么新产品

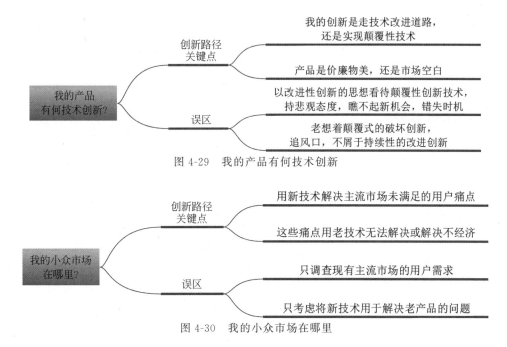

图 4-29　我的产品有何技术创新

图 4-30　我的小众市场在哪里

定位点：一是引导需求，从边缘走向主流；二是通过持续改进，价很廉、物不够美的变成价廉物美；三是提质、降价、覆盖主流产品功能。在思考科创道路时要避免以下误区：一是信心不足，缺乏改进创新行动；二是认为主流市场永远不会看上有新功能的替代品；三是不相信小众市场有瓜分、替代主流市场产品，甚至创造新市场的实力。思维导图如图 4-31 所示。

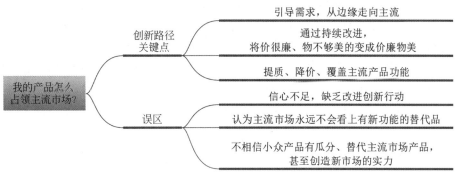

图 4-31　我的产品怎么占领主流市场

4.7.5　创新的高风险和不稳定，我准备好了吗

创业者要深刻理解和研究创新的高风险和不稳定，做好准备。首先要有清晰的定位点：一是敢于面对不利局面，你的创新可能被人认为简单、低质、不需要，甚至是一文不值；二是要明白自己的产品满足了新市场、新需求，承认缺点，勇往直前。在思考科创道路时要避免以下误区：一是破坏性创新具有的高风险不值得尝试，回到模仿大公司的老路上；二是以己之短攻彼之长。思维导图如图 4-32 所示。

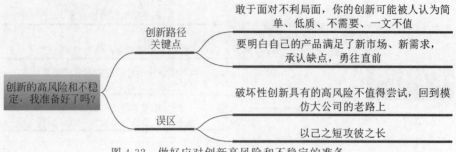

图 4-32 做好应对创新高风险和不稳定的准备

4.8 本章小结

本章围绕创业者在创业初期如何走对创新路展开了深入探讨。首先阐明创新是企业发展的关键,以我国科技创新状况及美国打压华为事件,凸显其重要性与紧迫性,促使企业必须通过创新获取核心竞争力,同时企业要善于从新市场、新技术、新价值挖掘创新点,并以国家和社会需求为指引。接着详细阐述颠覆式创新与改进式创新,前者以"农村包围城市"为范例,还有 iPhone、360 卫士等打破既有模式,后者如苹果手机和微软操作系统的逐步升级,二者特点鲜明,对企业影响各异。进而讲述企业创新发展路径,颠覆式创新从满足天使用户起步逐步拓展,如小米成功开辟新市场,改进式创新则在成熟产品上改进以角逐主流市场,如饿了么与美团的竞争。随后剖析行业老大创新的困境,诺基亚因故步自封没落,苹果手机颠覆传统格局,硬盘行业技术迭代中领军者不断更迭,企业可借内部赛马或投资并购新兴企业等策略突围。再分析科创公司弯道超车的要素,小公司因创新意识、无畏精神和高效管理更具优势,采用颠覆式创新在产品技术或商业模式上更易脱颖而出。接着,着重强调企业创新务必坚守社会底线,为创业初期创业者在创新道路上提供全面且具深度的指引与借鉴。最后,通过科创道路选择思维导图,从创造新产品(避免过度追求完美或急于求成)、产品技术创新(避免错误看待创新类型)、寻找小众市场(避免局限于主流市场需求)、占领主流市场(避免信息不足或缺乏信心)、应对创新风险(避免畏惧风险或盲目自大)五方面,为创业者进一步明确创新思路,避免误区,助力其在创业初期走对创新之路,实现企业可持续发展。

课后习题

1. 单选题

(1) 以下哪家企业不属于近年来快速崛起的现象级企业?(　　)
　　A. 小米公司　　　　　　　　　　B. 中国石油
　　C. 共享单车　　　　　　　　　　D. 三只松鼠

(2)《创新者的窘境》是哪位学者在 1997 年提出的?(　　)
　　A. 迈克尔·波特　　　　　　　　B. 克里斯坦森

C. 彼得·德鲁克 D. 明兹伯格

(3) 诺基亚为什么被称为"100分的输家"？（　　）

A. 日常基础管理做得非常差

B. 员工培训和福利待遇很差

C. 不重视创新，研发投入强度（指研发投入占总年收入的比例）很低（3%以下）

D. 各方面日常管理都做得很到位，但努力的方向错了，没有及时转型

(4) 新创小企业是否需要承担社会责任？（　　）

A. 必须承担 B. 不用承担

C. 说不清楚 D. 可以承担一点

2. 多选题

(1) 下列哪些可能是颠覆式创新？（　　）

A. 360当年进军杀毒市场，推出免费杀毒软件

B. 2010年雷军推出MIUI，2011年推出小米手机

C. 朗科1999年发明闪存盘（U盘）

D. 苹果推出iPhone 6

(2) 根据颠覆式创新（又称破坏性创新）理论，以下哪些观点是错误的。（　　）

A. 颠覆式创新最早往往发生在大公司内部

B. 颠覆式创新最早往往发生在小公司

C. 颠覆式创新的核心是主动响应市场变革

D. 颠覆式（破坏性）创新的本质是创新产品面向原有市场和原有需求

(3) 价格战的弊端体现在哪些方面？（　　）

A. 价格战可以使消费者直接得益，迅速促进市场扩容，提高社会购买力并且扩大内需

B. 价格竞争很容易招致两败俱伤，在国际贸易中还可能导致反倾销

C. 纯粹以减价为手段来招揽顾客，一旦恢复正常价格，销售额往往会大大减少

D. 商品定价太低，从表现上看价格便宜，可吸引顾客，其实在一定的生产力条件下，往往迫使产品或服务质量下降，以致失去买主，损害企业声誉

(4) 天使用户基本特点是（　　）。

A. 痛点很迫切，愿意尝试不成熟、不完美甚至有一定缺陷的产品

B. 愿意积极提供反馈，并愿意积极推广这个产品或解决方案

C. 有钱的中高端用户

D. 能提供天使或风险投资的用户

(5) 以下哪些观点是错误的？（　　）

A. 颠覆式技术是一类不连续性技术

B. 颠覆性技术（disruptive technology）一定是比原有的主流技术更高精尖的技术

C. 颠覆式技术一定会完全替代或颠覆现存主流市场的产品或服务

D. 面向现有主流市场用户所重视的绩效属性（价值网络）

(6) 成熟大企业一般如何应对颠覆式创新的挑战？（   ）
　　A. 保留足够资源可以多次试错
　　B. 建立一个独立的分拆机构
　　C. 并购一家破坏性创新性质的小企业
　　D. 建立同时进行维持性创新和破坏性创新的二元性组织
(7) 成熟大公司一般怎样正确进行破坏性创新？（   ）
　　A. 成立一个独立的分拆小机构
　　B. 收购一家与破坏性市场规模相匹配的小企业
　　C. 行动比计划更重要
　　D. 一企两制：建立能同时进行维持性创新和破坏性创新的二元性组织
(8) 以下属于小企业创新的劣势有？（   ）
　　A. 信息不畅　　　B. 资金不足　　　C. 人才缺乏　　　D. 环境不良
(9) 大公司内部创新有哪些优势？（   ）
　　A. 资金支持　　　　　　　　　　B. 品牌背书
　　C. 资源整合能力　　　　　　　　D. 公司烦琐的制度
(10) 以下属于遵守道德底线的是？（   ）
　　A. 不故意制造销售假冒伪劣产品　　B. 不扰乱市场，共同促进公平竞争
　　C. 不做损害青少年的产业　　　　　D. 不能涉黑，不能纵恶

3. 判断题

(1) 技术越先进、越高精尖，创新就一定保证成功。　　　　　　　　　　　　（   ）
(2) 大公司的优势竞争产品是不值得坚守的。　　　　　　　　　　　　　　　（   ）
(3) 发明等于创新。　　　　　　　　　　　　　　　　　　　　　　　　　　（   ）
(4) 科技创新就是只有技术方面的创新。　　　　　　　　　　　　　　　　　（   ）
(5) 企业只有选择破坏性创新才能稳定发展。　　　　　　　　　　　　　　　（   ）
(6) 大企业更适合延续性创新。　　　　　　　　　　　　　　　　　　　　　（   ）
(7) 微信产品不能体现延续性创新的特点。　　　　　　　　　　　　　　　　（   ）
(8) 颠覆式创新主要面向主流市场。　　　　　　　　　　　　　　　　　　　（   ）
(9) 成熟大企业要走出创新窘境，更适合改进式创新。　　　　　　　　　　　（   ）
(10) 科创公司要成功，必须依靠颠覆式创新。　　　　　　　　　　　　　　（   ）
(11) 科创公司创业必须基于原始创新的成果。　　　　　　　　　　　　　　（   ）
(12) 企业的规模越大，对创新的依赖性越小。　　　　　　　　　　　　　　（   ）
(13) 技术是无罪的，因此技术型创新公司采用一切新的技术来为客户提供服务都应被法律所允许。　　　　　　　　　　　　　　　　　　　　　　　　　　　（   ）
(14) 企业创新要坚守底线才有可能长远发展。　　　　　　　　　　　　　　（   ）

"从0到1"创新道路选择实践

本章主要介绍"从0到1"创新道路选择实践,需要学生在实践过程中组建团队,了解创新道路选择实践要求与步骤,再对创新道路选择方案进行打磨,撰写本团队关于创新道路选择的商业计划书,并进行实践成果汇报与交流,具体设计如图5-1所示。

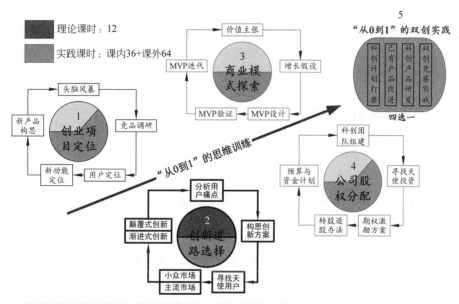

图 5-1 "从 0 到 1"科创导向的双创课程模块设计

在第4章中,进行创业项目初步定位之后,还需要对项目的技术创新、零部件创新等方面进行打磨细化,开展创新道路选择实验,主要包含以下内容。

(1)产品功能点或类型判断;

(2)技术创新程度分析;

(3)创新点用户付费意愿分析;

(4)创新链条推进顺序设计。

为了便于大家了解具体实施过程,我们以"小白鲸扫地机器人"的创新为例,介绍创新道路选择实验的主要内容、步骤、任务与要求。

初创产品要在激烈的市场竞争中脱颖而出,需要步步为营,与时俱进地寻找适合自身情况的创新道路,往往要从软件技术和零部件技术中进行突破。本次实验共包含 5 个内容,分别是产品功能点或类型判断、技术创新程度分析、创新点用户付费意愿分析、创新链条推进顺序设计。

进行产品功能点或类型判断。根据第 4 章确定的产品功能定位,明确了项目创新的主要功能,将大功能细分成小功能的同时还需要探究每个创新点的技术和零部件。

进行技术创新程度分析。在明确项目创新点之后,还需要进一步分析它的技术创新程度,明确项目创新点的创新类型、技术原理、创新功能实现需要的零部件以及零部件单价,便于创业团队进行创新可行性评估。

进行创新点用户付费意愿分析。产品好坏需要通过市场的考验,首先参考市场上具有类似功能的产品的市场情况,分析所研发产品各个功能的市场容量,以及预计总成本、购买单价和总收益,判断产品是否能够在市场中盈利。

进行创新链条推进顺序设计。分析创新点用户付费意愿之后,分清各个创新点的主次和先后关系,以及各个创新点的创新类型,将各个创新点的先后推进顺序用画图的形式进行排序,同时以表格的形式进行步骤梳理。

下面大家就自己的创业项目,完成以下 4 个任务。
- 任务一:产品功能点或类型判断。
- 任务二:技术创新程度分析。
- 任务三:创新点用户付费意愿分析。
- 任务四:创新链条推进顺序设计。

5.1 任务一:产品功能点或类型判断

1. 背景

第 4 章实践部分已完成创业项目定位,明确项目具体的创新点。

2. 任务

依据项目创新点,预估产品研发所需技术及技术类型。

3. 要求

将项目一步步细分成子项目的集合,再分析各个子项目的创新点、技术和零部件、技术类型,填入相应表格。

首先把项目的创新点拆分细化,在表 5-1 内填入项目名和创新点。

表 5-1 项目创新点

序号	项 目	创 新 点
1		
2		
3		
4		
5		
⋮		

然后将项目技术进行逐步细分展开,在表 5-2 内填入项目名和子项目名,子项目技术、零部件以及子项目技术类型。

表 5-2 项目各部分技术分析

序号	项 目	子 项 目	子项目技术、零部件	子项目技术类型
1				
2				
3				
4				
5				
…				

4. 案例

实验结果示例:在表 5-3、表 5-4 中填入各项数据。

表 5-3 项目创新点表示例

序 号	项 目	创 新 点
1	基站系统	智能换水
		抹布清洗
		抹布烘干
2	拖地系统	旋转加压
		智能拖地

表 5-4 项目各部分技术分析表示例

序号	项 目	子 项 目	子项目技术、零部件	子项目技术类型
1	智能换水	光电式液位传感器	光敏接收器	无创新
			近红外发光二极管	
2	抹布清洗	银离子除菌模块	净水箱、脏水箱	集成式
			银离子除菌技术	
3	抹布烘干	烘干机套件	通风基座	无创新
			红外传感器	
4	旋转加压	电控水箱	蠕动泵	集成式
			波形弹簧恒力加压	
5	智能拖地	扫拖双路径技术	路径规划技术	改进式
			垃圾分类技术	

子项目技术类型从创新的角度上分为以下4种。
(1) 无创新。
(2) 集成式创新:将不同技术和零部件组合搭配成新的功能。
(3) 改进式创新:在原有的技术或零部件上进行升级改造。
(4) 自研式创新:通过独立研发实现功能的创新,成本较高。

逐步对各个项目的零部件和对应技术进行更深入的探究。首先对小白鲸扫地机器人的智能换水功能进行技术分析,如表5-5所示。

表 5-5　光电式液位传感器技术原理

序号	光电式液位传感器	技术原理	技术类型
1	光敏接收器	根据光来判断水位	无创新
2	近红外发光二极管	发射不易受影响的不可见光	

光电式液位传感器所有元件会进行树脂浇封处理,传感器内部没有机械活动部件,因此传感器可靠性高、寿命长,具有防水、免维护、免调试的特点,直接安装即可使用,如图5-2所示。

图 5-2　光电式液位传感器

光电液位传感器是利用光在两种不同介质界面发生反射折射的原理而开发的新型接触式点液位测控装置。其产品内部包含一个近红外发光二极管和一个光敏接收器。发光二极管所发出的光被导入传感器顶部的透镜。当液体未浸没光电液位开关的透镜时,则光仅在传感器透镜内部折射,从而使接收器收到大量光线,如图5-3(a)所示。当液体浸没光电液位开关的透镜时,光折射到液体中,从而使接收器收不到或只能接收到少量光线,如图5-3(b)所示。光电液位开关通过感应这一工况变化,接收器可以驱动内部的电气开关,从而启动外部报警或控制电路。

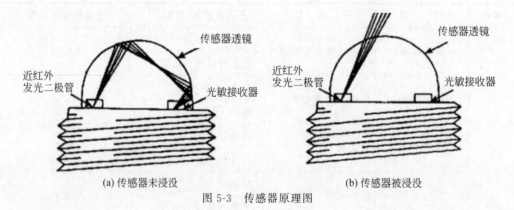

(a) 传感器未浸没　　　　(b) 传感器被浸没

图 5-3　传感器原理图

抹布清洗的创新主要体现在基站污水回收装置上,对其零部件和对应技术进行更深入的探究,如表5-6所示。

表 5-6　银离子除菌模块技术原理

序号	项目	子项目	子项目技术、零部件	子项目技术类型	
1	抹布清洗	银离子除菌模块	净水箱、脏水箱	改进式	集成式
			银离子除菌技术	无创新	

小白鲸扫地机器人是通过两个水箱，清水箱和污水箱来进行洗涤拖布的。一般扫地机器人的应用中，清水箱是缺水提醒，污水箱是满水提醒。在清水箱的应用中，将光电式传感器安装在低液位处，传感器检测到清水箱处于无水状态时，设备接收到信号，会提示用户加水。同理，污水箱检测则将传感器安装在高液位处，机器人收到信号后提示用户清理污水箱，而小白鲸扫地机器人的污水箱和清水箱进行改进具有排水功能，容积较小，并且不需要手动换水，水箱如图 5-4 所示。

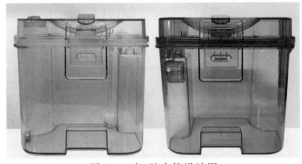

图 5-4　净、脏水箱设计图

净水箱的水会先经过银离子除菌模块，这从源头上保证了整个水路不会被细菌所污染。进水系统中增加金属银片，银片在通电的情况下产生银离子，通过流动的水，将银离子带入水箱内，渗透抹布纤维，破坏细菌发育，使其无法实现分裂、繁殖，最终达到除菌抑菌的目的。扫地机器人会在进入拖地模式后定时返回基站进行抹布清洗。净、脏水箱的创新设计可以将干净的水和脏水分开，避免增加清洁负担，净水箱、脏水箱和银离子除菌技术的集成便实现了抹布清洗功能，银离子除菌模块外观如图 5-5 所示。

图 5-5　银离子除菌模块

为了实现抹布自动烘干，给基站设计一种烘干机套件，对其零部件和对应技术进行更深入的探究，如表 5-7 所示。

表 5-7　抹布烘干技术原理

序号	项目	子项目	子项目技术、零部件	子项目技术类型
1	抹布烘干	烘干机套件	温度红外传感器	无创新
			基座底板	

整个套件包含了两部分：一个是核心的烘干主机，另一个则是内置通风孔的基座底板。烘干套件的底板上设置了 4 组通风孔，烘干机产生的热风，就是通过这些通风孔吹到

拖布上，最终将拖布烘干。而在底板的左侧还设置了一个红外通信传感器。同时在烘干机内侧同样设置了一个红外传感器，用以检测机器人是否就位，只有当机器人回到基站之后，烘干机才会开始工作。它同时还是机器人的电源，能够为扫地机器人供电，避免同时占用两个供电插座的情况，烘干机套件外观如图5-6所示。

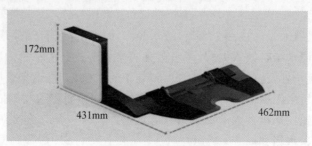

图 5-6　烘干机套件

机器人拖地时可能会因为压力不够或者给水不充足导致地拖不干净，因此设计一款电控水箱，对其零部件和对应技术进行更深入的探究，如表5-8所示。

表 5-8　旋转加压技术原理

序号	项目	子项目	子项目技术、零部件	子项目技术类型	
1	旋转加压	电控水箱	蠕动泵	改进式	集成式
			波形弹簧恒力加压	改进式	

电控水箱外观如图5-7所示。

电控水箱采用了蠕动泵方案，相较于传统的隔膜泵，蠕动泵具有更精准、更安静、更不易堵塞的特性。精准表现在297ml容量就可以拖完250m^{2}的房屋，几乎注水一次就可以实现整屋拖地。其秘密就在于它使用了蠕动泵，拖地时，蠕动泵使用螺旋杠杆的方式向外挤压水，每次排水量非常小，在润湿拖布的同时，使每一滴水都能有效地发挥作用，也避免了留下多余的水渍和水痕，工作噪声也变得微乎其微。这样就使得水箱可以持久续航，也更加耐用，避免了水孔堵塞或者隔膜老化所导致的不必要麻烦，蠕动泵外观如图5-8所示。

图 5-7　电控水箱

图 5-8　蠕动泵

波形弹簧节省轴向空间。波形弹簧在同等条件下输出的弹簧刚度更大，因此可以在更小的行程范围内满足高负荷的需求,从而减小部件整体尺寸,为产品的轻量化、紧凑化提供设计可能性。波形弹簧提供精准可控的力值需求,波形弹簧在指定的工作高负荷下可以精准预测。对于对工作高负荷精准度要求较高的产品,波形弹簧的这个特性可以很好地满足精密机械对产品一致性和可靠性的要求。

用恒压波形弹簧加压,保证拖地时始终有 300g 左右的压力,拖地效果持续稳定。恒力弹簧都是采用不锈钢 301 材料,这是最稳定最普遍的材料,弹簧恒力支吊架是根据力矩平衡原理设计的。它依靠精巧的几何设计,使负载力矩和弹簧力矩在工作过程中始终保持平衡,从而保持一个恒定的支撑力,可以消除或减少管道或设备上的附加应力。辅助弹簧恒力支吊架是根据主弹簧力和辅助弹簧力共同作用下合力不变的原理设计的。波形恒压弹簧如图 5-9 所示。

图 5-9 波形恒压弹簧

力矩平衡原理如下:一是有固定转动轴的物体的平衡是指物体静止,或绕转轴匀速转动;二是有固定转动轴物体的平衡条件是合力矩为零,即 $\sum Fx=0$,也就是顺时针力矩之和等于逆时针力矩之和。

一般平衡条件:合力为零,合力矩同时为零,即 $\sum Fx=0, \sum Fy=0, \sum M=0$。

为实现智能拖地,规划拖扫路径,识别垃圾类型,需实现路径规划技术和垃圾类型分类技术,对这些技术进行更深入的探究,如表 5-9 所示。

表 5-9 智能拖地技术原理

序号	项目	子项目	子项目技术、零部件	子项目技术类型
1	智能拖地	扫拖双路径技术	路径规划技术	改进式
			垃圾分类技术	
2	路径规划技术	VSLAM 路径规划技术	惯性测量单元 IMU	改进式
			RGB-D 摄像头	
3	垃圾分类技术	计算机视觉算法	SIFT 算法	改进式

首先了解 VSLAM 技术,VSLAM 是一个采用图像信息进行定位与建图的技术。IMU 用在需要进行运动控制的设备上,陀螺仪及加速度计是 IMU 的主要元件,是测量物体三轴姿态角(或角速率)以及加速度的装置。RGB-D 相机是视觉传感器,它可以同时获取周围环境的 RGB 图像和每个像素的深度信息,从而实现路径规划。

VSLAM 框架主要分为 5 个模块:传感器数据读取、前端、后端、建图和回环检测,如图 5-10 所示。

1. 传感器数据

传感器数据包括惯性测量单元 IMU 与 RGB-D(深度图像)摄像头的相关重要数据。传感器捕获图像之后,不会直接送到前端处理,而是进行预处理,即对图像进行滤波操作,一般是中值滤波或高斯滤波,滤波作用主要是去除图像中的噪声,减少干扰。相机图像数据在经过预处理后,将被送到前端模块。

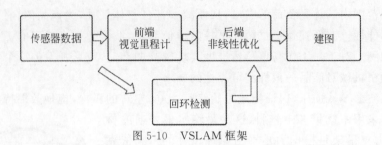

图 5-10　VSLAM 框架

2. 前端视觉里程计

前端视觉里程计主要研究如何根据相邻帧图像定量估算帧间相机的运动。通过把相邻帧的运动轨迹串起来，就构成相机载体（如机器人）的运动轨迹，解决定位的问题，然后根据估算的每个时刻相机的位置，计算出各像素的空间点的位置，从而得到地图。

3. 后端非线性优化

视觉里程计只计算相邻帧的运动，进行局部估计，这会不可避免地出现累积漂移，这是因为每次估计两个图像间的运动时都有一定的误差，经过相邻帧多次传递，前面的误差会逐渐累积，轨迹漂移（drift）得越来越厉害。VSLAM 的后端工作主要是对视觉前端得到的不够准确的相机位姿和重建地图进行优化微调。在视觉前端中，不管是进行位姿估计还是建图，都是利用相邻帧之间的关系来完成的，这种依赖局部约束且不停地链式进行的算法，必将导致优化误差逐帧累积，最终产生一个较大的误差漂移。因此，后端优化的思路就是从全局（整个相机运动过程）中选取一些关键帧，利用这些关键帧之间的关系建立起时间和空间跨度更大的、需要同时满足的全局约束，以优化之前得到的不够准确的各帧的相机位姿。

4. 回环检测

回环检测又称闭环检测，是指机器人识别曾到达的某场景，然后把此刻生成的地图与刚刚生成的地图进行匹配，从而使地图闭环的能力。

5. 建图

建图会将机器人移动过程中的周围环境拼接起来，得到完整的地图。地图的用处主要有定位、导航、避障、重建、交互等。

使用 VSLAM（Visual Simultaneous Localization and MApping）解决了如何建立目标物体周围场景的 3D 模型，同时定位自身的空间位置还原出相机的运动轨迹的问题。

下面分析 RGB-D 摄像头的原理，如表 5-10 所示。

表 5-10　RGB-D 摄像头技术原理

序号	项目	子项目	子项目技术、零部件	子项目技术类型
1	RGB-D 摄像头	深度信息探测	红外结构光技术	改进式

RGB-D 摄像头通过近红外激光器，将具有一定结构特征的光线投射到被拍摄物体上，再由专门的红外摄像头采集这种具备一定结构的光线，会因被摄物体的不同深度区域而采集不同的图像相位信息，然后通过运算单元将光线结构的变化换算成深度信息，以此

来获得三维结构,效果如图 5-11 所示。

RGB-D 摄像头测量范围为 0.1～10m,分辨精度为 0.01～1mm,缺点是易受光滑平面反光影响。RGB-D 摄像头外观如图 5-12 所示。

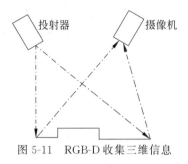

图 5-11 RGB-D 收集三维信息

图 5-12 RGB-D 摄像头

接下来分析垃圾类型分类技术的原理,如表 5-11 所示。

表 5-11 垃圾类型分类技术原理

序号	项目	子项目	子项目技术、零部件	子项目技术类型
1	垃圾分类技术	计算机视觉算法	SIFT 算法	改进式

下面介绍 SIFT 特征提取算法。SIFT 算法主要有 5 个特点:一是具有较好的稳定性和不变性,能够适应旋转、尺度缩放、亮度的变化,能在一定程度上不受视角变化、仿射变换、噪声的干扰;二是区分性好,能够在海量特征数据库中进行快速准确地区分信息,并进行匹配;三是多量性,即使只有单个物体,也能产生大量特征向量;四是高速性,能够快速地进行特征向量匹配;五是可扩展性,能够与其他形式的特征向量联合。SIFT 流程如图 5-13 所示。

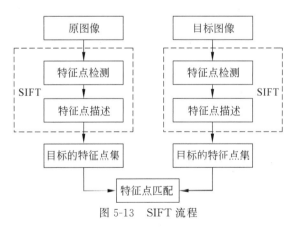

图 5-13 SIFT 流程

使用 SIFT 算法鉴别出垃圾类型后,就可以决定使用哪种方法处理垃圾(拖地、扫地、扫地＋拖地)。

SIFT 算法实现特征匹配的流程如下。

(1) 提取关键点:关键点是一些十分突出的不会因光照、尺度、旋转等因素而消失的点,例如角点、边缘点、暗区域的亮点以及亮区域的暗点。此步骤是搜索所有尺度空间上的图像位置。通过高斯微分函数来识别潜在的具有尺度不变和旋转不变的兴趣点。

(2)定位关键点并确定特征方向:在每个候选的位置上,通过一个拟合精细的模型来确定位置和尺度。关键点的选择依据于它们的稳定程度。然后基于图像局部的梯度方向,分配给每个关键点位置一个或多个方向。后面的对图像数据的所有操作都是相对于关键点的方向、尺度和位置的变换,因此,这些变换具备了不变性。

(3)通过各关键点的特征向量,进行两两比较找出相互匹配的若干对特征点,建立景物间的对应关系。

扫地机器人能够智能识别垃圾的第一个条件是完成垃圾的检测与种类的识别,视觉系统不仅要快速识别出垃圾的种类特征,还要尽量能避免因光照、图像尺寸、旋转以及变形而造成错误的判断,因此 SIFT 算法能够很好地解决此类问题。

5.2 任务二:技术创新程度分析

1. 背景

产品新创新点的技术和零部件已基本选定,需要进行技术创新程度分析。

2. 任务

分析创新点各个零部件的零件单价。

3. 要求

列举各个创新点的主要零部件,并且根据市场行情估算零件单价,填入相应的表 5-12。

表 5-12 技术创新程度分析

创新点	创新类型	原 理	零 部 件	
			零部件名	价 格
1				
2				
3				
4				
5				
⋮				

4. 案例

下面以小白鲸拖地机器人为例,进行创新程度分析,具体成本参考工厂价格,如表 5-13 所示。

表 5-13 拖地机器人技术创新程度分析

创新点	创新类型	原 理	零部件	
			零部件名	零件单价
智能换水	集成创新	非接触式光电式液位传感器光发射接收原理	光敏接收器	11 元
			近红外发光二极管	5 元
抹布清洗	集成创新	银离子除菌技术	净水箱、脏水箱	20 元
			银离子除菌模块	28 元
抹布烘干	无创新	红外传感器检查温度、湿度	通风基座	40 元
			红外传感器	30 元
旋转加压	集成创新	力矩平衡原理	电控水箱	70 元
			恒压弹簧	6 元
智能拖地	改进创新	VSLAM 路径规划技术、SIFT 算法	惯性测量单元 IMU	260 元
			RGB-D 摄像头	740 元

5.3 任务三：创新点用户付费意愿分析

1. 背景

产品的功能创新已完成，零部件和技术的价格也已经确定，接下来要进一步分析项目的收益。

2. 任务

根据新功能分析客户为创新付费的意愿。

3. 要求

分析各个新功能的成本、市场容量、购买单价和总收益，并填入相应表 5-14。

表 5-14 创新点用户付费意愿分析

新功能	预计总成本	预计市场容量	预计购买单价	预计总收益
1				
2				
3				
4				
5				
…				

由于产品还未上市,所以市场容量只能通过与市场上有类似功能的产品类比来预计,如表 5-15 所示。

表 5-15　类似产品市场容量分析

产　　品	市场容量/万台
科沃斯地宝系列	317.15
小米	198.21
iRobot	39.64

与表 5-15 中的两个产品相比,技术上小白鲸机器人更有特点且性价比更高,理应销量更多,但是由于是初创产品市场占有量有待开拓,因此我们的产品市场容量可以预估为 20 万台,与其他数据一起填入表 5-16。

表 5-16　拖地机器人创新点用户付费意愿分析

新　功　能	预计总成本/万元	预计市场容量/万台	预计购买单价/元	预计总收益/万元
智能换水	320	20	20	80
抹布清洗	960	20	60	240
抹布烘干	1400	20	80	200
旋转加压	1520	20	90	280
智能拖地	3000	20	400	5000

5.4　任务四:创新链条推进顺序设计

1. 背景

各个创新点的技术和零部件已经弄清楚,现在需要设计该产品的创新链条推进顺序。

2. 任务

分清创新模块的主次和模块间的先后关系,形成创新模块关系图,并给出创新顺序表。

3. 要求

(1) 用有向图描述待开发产品不同模块之间的关系,每个模块用一个结点表示,除模块名称外,再增加序号,便于查找。白色结点表示有创新的模块,黑色结点表示无创新的模块,模块之间的先后关系用有向边来表示。

(2) 对有向图进行拓扑排序,再根据拓扑排序的结果,依次将需要创新的模块填入产品创新链条推进顺序表(如表 5-17 所示),并完善其他内容。

第 5 章 "从 0 到 1"创新道路选择实践

表 5-17 产品创新链条推进顺序

序号	创新点	创新类型	需要的前提条件	
			已实现模块	模块创新类型
1				
2				
3				
4				
5				
⋮	⋮	⋮	⋮	⋮

4. 案例

下面以小白鲸拖地机器人为例,进行创新链条推进顺序设计分析。

图 5-14 给出了"小白鲸拖地机器人"创新模块关系图。

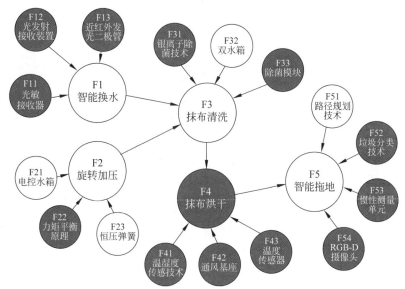

图 5-14 "小白鲸拖地机器人"创新模块先后关系图

基于上述创新先后关系图,进行拓扑排序,拓扑排序的过程如下。

(1) 任选图中一个没有前提条件的结点;
(2) 输出该结点;
(3) 删除该结点以及从该结点出发的所有有向边;
(4) 重复上述步骤(1)~步骤(3),直到所有结点均输出。

根据图 5-14,可以获得一个拓扑排序序列:F11,F12,F13,F1,F21,F22,F23,F2,F31,F32,F33,F3,F41,F42,F43,F4,F51,F52,F53,F54,F5。

再根据上述序列,将所有需要创新的结点(图 5-14 中的白色结点)挑出来,依次填入产品创新链条推进顺序表(见表 5-17),然后根据前述章节的分析,填入各个模块的创新类型及其前提条件。"小白鲸拖地机器人"的创新链条推进顺序分析结果见表 5-18。

表 5-18 "小白鲸拖地机器人"创新链条推进顺序

序号	创新点	创新类型	需要的前提条件	
			已实现模块	模块创新类型
1	F1 智能换水	集成创新	F11 光敏接收器	无创新
			F12 光发射接收装置	无创新
			F13 近红外发光二极管	无创新
2	F21 电控水箱	改进式创新	无	
3	F23 恒压弹簧	改进式创新	无	
4	F2 旋转加压	集成创新	F21 电控水箱	改进式创新
			F22 力矩平衡原理	无创新
			F23 恒压弹簧	改进式创新
5	F32 双水箱	改进式创新	无	
6	F3 抹布清洗	集成创新	F1 智能换水	集成创新
			F2 旋转加压	集成创新
			F31 银离子除菌技术	无创新
			F32 双水箱	改进式创新
			F33 除菌模块	无创新
7	F4 抹布烘干	无创新	F3 抹布清洗	集成创新
			F41 温湿度传感技术	无创新
			F42 通风基座	无创新
			F43 温度传感器	无创新
8	F51 路径规划技术	改进式创新	无	
9	F5 智能拖地	改进式创新	F4 抹布烘干	集成创新
			F51 路径规划技术	改进式创新
			F52 垃圾分类技术	无创新
			F53 惯性测量单元	无创新
			F54 RGB-D 摄像头	无创新

5.5 本章小结

本章基于第 4 章"走对创新道路"的思想,从实践的内容、步骤、任务与要求,设计了一种"从 0 到 1"创新道路选择的实践方案。首先,开展产品功能点或创新类型判断,根据第

3 章实践中确定的产品功能定位,确定产品需要研发的项目与子项目,详细分析子项目涉及的技术或零部件的技术原理,给出技术原理图或项目原型图,确定他们的创新类型。其次,进行技术创新程度分析,列举预计的创新点,用无创新、集成创新、改进创新、颠覆式创新等类别标注他们的创新类型,同时简述创新点的原理,列出创新点所涉及的主要零部件与预估市场价格。再次,进行创新点用户付费意愿分析,分析各个新功能的预计成本、预计市场容量、预计购买单价等,并据此计算预计总收益,既了解某个创新点的付费意愿又了解新产品总的付费意愿。最后,进行创新链条推进顺序设计,用有向图描述待开发产品不同模块之间的关系,形成创新模块关系图,对创新模块关系图进行拓扑排序,根据拓扑排序的结果,将需要创新的模块依次填入产品创新链条推进顺序表。

课后习题

1. 单选题

(1) 创新道路选择实践要求与步骤不包括以下哪个部分?(　　)
   A. 技术创新程度分析　　　　　　　B. 创新点链条推进顺序设计
   C. 产品研发预算　　　　　　　　　D. 创新点用户付费意愿分析

(2) 产品功能点或类型判断不包括以下哪个部分?(　　)
   A. 分析项目创新点
   B. 分析零部件的价格
   C. 分析技术的原理
   D. 分析项目的子项目、硬件及技术类型

(3) 以下哪个不属于 CEO 的职责范围?(　　)
   A. 对公司重大运营做出决策　　　　B. 主持日常活动
   C. 任免公司的高层管理人员　　　　D. 制订有关技术的愿景和战略

(4) 小公司的破坏性创新是什么战略?(　　)
   A. 相扑战略　　B. 柔道战略　　C. 空手道战略　　D. 太极拳战略

2. 多选题

初创公司的优势有哪些?(　　)
   A. 战略的灵活性　　　　　　　　　B. 组织的灵活性和开放性
   C. 研究开发投入的合理分配　　　　D. 创业风险低成功率大

3. 判断题

(1) 自研式创新的成本相对较低。(　　)
(2) 把 2 个部件集合在一起使用的技术类型属于集成式创新。(　　)
(3) 初创产品的市场容量可以参考市场上类似产品的情况进行预估。(　　)
(4) 预计总收益=(预计市场容量*预计购买单价)-预计总成本。(　　)
(5) 黑色圈表示创新,白色圈表示无创新。(　　)
(6) 创新链条推进必须一个个串行。(　　)
(7) 改进型创新是指对现有技术的改进引起的渐进的、间断的创新。(　　)

(8)集成创新是指围绕一些具有较强技术关联性的项目,将各种相关技术有机融合起来,实现一些关键技术的突破。( )

本章附录

1. 创新道路选择实践相关表格

(1)产品功能点或类型判断。

将项目一步步细分成子项目的集合,再分析各个子项目的创新点、技术和零部件、技术类型,填入相应表格。

首先把项目的创新点拆分细化,在表 5-19 内填入项目名和创新点。

表 5-19 项目创新点

序号	项 目	创 新 点
1		
2		
3		
⋮		

然后,将项目技术进行逐步细分展开,在表 5-20 内填入项目名和子项目名,子项目技术、零部件以及子项目技术类型。

表 5-20 项目各部分技术分析

序号	项 目	子 项 目	子项目技术、零部件	子项目技术类型
1				
2				
3				
4				
5				
⋮				

(2)技术创新程度分析。

将各个创新点的主要零部件列举并且根据市场行情估计零件单价,填入相应的表 5-21。

表 5-21 技术创新程度分析

创新点	创新类型	原 理	零部件	
			零部件名	价 格
1				
2				
3				
4				
5				
⋮				

(3) 创新点用户付费意愿分析。

分析各个新功能的成本、市场容量、购买单价和总收益,并填入相应表格。

首先把各个新功能的成本、市场容量、购买单价和总收益填入表 5-22。

表 5-22 创新点用户付费意愿分析

新 功 能	预计总成本	预计市场容量	预计购买单价	预计总收益
1				
2				
3				
4				
5				
⋮				

(4) 创新链条推进顺序设计。

分清创新模块的主次关系和模块间的先后关系,形成创新模块关系图,并给出创新顺序表。

首先,用有向图描述待开发产品不同模块之间的关系,每个模块用一个结点表示,除模块名称外,再增加序号,便于查找。白色结点表示有创新的模块,黑色结点表示无创新的模块,模块之间的先后关系用有向边来表示。图的样式见图 5-14。

其次,对有向图进行拓扑排序,再根据拓扑排序的结果,依次将需要创新的模块填入产品创新链条推进顺序表(如表 5-23 所示)中,并完善其他内容。

表 5-23　产品创新链条推进顺序

序号	创 新 点	创 新 类 型	需要的前提条件	
			已实现模块	模块创新类型
1				
2				
3				
4				
5				
⋮	⋮	⋮	⋮	⋮

2. 答辩流程及评分标准

(1) 答辩流程。

本节内容是根据前面所学的"从 0 到 1"创新道路选择实践知识进行实践成果汇报,在表 5-24 中记录汇报时间、地点、组别(姓名)、团队人数、研究生助教名字以及项目名称等。

表 5-24　实践成果汇报安排

序号	时　间	地点	答　辩　组	团队人数	研究生助教	项目名称	备　注
1							
2							
3							
4							
5							

(2) 评分标准。

本节"从 0 到 1"创新道路选择课程答辩考核为百分制,其中学生互评占总分的 20%,助教评分占总分的 30%,教师评分占总分的 50%,个人表现突出可适当加 1～5 分。"从 0 到 1"创业项目定位综合评价表如表 5-25 所示。

表 5-25 "从 0 到 1"创新道路选择答辩综合评价

组别			团队成员							
答辩时间			答辩地点							
项目名称										
总分 C= 20%C1+ 30%C2+ 50%C3+ C4	评分方式 评分项	内容完整 (25)	表达清晰 (15)	内容创新 (15)	组员合作 (10)	PPT呈现 (15)	提问内容 (10)	回答内容 (10)	评分总分 (100)
	学生互评 C1								
	助教评分 C2								
	教师评分 C3								
	个人突出表现(1~5 分)								
	主讲 PPT			回答提问			个人突出表现总分 C4		

第6章 摸准商业模式

6.1 不试不知道：项目落地

6.1.1 创业与商业模式

1. 创业的本质

价值创造是一切创业的本质。创业的本质就是创造价值,而创造价值的过程就是解决用户的痛点,并提出自己的解决方案并具体落地实施。创业成功的标志就是解决方案的实施成本要低于用户忍受痛点所付出的成本,当解决方案与用户痛点高度吻合时,往往能带来巨大的商业价值。

在价值创造的过程中,最关键的两个因素是用户痛点和解决方案。在产品的价值创造的过程中,有两个最关键的要素:一个是用户痛点的捕捉,也就是我们这个产品或服务是用来解决什么问题的,用户的真实痛点到底是什么;另一个是如何提供解决方案,来解决用户的这个痛点。但是,在定义用户痛点和制定解决方案时,无论我们采用多么精妙的方式,那都只是前提和假设,与真实的用户痛点和解决方案都仍然存在一定的差距。因此,我们只能通过精益创业的方式,不断迭代、试错、摸索,最终确定创业方向。

2. 商业模式的定义

通俗地讲,商业模式就是企业家为实现企业价值最大化,把能使企业运行的各内外要素整合起来,形成一个完整的、高效的、具有独特核心竞争力的运作系统,并通过最优实现形式满足客户需求,实现客户价值,同时使系统达到持续盈利目标的整合解决方案。

有了一个好的商业模式(business model),创业成功就有了一半的可能性。商业模式就是公司通过什么途径或方式来赚钱。简言之,一些网站通过点击率来赚钱,通信公司通过收话费来赚钱,游戏公司通过装备、皮肤来赚钱,视频播放平台公司通过收取会员费来赚钱,外卖平台通过收取外卖订单佣金来赚钱,打车平台通过收取打车订单服务费来赚钱,等等,这些都是商业模式。

6.1.2 商业模式探索实例

1. 聚美创始者陈欧的早期创业

不是所有企业都如淘宝有着先天的积累与市场经验。在中小型团队中,往往需要科学地探索商业模式来一步步完善产品需求与主要功能。

聚美创始人陈欧在国内成立了一家游戏公司,模仿美国的商业模式,在社交游戏中内置广告。但是由于国内市场与美国差别较大,这个公司很快就破产了。

- **痛点**：国内市场缺少同时具有社交性和娱乐性的互联网产品。
- **商业模式**：在社交游戏中内置广告，依靠外部广告投资获取收入。
- **失败原因**：国内当时依靠游戏内置广告营收的商业模式在中国行不通；当时计算机等设备并没有普及，社交游戏的用户数量本身就不足。

商业模式不能一味地模仿，要考虑产品服务人群的根本需求，并结合本地实际情况进行合理的设计与考量。

2. 360 杀毒横空出世

下面我们从 360 杀毒的横空出世来介绍如何探索商业模式。

360 一不小心进入了安全行业，从现在来看，正好赶上了中国互联网的大爆发。上网的人数增长很快，各种软件、商业模式发展很快，当然网上的小偷也突然暴增。不仅流氓软件泛滥，而且出现了各种木马，QQ 号、游戏装备会被盗，大家到网上下载软件都会下载到一堆广告插件，令人防不胜防。

在 360 做安全之前，杀毒还是按照传统的商业模式，是卖软件的，没有人认为是普遍服务，更没有人认为杀毒应该是免费的。360 认为，包括杀毒在内，互联网安全一定会成为一种基础服务，如果安全变成每个人都用的基础服务，它就一定是免费的。

- **痛点**：互联网环境恶劣，国内杀毒软件收费高昂；
- **商业模式**：360 主要依靠流量变现，简单来说就是通过 360 杀毒和 360 安全卫士推广真正赚钱的 360 浏览器和桌面，通过引流获取广告收益与渠道收益。

6.1.3 探索商业模式的途径

1. 成功商业模式特征

第一，成功的商业模式要能提供独特价值。独特的价值可以是产品独特性和服务独特性的组合。这种组合要么可以向客户提供额外的价值，要么使得客户能用更低的价格获得同样的利益，或者用同样的价格获得更多的利益。

第二，商业模式是难以模仿的。企业通过确立自己与众不同的独特性来提升企业产品或服务的壁垒，从而保证在市场竞争中存活下来。例如，人人都知道腾讯是宣传、推广游戏产品的，利用 QQ、微信的用户流量吸引用户，使用病毒式营销不断提升游戏产品的用户数量，然而腾讯的 QQ、微信使用人群就是他的壁垒，其他公司就算打造了类似的游戏产品，也很难复制腾讯的商业模式。

第三，商业模式是可落地的。无论是传统企业还是科创企业，很多初创企业难以做到量入为出、收支平衡，创业初期就计划开展非常多的业务，但对业务的可行性与资金投入没有具体量化，最终导致业务难以推进。因此，对于初创企业来说，对于自己的钱从哪儿来，客户最需要的产品和服务的目标市场容量有多大，自己大致能占据多大的市场，市场中愿意成为本产品或服务的用户有多少等问题，都要进行细致的思考和研究。

2. 商业模式的基本要素

每一个成熟的商业模式都包含着一些基本要素：价值定位、目标市场、销售和营销、生产、分销、收入模式、成本结构、竞争、市场大小、增长情况和份额等，商业模式的设计就是这些基本要素的排列组合。企业创业初期需要对自己所设计的商业模式进行不断的试错和实践,可以说没有任何一个商业模式是一开始就能成型的,都是在市场环境中与其他产品的竞争中形成的,逐渐从模糊的概念进化为清晰的模式。

6.2 火箭式创业与精益式创业

本节我们将了解与学习火箭式创业与精益创业这两种不同的创业模式,解析大团队与小团队的创业思路,从他们失败的创业案例中概括创业要点。

6.2.1 火箭式创业——华丽失败

传统火箭式创业模式——Get Big Fast 如图 6-1 所示。火箭式创业本质上是以自我为中心开始创业的,配以天才式的人物加上天才式的设想。此类创业者认为创业环境是高度可控的,创业参数是可见的,创业起点和终点都是已知的,解决方案和用户需求也都是已知的,所需要做的就只有调研、思考、执行、优化。火箭式创业模式在 1970—2000 年是美国硅谷的主流,其典型代表是微软公司。

图 6-1 火箭式创业

腾百万的火箭式创业正是火箭式创业的典型案例。

2014 年 8 月 29 日,由万达、腾讯、百度合作,共同投资 50 亿打造的万达电商平台"飞凡网"正式上线试运营。三方宣告,计划 5 年投资 200 亿元,打造全球最大 O2O(O2O,网络用语中指 Online To Offline 的缩写,即在线到离线/线上到线下,是指将线下的商务机会与互联网结合,让互联网成为线下交易的平台)电商公司。

腾百万希望借助"飞凡网",提供万达所有广场、酒店、度假地的电商服务,尽可能外拓客户,实现对万达消费终端、全国范围主流购物中心的全覆盖。

如此大肆扩张却看不到投资的实际成效与未来发展前景,腾讯和百度均不愿再继续投资飞凡,腾百万的合作最终以失败告终。

- 商业模式:以"飞凡网"为基石,提供万达所有广场、酒店、度假地的电商服务,尽可能外拓客户,实现对万达消费终端、全国范围主流购物中心的全覆盖。
- 功能:打造全球最大的商业 O2O 平台。
- 优势:万达是实体经济的佼佼者,百度掌握着互联网最大的搜索引擎,腾讯则拥有着最大的互联网社交软件,三者强强联合下的资源是空前强大的,在当时推出之际,没有人会觉得他们会失败。

腾百万失败的原因如下。

(1)股权分配不稳定。飞凡网的控制体系多次出现较大的变动,股权辗转于万达不同的体系之中。

(2)产品定位混乱。飞凡网的经营一直处于剧烈的波动中,产品目标是搭建O2O平台,但重心偏向四五线城市小市场。

6.2.2 精益式创业——科学试错

精益创业的基本假设认为基本参数很难度量,未来不可预测,用户痛点和解决方案具有极高的不确定性,需要不断迭代并不断积累认知,从而去逼近真实的用户痛点和有效的解决方案(如图6-2所示)。

想象一下吃自助餐的过程,很少有人只吃一种食物吃到饱,基本都是先看一遍有什么,筛选一下,小份量地取餐进行尝试,最终确定两三样好吃的重点吃。精益创业其实就是用最低的成本、最快的速度去不断试错,找到每一阶段最核心的问题再一鼓作气予以解决。

你想象的痛点不一定是真实的痛点。对于初创企业来说,只能通过快速迭代、不断试错来逼近用户的真实痛点,而不是主观预判用户的痛点。同时,预设的解决方案和真正有效的解决方案永远存在差距,只能通过不断迭代的方式去不断逼近有效的解决方案。精益式创业模式的核心是以目标用户为中心,快速试错,快速迭代,其典型案例是互联网公司。

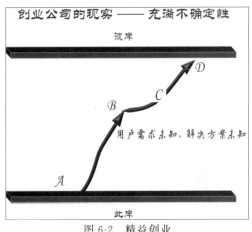

图6-2 精益创业

创业者在着手去做之前,首先应当有需求探索,挖掘一下到底什么是真正的需求;同时要做一个MVP(最小可行产品)去验证;验证成功之后再去逐步推广,推广的同时进一步做需求验证和需求探索。这才是正确的方式。

1. 百度的初期创业

百度在成立之初,其主要产品其实只是一个"幕后工具",主要面向各类互联网网站,而非个人用户提供一套搜索技术和工具。

2000年5月,百度首次为门户网站硅谷动力提供搜索技术服务,而后又向新浪、搜狐等门户巨头提供中文网页信息检索服务。此后,成立半年的百度迅速占领了中国80%的网站搜索技术服务市场,成为最主要的搜索技术提供商。

那时的百度,通俗讲,只是一个向大网站售卖技术与服务的初创企业,商业模式是给门户网站提供搜索服务,后面经历了互联网泡沫后才转型成为独立的搜索引擎(如图6-3所示)。

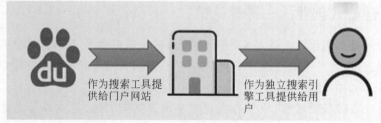

图6-3 百度的初期创业

- **初期团队**:1999年底,李彦宏、徐勇、刘建国、郭眈、雷鸣、王啸、崔珊珊7人组建的百度创业团队(如图6-4所示),在北大资源宾馆租了两间房作为办公室,成立了最初的百度团队。
- **产品功能**:提供网页信息检索服务和中文网页信息检索服务。其主要产品其实只是一个"幕后工具",主要面向各类互联网网站提供一套搜索技术和工具。
- **初期商业模式**:百度在成立之初,其商业模式则是仿效美国的一家名为Inktodi的公司,这家公司通过为美国100多个大型门户网站提供搜索技术盈利。
- **产品转型**:2000—2001年,互联网迎来第一次"泡沫"和"崩盘",百度开始进行产品转型,将业务模型从面向企业提供搜索技术转为自行经营搜索引擎。
- **后续商业模式**:在商业模式上,百度的仿效对象开始变为了美国的Overture,也就是发明"竞价排名"的鼻祖。所谓"竞价排名",即根据支付费用的多少来决定广告主在网站中所展示信息的排名位置。

图6-4 百度"七剑客"

2. 精益创业的步骤

(1) 找到痛点。

生活中的痛点无所不在,难就难在痛点的选择,若选择的痛点不够痛,则创业公司未来就做不大。

(2) 常识判断。

创业者对于要开始做的事情,需要判断三个点:是否擅长、是否喜欢、是否为核心用户。以迅雷为例,迅雷的创始人程浩是一个重度下载用户,很想解决下载速度慢的问题。同时,程浩具备分布式计算的知识基础,擅长开发产品。此外,当创业者足够喜欢自己所做的事情时,他才会有足够的动力和耐力走完全程。

(3) 找到核心用户。

找到无法忍受主流市场上成熟产品某些缺点的天使用户。以迅雷为例,做迅雷肯定要找想要下载大游戏、大电影的用户。对于喜欢下载 MP3 的用户,速度快慢其实没有太大影响。只有找到最痛的那些用户,用户的需求才最有参考价值。对于那些对下载速度敏感的用户来说,只有下载速度这个刚需解决了,即使手动粘贴下载地址也是可以接受的。

(4) 用户验证。

用户验证的目的就是要形成 MVP,MVP 就是为了了解用户,让用户体验。但是访谈和问卷调查绝对不能代替 MVP,因为用户心目中的需求跟实际的需求会有很大差别,用户自己也不知道。大家都谈过很多投资人,那些嘴上说很感兴趣的,基本上之后就不了了之了,而真正对你感兴趣的投资人一定会有明确的后续安排。因此,即使做了用户调研,MVP 也是必不可少的。

(5) 持续验证。

任何 MVP 都要消耗成本,因此产品每次迭代想要验证的东西一定要特别明确,不想验证的东西一概不要在这版 MVP 中体现。

3. 精益创业的逻辑框架

(1) 用户探索(定义基本假设)。

(2) 用户验证(检验基本假设)。

(3) 用户积累(用户开发的核心反馈模式:快速迭代,积累认知)。

(4) 公司运营。

图 6-5 是精益创业逻辑框架的具体展示。

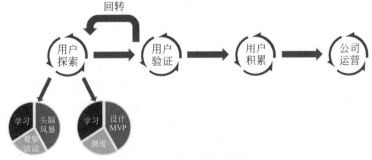

图 6-5 精益创业的逻辑框架

6.2.3 初创公司的商业模式

1. 大公司 VS 初创公司

初创企业和大公司的真正区别如下。

（1）商业模式是否已知，大公司已经有了被验证的商业模式，而初创公司没有。

（2）大公司执行已知或已经确认的商业模式，工作重心更多的是在运营和执行的层面，而初创公司则是探索未知的商业模式。

（3）初创公司不是大公司的微缩版，初创企业需要自己的工具，这个工具不同于大公司和传统的运营工具，对于初创企业来说，一个重要的工具就是精益创业。

大公司与创业公司的具体差异如图 6-6 所示。

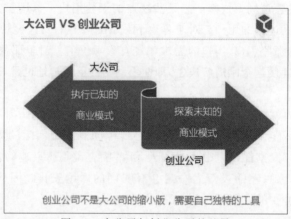

图 6-6 大公司与创业公司的差异

例如，Jack 在世界 500 强的企业工作了 8 年，从基层的销售做到管理两个团队的高级经理。经过评估，Jack 认为自己在原公司的职业瓶颈到了，于是决定寻找更好的机会。他在无忧精英网上找到一份大企业高级经理的工作，巧合的是，无忧精英网上的猎头也向他伸出了橄榄枝，推荐他去一家"互联网+"创业型公司当高级合伙人。当时，他觉得去创业型公司，可以早一步实现自己的创业理想，于是爽快答应了猎头的推荐。真正到了创业型公司，他差点被"理想很丰满，现实很骨感"打败。Jack 在无忧精英网后台留言，他感叹当初自己没有仔细考虑清楚大公司和创业型公司的巨大差异，当时是怀抱理想冲进去，工作了几个月后，才总结摸索出了大公司有着成熟的商业模式，而创业型公司需要自己一步一步探索和验证商业模式。

2. 初创公司的商业模式验证

大公司执行已知或已经确认的商业模式，初创公司则是探索未知的商业模式。实践才能出真知，再美好的设想都需要在实践中验证其可行性，再强的能力也需要通过实践来展现风采。验证商业模式的最佳方式就是真实客户验证。真实客户是真正存在的客户，而不是随便抓个人过来就开始牛头不对马嘴地验证，因此我们首先需要经过探求阶段和执行阶段，进行客户发展、客户验证、客户建立和公司创建 4 个步骤（如图 6-7 所示）。

商业模型得到验证的标志就是用户愿意为你的 MVP 产品买单。精益迭代过程应用于创业探求阶段,主要目的是寻找产品基本价值主张和验证商业模型。精益迭代过程应用于创业执行阶段,目的则是强化产品的价值主张,树立竞争门槛,拓展用户。

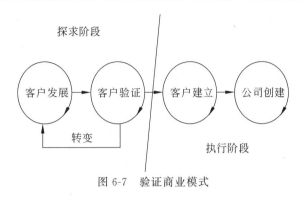

图 6-7 验证商业模式

(1) 探索阶段。

创业探索阶段主要目的是验证产品的价值主张和商业模型是否成立,在此过程中不需要成立公司。客户发展环节首先进行市场细分,找到自身的目标市场,进一步寻找天使用户,并与用户进行访谈,根据用户访谈结果,确定产品方向。

在客户发展环节的基础上,客户验证环节主要是通过设计、开发 MVP 产品来验证假设。如果假设不成立,则返回上一环节(客户发展);如果假设成立,则继续下一环节(客户建立)。

(2) 执行阶段。

创业执行阶段主要目的是开拓用户,建立公司组织。客户建立环节主要是投入一定的人力、物力和财力等资源,从线上、线下多种营销渠道向用户推荐已有的产品与服务,致力于开拓市场。公司创建环节主要是成立公司,并建立公司组织架构。

(3) 用户建立。

① 天使用户。早期小型试验的意义不在于找出普通用户,而是要找到"天使用户",就是那些最迫切需要产品的人。他们对错误更容易谅解,更渴望提供反馈意见,愿意传播产品。

② 概念模型。概念模型的第一步是先进行需求调研,认清用户的真实需求,并且对于初创公司来说,应先考虑小部分人的需求,避免广种薄收的情况。建立了概念模型之后,第二步是去寻找天使用户验证概念模型,验证产品提供的功能或服务能否解决用户的急切问题。

验证概念模型的目的,并不是为了修改产品功能,而是为了寻找天使用户,针对用天使用户的需求来验证假设,而不是迎合用户的奇思怪想。同时,在开发、设计产品的过程中,尽管要以用户需求为参照,确定产品的功能与服务,但也不能完全被用户牵着鼻子走,用户说什么就是什么,还是要有自己的思考与认知。

6.3 痛点、痒点与兴奋点

从 6.2 节有关精益创业的内容中,我们知道精益创业的第一步就是寻找痛点,因此我们需要了解痛点的定义以及如何准确地定位产品痛点。

对于面向用户的产品而言,用户需求是所有产品迭代的出发点和原因。然而,用户的需求同样有强弱之分,诱因也有内外的区别。下面在此基础上介绍痛点、痒点和兴奋点。在互联网创业中,广义的痛点实际上指的是痛点、痒点和兴奋点,这三者对于互联网开发来说都是需要解决的问题,需要完善的功能。三者的需求程度由高到低分别为痛点、痒点和兴奋点。生活中的痛点无所不在,难就难在痛点的选择,若所选择的痛点不够痛,则创业公司的未来就做不大。下面我们将分析微信的迭代过程,从中解析准确定位产品痛点的重要性。

6.3.1 痛点——用户急迫解决的刚性需求

如何在互联网创业的角度上理解痛点的含义呢?

痛点在互联网开发的角度上可以定义为主要需要解决的问题。我们可以理解为用户急切需要的功能,即刚需。它可能是解决了从无到有的问题,也可能是通过效率的大幅提升带来用户体验的飞跃。

接下来我们介绍微信的起步历史。在微信起步这一案例中,微信团队基于什么痛点开发功能并脱颖而出?

2011年1月份,微信发布。在之前,社交江湖还是QQ的天下。由于微信是邮箱团队开发的,为了快速实现,微信尽可能复用了原先QQ邮箱的整个后台协议和框架,所以我们每次发送一条微信消息,就真的是在通过微信后台向朋友发送一封微型的邮件。

在互联网产业在中国刚起步,移动端通讯服务并没有普及的背景下,用户想要进行通讯联系需要通过短信、彩信或者电话。微信团队基于即时通讯手段缺乏,彩信等价格高昂的痛点开发出了即时通讯服务功能并脱颖而出。由图6-8可知,当时人们进行通信时,通过手机发送一条短信需要扣除0.1元的话费,而发送一条彩信则需要扣除1元的话费,这高额的服务费让消费者难以负担,而微信的出现,方便了人们即时通讯,满足了生活多样性的需求。

图6-8 短信、彩信→微信

腾讯看到了这个巨大的市场空间。也正是在这种情况下,经过1.1、1.2、1.3三个测试版本之后,微信逐渐增加了对手机通讯录的读取、与腾讯微博私信的互通以及多人会话功能的支持。截至2011年4月底,腾讯微信获得了四五百万注册用户。由图6-8可知,人们使用微信进行通讯时,发送信息只需消耗少许的流量就能进行即时通讯,这极大地方便了人与人之间的沟通。

总而言之,腾讯眼光独到地解决了痛点问题,也就是当时用户急需的、省钱且方便的互联网移动端通讯功能,并且把受众瞄准青少年,为后续发展奠定了基础。

6.3.2 痒点——能增加用户体验的功能

在了解痛点的相关定义与示例后,那"痒点"的定义又是什么呢?

痒点是在产品基本解决用户问题后,还需要进一步完善功能,满足用户除最基本需求以外更深层次的功能诉求。痒点不能解决用户的主要诉求,但能够让用户使用时更方便、更快捷、更舒适,体验上有升级但起的实际作用不一定很大。这也是产品从无数竞品中脱颖而出的关键。

接下来我们介绍微信朋友圈的推出。朋友圈解决了用户的什么痒点?腾讯又是如何抓住这一点吸引用户的呢?

微信发布的 4.0 版本加入了朋友圈功能,官方确定英文名称为 WeChat,尝试国际化。除朋友圈功能之外,支持对微信朋友发送你当前的地理位置,方便朋友找到你;可以对某个通讯录里的朋友加注星标,这样就可以快速在通讯录顶部的星标分组里找到他们。

在时代风格更替,人们特别是青少年群体喜欢展示自我,但交友方式缺乏的背景下,朋友圈解决了年轻群体缺少交友互动的互联网平台的痒点。那一代的用户,尤其是学生一代特别需要一个可以分享日常生活、展示自身特色的社交平台,因此微信朋友圈应运而出。

微信朋友圈作为微信的附属品,如果没有微信的依附,基本上不算一个成功的产品。准确来讲是作为微信的一个补充,微信 4.0 推出"朋友圈",建立手机上的熟人社交圈,并借此扩大陌生人的交流领域,开放 API 接口打造移动社交平台,很好地解决了用户的痒点。

总而言之,微信朋友圈的功能很好地补充了微信早期版本社交缺陷,很好地为年轻人提供了分享自己个性的平台,同时也大大拓宽了用户在互联网的社交网络。

6.3.3 兴奋点——令人惊喜的小功能

那么关于"兴奋点"的概念,我们同样从互联网创业角度进行解释。

兴奋点在某种意义上来说可以指产品的特色或优势。但这种特色在用户和客户的潜意识里可能不会意识到,需要商家说出来或者用户自己在使用过程中发觉后,如果消费者突然对你产品的特色有怦然心动之感,那么所塑造的卖点就成功了,真正有杀伤力的卖点能在瞬间打动人。

接下来介绍微信的文件传输功能。微信文件传输功能解决了用户的什么兴奋点?对比其他同类功能有什么优势吗?

微信在后续推出的文件传输功能,在一定程度上取代了传统的移动硬盘传输和邮件传输。当用户只想传输一些图片或者小型文件时,可以直接通过微信聊天发送给需要的联系人(如图 6-9 所示)。

微信文件传输功能解决了用户希望在聊天软件上能直接传递一些文件给特定对象的兴奋点。传统的移动硬盘传输和邮件传输,其文件传输方式单一,无法较为自由地进行文

图 6-9　文件即时传输功能

件分享与接收;而且下载速度较慢,许多主流文件传输软件需要付费才能达到一定的传输速度。对比其他同类功能,微信文件传输有以下优势:一是现在主流使用百度云等进行大型文件的存储与下载,但微信在具有较为完备的文件传输功能的情况下,用户也会选择使用微信自带的功能。二是微信进行大型文件的下载,其速度不受限制,且不收费,所以用户在使用微信下载功能时会与其他下载软件进行对比,并产生惊喜感,提升了用户的产品依赖度。

总而言之,在互联网社交中,如果能直接对交流对象进行文件的发送,对于用户来说是相当有惊喜感的,这就是兴奋点。

然而并不是我们认为的兴奋点就是真正有意义的兴奋点,如果我们在研究兴奋点时选择了无效的功能,创业结果会发生怎样的变化呢?

很多创始人很难区分真需求和伪需求,这也可能导致企业发展大方向出现偏差,在投入大量资产进行研发后无法得到相应的回报,走了很多的弯路,最终导致创业失败。下面以"微信对讲机"为例子进行讲解与说明。

在 2013 年 2 月发布的微信 4.5 中加入了微信对讲机功能。在这个新版本的介绍页上,赫然写着"这一次,我们重新定义了对讲机"。从这个雄心勃勃的口号中人们能看出微信团队对这个对讲机功能有着极高的期望,然而这个功能最终还是在 3 年后的 6.3.5 版本中拿掉了。

实时对讲从某种意义上可以解决这个问题,实时对讲不说话的时候传递的数据量极小,但使用门槛高。和语音消息相比,它说的话并不能保存,自己和对方都不能重听。其次,在群里发起实时对讲,群里所有人都会收到提醒,从某种意义上,它是一种骚扰。最后,和语音通话相比,由于它的非连续性,很多人在用实时对讲的时候,需要反复确认:"嗨,听得到吗,能听到我说话吗?"

6.4　设计 MVP(最小可行化产品)

前面我们学习了精益创业的相关理论。精益创业的核心理论就是开发产品时先做出一个简单的原型——最小化可行产品(Minimum Viable Product,MVP),然后通过测试并收集用户的反馈,快速迭代,不断修正产品,最终适应市场的需求。下面我们深入了解

MVP 的作用与意义。

6.4.1 MVP 的基本定义

1. 什么是 MVP？

结合前面所学的精益创业相关知识，如何理解 MVP 的定义？

硅谷创业家 Eric Rise 在其著作《精益创业》一书中提出了"精益创业"（lean startup）的理念，其核心思想是，开发产品时先做出最小化可行产品，然后通过测试并收集用户的反馈，快速迭代，不断修正产品，最终适应市场的需求。

MVP 里面有 3 个核心词：最小、可行、产品。MVP 最开始的解释是指用最快的方式、最少精力完成"开发—测量—认知"的反馈模型，最小化可行产品并非用于回答产品设计和技术方面的问题，而是以验证基本的商业假设为目标。

MVP 的功用就是让你接触用户，尽早根据用户的反馈来改进你的产品。典型的错误就是窝在家里做没人要的产品，却自以为很有市场。大家的经验是，使用者要的东西往往是非常容易做的，但是也是最容易被你忽略的，如果你不一开始就与用户接触，就很难知道这些内幕。

同时，并不是一款全新的产品才适用 MVP 设计方法，对于一款成熟产品的一个全新子模块也同样适用。比方说对于微信、支付宝、淘宝这种大平台产品，其中一个小的模块的孵化，也是同样适用 MVP 设计方法，因此对于很多"从 0 到 1"的项目，都能套用 MVP 的设计理念，去帮助我们去做需求分析和确定产品发展的方向。

什么是真正意义上的 MVP？首先我们要明白三点：一是 MVP 只表现一部分产品价值；二是 MVP 给"发烧友"用，给自己的粉丝使用；三是 MVP 是探索式产品。注意，MVP 不是每个迭代做出产品功能的一部分，而是每次迭代都要交付一个可用的最小功能集合，这个集合的功能可以满足用户的基本需求（如图 6-10 所示）。

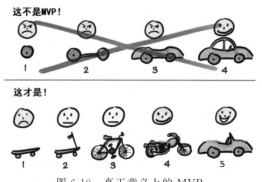

图 6-10 真正意义上的 MVP

2. MVP 功能迭代

我们以打车 App 的功能迭代作为例子，如果打车 App 需要完成定位功能，我们可以构建很多种 MVP 调查用户需求的详细信息，流程形象化表示如图 6-11 所示。

- **问卷调查**：在问卷中，根据用户年龄、性别等设置问题，调查不同年龄段的用户最希望打车时能查看怎样的定位功能。

- **视频展示**：将拟定做的定位功能整合进视频介绍中并发布在网络或其他平台上，根据视频评论等接收观众反馈。
- **App Demo 演示**：开发者可以将定位功能剥离出来单独开发一个可供用户体验的 Demo，了解用户偏向的功能点。
- **网页（PC/PE）演示**：用户可以通过在 PC 端或者移动端通过网页链接进入演示界面，完成模拟的打车定位功能。
- **微信小程序**：考虑到演示上手难易度的问题，开发者可以通过上架微信测试程序的方式方便用户使用。

图 6-11　测试打车 App 定位功能的不同 MVP 形式

3. 为什么要做 MVP？

那么，我们为什么要在进行正式的产品开发时要做 MVP 阶段测试呢？

我们分析构建 MVP 的意义主要通过三方面入手，分别是验证需求、验证主流程、验证最佳方案。

（1）验证需求（MVP 1.0）。

当你有了一个创业想法，会想把它变成一个商业产品。但是你的创业想法一定就靠谱吗？是否能实现成品？有创新性吗？有人愿意用吗？有人愿意为你的产品或服务花钱吗？这些都是需要考证的。MVP 1.0 则是来验证这个需求是真需求还是伪需求，属于高频需求还是低频需求，是否会有一定规模的用户群体使用。

（2）验证主流程（MVP 2.0）。

假设我们验证了这个创业想法的确是一个真需求、有一定的用户群体，并且可执行落地的，那么我们要怎么去高效地执行落地呢？举个例子，打算做一个打车 App。那么，这个打车软件的 MVP 2.0 版本要上线哪些功能？司机（乘客）注册登录、乘客下单（选择出发地和目的地）、司机确认订单（接收到订单路程信息及乘客信息）、司机确认完成订单、乘客确认完成订单并付款，这些功能都是为了验证打车这个主流程是否流畅、是否合理。当主流程验证完成后，下一步就是验证辅助流程，例如开票、使用优惠券、使用积分、分享等相关非主流程的功能，不断地通过版本迭代来完善整个 App（如图 6-12 所示）。

图 6-12　打车 App 的功能迭代

（3）验证最佳方案（MVP 3.0）。

当一个成熟的 MVP 2.0 产品已经落地实现后，还需要不断地完善与新增功能。完善与新增功能时往往会有 N 种选择方案,如何在 N 种方案中选择最佳方案就成了一个难题。以上述打车 App 为例,选择出发地、选择目的地、选择车型、确认下单分几个操作完成?一步、两步、三步还是四步?这是需要产品设计者细细琢磨与反复验证的问题。首先,可以筛选掉一步和两步的方案,如果 4 个功能只在一个或两个页面中显示,那么页面可能会太拥挤,影响产品界面的外观,另外用户操作成本较大。那在三步、四步中如何进行选择呢?三步、四步测试各自都有优缺点,这时候筛选最佳方案就成了难题。MVP 3.0 可以在两个方案中进行 A/B 测试,即同时上线这两个方案,让一部分用户使用 A 方案,一部分用户使用 B 方案,再根据用户意见反馈(建议和吐槽)、用户数据反馈(PV、UV、页面跳出率、页面转化率)、业务数据反馈(下单量)等,得出最佳方案,最后就是落实最佳方案。

6.4.2 MVP 的分类与举例

通过前面的学习,我们对 MVP 的重要性有了清晰的认识,那么什么样的功能可以成为 MVP 呢?接下来我们以"打车 App"为例进行对 MVP 的种类进行具体阐述。

1. 打车难(痛点 1)

在打车 App 开发的初始阶段,我们可以将 App 的功能做成一个 Demo。它可以是一个只有打车功能的简单程序,甚至可以是包含开发功能的视频,一篇介绍项目特点的微博文章。

- **痛点**:用户打车不方便,很难在短时间内打到所处地比较近的车。
- **措施**:开发统一的网络打车平台,即时搜索用户所在地附近所有空闲或顺路的出租车,提高打车效率。

2. 打车流程复杂(痛点 2)

在上一步验证了用户有打车 App 这个真实需求后,需要进一步判断用户线上打车的流程是否熟练,线上流程是否需要优化,我们可以做一个网页模拟流程供用户使用。

- **痛点**:用户不熟悉线上打车流程,操作时间长,找不到需要的功能。
- **措施**:优化线上打车流程,将用户最需要的功能进行强调,在操作过程中给予用户更多的提示。

3. 缺少车辆实时信息(痛点 3)

除了优化线上打车流程,关注用户的实际体验是非常重要的。为了减轻用户在等车时的焦虑感,我们可以通过微信小程序的形式做一个实时获取出租车动向信息的功能,观察用户使用后的反馈。

- **痛点**:用户在等车的时候不知道车辆具体位置,容易变得焦急,车辆到来后找不到出租车的具体位置。
- **措施**:用户预约车辆后显示车辆位置以及到来的路线,界面提供出租车的外形照片以及车牌号,用户可以实时看到出租车的具体位置。

6.4.3 怎么设计 MVP

1. 构建 MVP

通过前面的学习,我们对 MVP 的重要性有了清晰的认识,那么什么样的功能可以成

图 6-13　构建 MVP

为 MVP 呢？很多企业会通过"构建（build）—测量（measure）—迭代（learn）"的操作流程（如图 6-13 所示）设计最小可行性产品，来验证产品设想。

2. Instagram 的 MVP 设计

下面以 Instagram 的产品设计为例（如图 6-14 所示）进行介绍。滤镜是 Instagram 的核心功能。正是凭借滤镜，Instagram 得以在以文字呈现信息为主的移动社交应用中脱颖而出。在 Instagram 的初期版本（即 MVP 版本）中，用户只能选择滤镜，并不能调整滤镜的强弱度。随着不断迭代，Instagram 后期逐步增加了滤镜模板和亮度等功能，让用户总能制作出高质量图片。

图 6-14　Instagram 的 MVP 设计

3. 构建 MVP 的流程

（1）明确产品目标。

团队的首要目标就是要确定产品到底解决用户的哪些痛点，给用户带来什么样的价值，在此之前用户是如何满足自己的需求的。最好能用一句话表述。

（2）定义产品的用户行为路径。

梳理用户的行为流程，分解用户对产品的具体操作步骤。

（3）根据用户路径罗列产品功能。

团队集思广益列出产品，帮助用户实现目标需要具备的功能。在这个过程中，团队想做的功能可以很多很丰富。

- 对上一步列出的功能进行优先级排序：通过前期的头脑风暴，把丰富的功能列在白板上，团队根据研发资源、设计资源、用户体验等维度对功能进行优先级排序，对功能列表做减法和收敛。
- 构建最终功能集合：明确好最终功能集合后，可以画出产品原型图，找一些目标用户深入沟通，确定原型终稿，进入开发环节。

4. 构建 MVP 的方法

初期能够构建 MVP 的方法有很多，最主要的是线下访谈、社群宣传、设计 Demo 和众筹等。下面介绍它们的优缺点。

(1) 线下访谈。

根据打车软件这个产品,大致选择一批与此相关的目标用户,通过访谈的形式了解用户的真实想法与核心需求。访谈内容可围绕是否有车,出行时是否经常打车,你觉得平时打车最不方便的地方是什么,你最看重打车过程的哪方面(打车时间、司机服务态度、打车价格),如果现在有一款这样的打车软件能帮助你打车,你愿意使用吗,你不愿意的原因是什么。

- **优点**:经济成本相对较低;能和用户面对面交流,用户可自由表达想法。
- **缺点**:用户体量较小;访谈时间成本比较高;无法甄别用户的想法是否可靠。

(2) 社群宣传(微信公众号、QQ 群、微信群)。

通过已积累的粉丝和社群资源来验证打车这个需求是否为用户真实需求,可以等同于将线下访谈搬到线上进行,通过问卷调查、话题讨论、群组交流、一对一沟通等方式来获取用户的真实想法。

- **优点**:目标用户相对明确;时间和经济成本较低。
- **缺点**:前提是有社群关系链;无法甄别用户想法是否可靠。

(3) 设计 Demo 原型(视频)。

将打车 App 制作成一个 Demo 原型,可以是一个视频。根据视频的浏览量来判断用户对该产品的认可程度。如果视频播放量大,则说明该产品还是有很大市场的。

- **优点**:需求具体化,用户参与度较高。
- **缺点**:操作无反馈,用户真实想法还是无法甄别。

(4) 众筹。

可以在目标用户中进行众筹,确认用户是否愿意付费支持做一个打车 App。众筹的方式可以借助微信公众号或者其他社群平台。其中支持的理由要充分,足够吸引用户付费支持自己的想法,附带 Demo 原型、产品商业价值、能获取怎样的报酬来诱惑用户进行参与。过程中还需要收集这部分用户的反馈。

- **优点**:获得第一批种子用户,用户可以通过行动来表达对产品的支持程度。
- **缺点**:需求过于理想化,众筹的风险性高(无法从众筹人数来判断这个需求是否可靠)。

(5) 网页。

通过 MVP 1.0 验证了用户有打车 App 这个真实需求后,需要进一步判断用户线上打车的流程是否熟悉,是否了解。可以开发一个网页,提供给用户使用,一方面验证打车软件的主流程是否全面,另一方面也可以收集用户的反馈。

- **优点**:真实地获取用户反馈,开发成本较小。
- **缺点**:便利性不够大,网页操作有局限性。

(6) 微信小程序。

微信小程序相对于 App 来说,使用更加便捷,不需要额外下载软件,用它来验证打车软件的主流程的成本更小。同时,微信小程序是基于微信开发的,只要拥有微信的用户,就可以进行测试,获客成本低,便于推广。

- **优点**：开发成本较小;更丰富的使用场景(GPS定位、录音、拍视频、重力感应等);即用即走,用户使用成本低。
- **缺点**：无法获取用户数据反馈(PV、UV、页面跳出率、页面转化率等),功能相对小而简单,受产品类型限制。

(7) 简单功能的App。

最理想的是上线1.0版本的App,来验证打车主流程是否顺畅。在做1.0版本时,专注主流程功能会更加节约开发时间和精力,避免用户在使用过程中的注意力被分散,让他们关注到产品的主要功能和价值。这样有利于屏蔽其他影响因素,让用户更加聚焦于主功能,让企业关注更重要的问题,例如测试产品是否适应市场等,而不分心于其他情况。

- **优点**：可实现完整功能(不受微信限制),反馈机制相对健全。
- **缺点**：开发成本高,周期较长;推广较难。

6.5 付费式、黏着式与病毒式增长引擎

前面我们学习了精益创业的相关知识,了解了如何寻找痛点、构建MVP等要点,这些都是为了吸引更多的用户使用产品。现在将引入三种增长引擎：付费式、黏着式和病毒式,描述用户数量的增长模式。

6.5.1 付费式增长引擎

我们先从付费式增长引擎开始认识。因为作为初创团队,一开始的创业产品大多符合付费式增长。毕竟投入与用户量呈正反馈关系,投入增加,用户量增加,投入降低,用户量也会降低。

通过向第三方付费推广或者向顾客让利来获得用户的模式。通常,在确知产品具有黏着性和病毒性前就开动这一引擎,是过于仓促的行为。符合付费式增长的产品有很多,而它的增长方式主要包括广告投放、渠道推广和成长激励。

- **广告投放**：广告投放在某些细分领域里,是获取用户增长的主要手段,例如小说、漫画等领域。目前也是很多公司优先考虑的一种方式。
- **渠道推广**：大多产品会使用线上渠道,通过渠道流量采买、搜索引擎、ASO付费推广、社交媒体互动传播等来实现用户增长,线下使用最多的就是地推。
- **成长激励**：成长激励本质上是一种用户任务体系,通过完成一些特定的动作,来实现增长。用户成长,是通过一系列设计来实现用户价值最大化。

【案例】 番茄小说的付费推广

番茄小说已经成为用户量最大的移动端追书App。它的成功离不开背后字节跳动的付费式推广。

(1) 大手笔的广告投放。初期番茄小说在微博、贴吧、知乎等主流平台的推广力度极大,页面上几乎都是番茄小说的推广。

(2) 新用户吸引机制。用户在邀请到一定数量的未注册用户后,平台会发放一定的资金进行回馈。

(3) 用户在阅读一定时长的书籍后,同样可以积累积分,用于兑换现金。

6.5.2 黏着式增长引擎

对于黏着式增长引擎来说,最关键的数据指标就是用户留存率和活跃度,重点是让用户成为回头客,并且持续使用你的产品。产品存在吸引用户长期使用的"黏性",通过增加已有用户对产品的黏性,来提升产品的价值。通常,在确知产品具有黏着性和病毒性前就开动这一引擎,是过于仓促的行为。

投入资金上升,用户数上升;投入资金下降,用户数依然上升,或者变化不大。

1. QQ的发展现状

QQ发展了十几年,现在已经成为市面上每个用户都会使用的App。这并没有依靠大规模的宣传推广,而是属于QQ自身的功能"黏性"。

中国市场庞大的用户基础是产生功能黏性的前提。早已形成的围绕个人的人际网是QQ社交功能为黏着式引擎的原因。社交功能的产品在后期很容易依靠用户的关系网产生强大的功能黏性,也会形成黏着式增长引擎。

2. 黏着式增长的用户路径

(1) 用户听说并对该产品抱有期待;
(2) 第一印象符合用户期待;
(3) 减少用户负担,让用户有持续使用的动机;
(4) 达成用户的目标;
(5) 持续关注用户;
(6) 提供用户再次使用的契机。

3. 黏着式增长的产品类型

(1) 依赖性强:可以成为上瘾性产品,例如电子游戏等。
(2) 适合消费者:市场上的产品被特定群众所依赖,例如保健品、名贵的化妆品与奢侈品等。
(3) 更换成本大:产品可替代性弱,功能占比大的产品,例如银行的金融系统,进行替换需要相当大的时间成本与经济成本。

6.5.3 病毒式增长引擎

简单来说,病毒式增长是指依靠用户自传播带来新增用户,而不是通过运营者的推广行为带来新增用户。

病毒式增长的本质类似于数学上的等比数列,病毒系数是等比数列的公比。如果开始的人数为 a,病毒系数为 q,那么下一个循环的人数就变为了 aq,再下一个循环就变成了 aq^2,以此类推(如图6-15所示)。

病毒式增长引擎可以总结为:使用该产品的前提,就是需要对产品进行自发地推广,否则将无法很好地使用产品功能。

1. 社交产品的优势

在现实生活中,能够达到病毒式增长的产品不是很多,其中最容易达到病毒式增长条

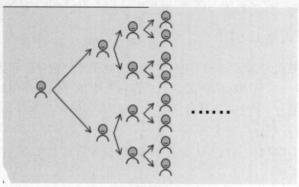

图 6-15　病毒式增长引擎

件的产品类型为社交。

以社交为主要功能的产品最容易达到病毒式增长。大部分社交类 App 都会在你注册时询问是否要同步你的通讯录,然后诱导你邀请通讯录里的联系人,典型产品如 QQ、微信。这些联系人收到你发出的邀请邮件,可能会欣然接受。相当于使用这款产品的用户会不自主地用他们的人际网进行推广。

2. 拼多多的成功案例

近几年国内电商环境固化的状态下,拼多多从京东、苏宁、淘宝等众多巨头中杀出重围,到现在已经是国内数一数二的电商。

拼多多通过老用户拉新用户的模式,老用户和新玩家都可以得到某些利益奖励从而去推动用户数的增长。

拼多多的拼团与砍价(如图 6-16 所示),通过在微信群、QQ 群向人际网中的人推荐,提高商品优惠。

图 6-16　拼多多砍价

6.6　科创项目商业模式探索思维导图

科创项目商业模式探索主要包含 5 点:一是我们假设的用户痛点是什么,二是我们的方案解决哪些痛点、痒点和兴奋点,三是我们能够提供什么可行的解决方案,四是怎么扩大我们的用户人群或销量,五是我们能够从中获得什么价值。具体思维导图如图 6-17 所示。

6.6.1　假设的用户痛点是什么

在科创项目商业模式探索中要明确我们假设的用户痛点是什么,首先要有明确的认知:痛点是阻碍用户自然行为的事以及用户办事中效率很差的环节;解决办法一般有头脑风暴、深度访谈、参与式观察、抓顾客真实需要。在科创项目商业模式探索中要避免以下误区:一是想象的痛点不是客户真痛点,是痒点;二是将我的痛点推己及人,太主观;三是多个痛点,分不清主次;四是用户调查获得假购买意向。具体思维导图如图 6-18 所示。

第 6 章　摸准商业模式

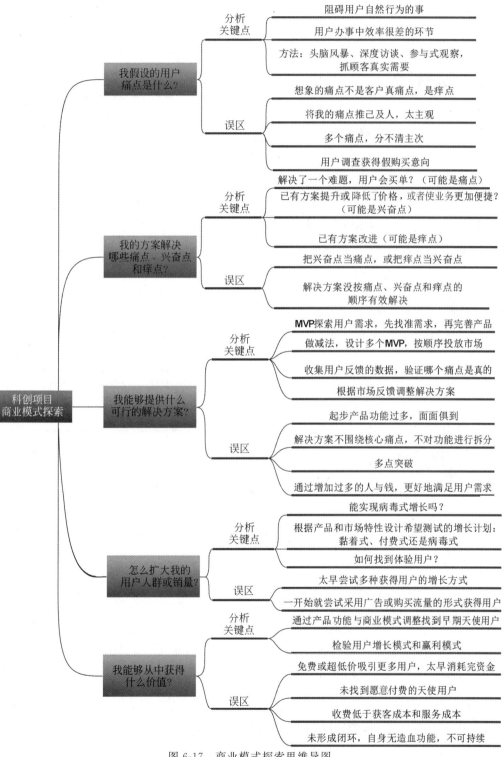

图 6-17　商业模式探索思维导图

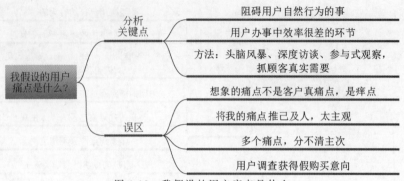

图 6-18　我假设的用户痛点是什么

6.6.2　我的方案解决了什么问题

在科创项目商业模式探索中要明确我们的方案解决的是痛点、兴奋点还是痒点。首先要有明确的认知：一是我们解决了一个难题（可能是痛点），用户是否会买单；二是已有方案提升或降低了价格，或者使业务更加便捷，可能是兴奋点；三是已有方案改进（可能是痒点）。在科创项目商业模式探索中要避免以下误区：一是把兴奋点当痛点，或把痒点当兴奋点；二是解决方案没按痛点、兴奋点和痒点的顺序有效地解决。具体思维导图如图 6-19 所示。

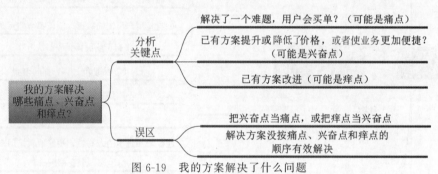

图 6-19　我的方案解决了什么问题

6.6.3　我能够提供什么可行的解决方案

在科创项目商业模式探索中要明确我们能够提供什么可行的解决方案。首先要有明确的认知：一是 MVP 探索用户需求，先找准需求，再完善产品；二是做减法，设计多个 MVP，按顺序投放市场；三是收集用户反馈的具体数据，验证哪个痛点是真的；四是根据市场反馈调整解决方案。在科创项目商业模式探索中要避免以下误区：一是起步产品功能过多，面面俱到；二是解决方案不围绕最核心痛点，不对功能进行拆分；三是多点突破；四是通过增加过多的人与钱，更好地满足用户需求。具体思维导图如图 6-20 所示。

6.6.4　怎么扩大我的用户人群或销量

在科创项目商业模式探索中要明确怎么扩大我们的用户人群或销量。首先要有明确的认知：一是如何找到体验用户；二是根据产品和市场特性设计希望测试的增长计划；

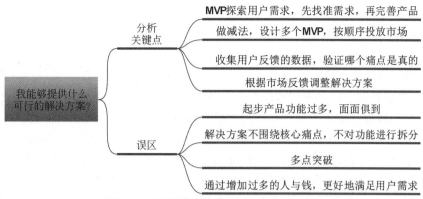

图 6-20 我能够提供什么可行的解决方案

黏着式、付费式还是病毒式;三是能实现病毒式增长吗。在科创项目商业模式探索中要避免以下误区:一是一开始就尝试采用广告或购买流量的形式获取用户;二是太早尝试多种获得用户的增长方式。具体思维导图如图 6-21 所示。

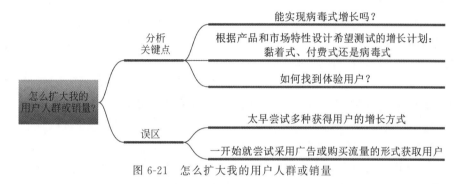

图 6-21 怎么扩大我的用户人群或销量

6.6.5 我能够从中获得什么价值

在科创项目商业模式探索中要明确我们能够从中获得什么价值。首先要有明确的认知:一是通过产品功能与商业模式调整找到早期天使用户;二是检验用户增长模式和盈利模式。在科创项目商业模式探索中要避免以下误区:一是免费或超低价吸引更多客户,太早消耗完资金;二是未找到愿意付费的天使用户;三是收费低于获客成本和服务成本;四是未形成闭环,自身无造血功能,不可持续。具体思维导图如图 6-22 所示。

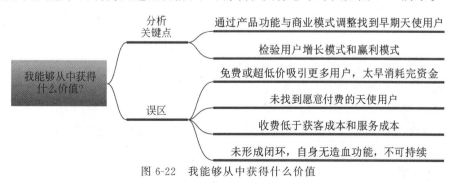

图 6-22 我能够从中获得什么价值

6.7 本章小结

本章主要介绍如何摸准商业模式。围绕项目落地介绍了创业的本质以及商业模式的定义,聚美创始者陈欧的早期创业以及360杀毒横空出世是商业模式探索的典型。介绍火箭式创业与精益创业这两种不同的创业模式,解析大团队与小团队的创业思路,从他们的失败经历中概括创业要点。从精益创业的角度出发,精益创业的第一步就是寻找痛点,因此我们需要了解痛点的定义以及如何准确地定位产品痛点,在此基础上深挖痒点和兴奋点。基于精益创业相关理论,开发产品时应先做出一个简单的原型——最小化可行产品,然后通过测试并收集用户的反馈,快速迭代,不断修正产品,最终使产品适应市场的需求。最后引入三种增长引擎:付费式、黏着式和病毒式增长引擎,描述用户数量的增长模式。还介绍了科创项目商业模式探索。

课后习题

1. 单选题

(1) 商业模式是可以进行效仿的。( )

    A. 对   B. 错

(2) 对于中小型创业团队来说,精益创业是为了科学试错,少走弯路的。( )

    A. 对   B. 错

(3) 探索商业模式的方法有( )。

    A. 寻找产品痛点   B. 进行MVP功能迭代

    C. 探索增长引擎   D. 以上都是

(4) 对于初创企业来说,只能通过快速迭代、不断试错来逼近用户的真实痛点。( )

    A. 对   B. 错

(5) 初创企业和大公司的真正区别有( )。

    A. 商业模式是否已知

    B. 执行已知商业模式和探索未知商业模式

    C. 精益创业对于小公司更重要

    D. 以上都是

(6) 解决痛点就是解决从无到有的问题。( )

    A. 对   B. 错

(7) 痒点不能解决用户的主要诉求,但能够让用户使用时方便、快捷、舒适很多,体验上有升级但起的实际作用不一定很大。( )

    A. 对   B. 错

(8) 兴奋点在一定程度上无法解决用户的核心问题,因此创业团队不需要在兴奋点花费精力。( )

    A. 对   B. 错

(9) 最小可行性产品（MVP）等同于"原型"、Demo，或者是项目的第一版输出品。
（   ）

    A. 对　　　　　　　B. 错

(10) 最小化可行产品用于回答产品设计和技术方面的问题。（   ）

    A. 对　　　　　　　B. 错

(11) 一般在产品具有黏着性和病毒性前先进行付费式推广。（   ）

    A. 对　　　　　　　B. 错

(12) 病毒式增长依靠运营者的推广行为带来的新增用户。（   ）

    A. 对　　　　　　　B. 错

(13) 商业模式完全决定某种资源能力是否不可或缺，是否重要。（   ）

    A. 对　　　　　　　B. 错

(14) 最小可行性产品的商业模式不一定需要跑通。（   ）

    A. 对　　　　　　　B. 错

(15) 火箭式创业一定需要足够的公司资本才能进行。（   ）

    A. 对　　　　　　　B. 错

2．多选题

(1) 下列哪些属于商业模式？（   ）

    A. 网站通过点击率来赚钱

    B. 通信公司通过收话费来赚钱

    C. 游戏公司通过装备、皮肤等来赚钱

    D. 视频播放平台公司通过收取会员费等来赚钱

(2) 下面哪些可以称为MVP？（   ）

    A. 一段宣传视频　　　　　　B. 一个项目demo

    C. 一个完整的项目　　　　　D. 一次问卷调查

(3) 我们可以从哪些角度解析MVP的意义？（   ）

    A. 验证需求　　　　　　　　B. 验证产品效益

    C. 验证主流程　　　　　　　D. 验证最佳方案

(4) 为了描述用户数量的增长模式，我们引入了增长引擎的概念，下面哪些属于增长引擎？（   ）

    A. 付费式增长引擎　　　　　B. 分裂式增长引擎

    C. 黏着式增长引擎　　　　　D. 病毒式增长引擎

(5) 下面属于付费式增长引擎的特征有？（   ）

    A. 投入与用户量成负反馈关系

    B. 投入增加，用户量会增加

    C. 投入降低，用户量会降低

    D. 通过向第三方付费推广或者向顾客让利来获得用户

(6) 下面属于黏着式增长引擎的特征有？（   ）

    A. 产品存在吸引用户长期使用的"黏性"

B. 通过向第三方付费推广或者向顾客让利来获得用户

C. 通过增加已有用户对产品的黏性,来提升产品的价值

D. 关键的数据指标就是用户留存率和活跃度

(7) 下列说法错误的是?(　　)

A. MVP 只表现一部分产品价值

B. MVP 给"发烧友"用,给自己的粉丝使用

C. MVP 是探索式产品

D. MVP 本身需要具备较为完备的功能

(8) 病毒式增长引擎的例子有?(　　)

A. QQ 初期的迅猛发展　　　　　　B. 微信现在的发展

C. 拼多多拼团功能的推广　　　　　D. 拼多多在网络平台的推广业务

3. 排序题

(1) 创业的本质是(　　),而在互联网创业的角度上来说,创造出来的价值就是(　　)。(　　)

A. 完成功能需求　　　　　　　　　B. 解决用户痛点

C. 创造价值　　　　　　　　　　　D. 成立公司

(2) 验证商业模式需要经过探求阶段和执行阶段,进行_____、_____、_____和_____4 个步骤。(　　)

A. 客户建立　　　B. 公司创建　　　C. 客户验证　　　D. 客户发展

(3) 精益创业的步骤可以看作 5 步,依次是寻找痛点、_____、_____、_____和_____5 个步骤。(　　)

A. 找到核心用户　　B. 持续验证　　C. 用户验证　　D. 常识判断

(4) 痛点、痒点和兴奋点的定义分别是_____、_____和_____。(　　)

A. 令人惊喜的小功能

B. 能增加用户体验的功能

C. 用户急迫解决的刚性需求

(5) 定位产品痛点的方法,最直接的是_____,最全面的是_____,最深刻的是_____。(　　)

A. 听听用户的声音　B. 分析用户的数据　C. 亲自去体会感受

(6) 构建 MVP 的流程分别是_____、_____、_____、_____,构建最终功能集合。(　　)

A. 定义产品的用户行为路径

B. 明确产品目标

C. 对上一步列出的功能进行优先级排序

D. 根据用户路径罗列产品功能

"从0到1"商业模式探索实践

本章主要介绍"从 0 到 1"商业模式探索实践,需要学生在实践过程中组建团队,了解商业模式探索实践的要求与步骤,再对商业模式探索方案进行打磨,撰写本团队关于商业模式探索的商业计划书,并进行实践成果汇报与交流。具体设计如图 7-1 所示。

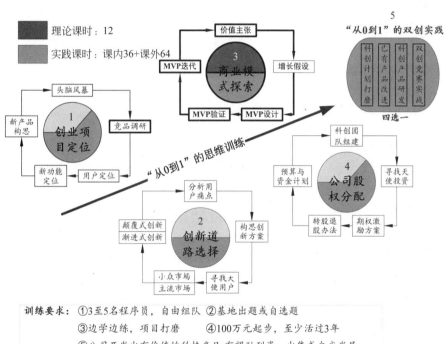

图 7-1 "从 0 到 1"科创导向的双创课程模块设计

在第 3、5 章对双创项目的产品需求、用户画像、团队能力与产品研发匹配度、创新点、有付费意愿的创新功能、创新顺序等进行了系统的分析和规划,本次实验是根据以上成果,并运用第 6 章学习的方法和技术,设计一套可执行可验证的商业模式探索计划。本实验包括以下步骤。

(1) 收集整理新产品的功能与创新点;

(2) 设计第一个 MVP;

(3) 初拟 MVP 迭代方案;

(4) 完善调整 MVP 迭代计划。

为了便于大家了解具体实施过程,我们以"小白鲸扫地机器人"的商业模式探索为例,介绍商业模式探索实验的主要内容、步骤、任务与要求。

1. 收集整理新产品的功能与创新点

根据项目定位和创新道路选择的内容,对新产品的功能与创新点收集整理并补充后,进行梳理归纳,做出一个基本假设。

2. 设计第一个 MVP

第一个 MVP 只针对早期的天使用户,并且在产品功能上是最小功能组合,然后对其进行用户增长引擎假设和付费意愿假设。

3. 初拟 MVP 迭代方案

在完成聚焦于核心痛点与功能的最小可行性产品(MVP1)之后,将目标转向解决第二痛点、第三痛点,通过不断迭代产品,为每个痛点提出针对性的解决方案,作为下一个 MVP,并假设其用户增长引擎和付费意愿。

4. 完善调整 MVP 迭代计划

对实现每个 MVP 的需求进行预估,再根据实现每个 MVP 时所需的团队基础计算创新技术难度和实现难度,最后结合痛点进行排序。

根据创业项目,完成以下 4 个任务:

- 任务一:收集整理新产品的功能与创新点。
- 任务二:设计第一个 MVP。
- 任务三:初拟 MVP 迭代方案。
- 任务四:完善调整 MVP 迭代计划。

7.1 任务一:收集整理新产品的功能与创新点

在第 3、5 章对双创项目的产品需求、用户画像、创新点、有付费意愿的创新功能进行了系统的分析和规划,并对其进一步完善后,总结产品将实现哪些功能模块及其所需功能和技术,最后进行层次分析,并以树形图的形式展示。

一个产品包含多个功能模块,各个功能模块又由一个或多个功能和技术组成,各个功能和技术又由一个或多个子功能和子技术组成,依次递推,直至该功能或技术不再包含子功能和子技术,最后得到新产品"功能-创新点"层次分析图,如图 7-2 所示。好比数据结构中的树结构,产品就是根结点,若干个功能模块就是它的子结点,功能模块又有自己的子结点——功能和技术,功能和技术也有自己的子结点——子功能和子技术,直至该功能或技术成为一个叶子,即终端结点。

编号规则的建议如下:功能模块为 $F1, F2, \cdots, Fn$;功能模块下的功能为 $F11, F12, \cdots, F1n$;功能模块下的技术为 $T11, T12, \cdots, T1n$;功能下的子功能和子技术分别为 $F11\_F1; F11\_T1; \cdots$;技术下的子功能和子技术分别为 $T11\_F1; T11\_T1; \cdots$。若还有子功能和子技术,以 $F11\_F1f1、F11\_F1t1、F11\_T1f1、F11\_T1t1、T11\_F1f1、T11\_F1t1、T11\_T1f1、T11\_T1t1$ 的方式命名。一般来说,新产品"功能-创新点"层次分析图的深度不会大于 4,若深度超过 4,则以 $F11\_F1f11\_F1f1\cdots$ 的方式来命名即可,如图 7-2 所示。

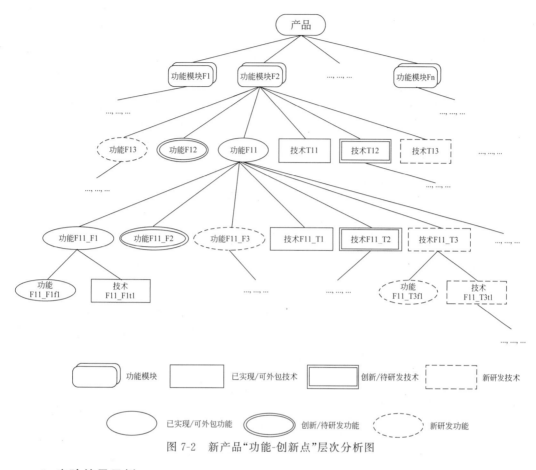

图 7-2　新产品"功能-创新点"层次分析图

1. 实验结果示例一

现在以"小白鲸扫地机器人"的产品——"扫拖一体机器人"为例,对其将实现的功能模块及其所需功能和技术进行层次分析,并画出扫拖一体机器人"功能-创新点"层次分析图。

需要注意的是,新产品"功能-创新点"层次分析图不是一蹴而就的,需要经过对每一个结点进行分析才能得到下一层,然后一层一层地组合就变成了树。

首先第一步就是对扫拖一体机器人进行功能模块分析,结果如图 7-3 所示。

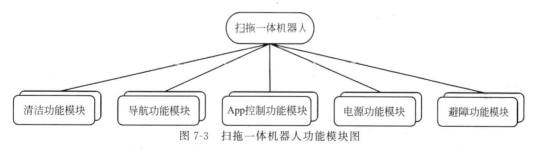

图 7-3　扫拖一体机器人功能模块图

对扫拖一体机器人的功能模块分析后,进一步对清洁、导航等模块的功能和技术进行分析,如图 7-4 所示。

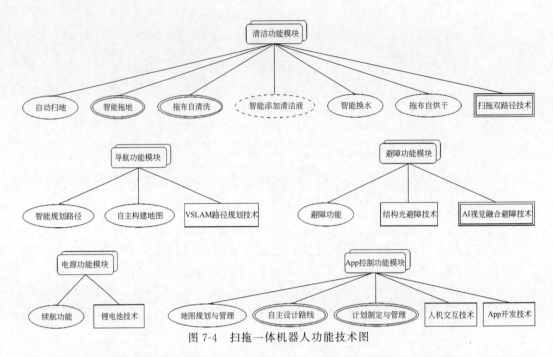

图 7-4　扫拖一体机器人功能技术图

对前两次实践内容进行分析和讨论后,在本次实践中,清洁功能模块下加入一个新研发功能——智能添加清洁液,这是基于前两次的实践所添加的新功能,它是一个集成创新功能,详细内容如表 7-1 所示。

表 7-1　智能添加清洁液详情

序号	项　目	子　项　目	子项目技术、零部件	子项目技术类型
1	智能添加清洁液	光电式液位传感器	光敏接收器	集成创新
			近红外发光二极管	
			浓度传感器	

光敏接收器:接收红外光线
近红外发光二极管:发射红外光线
光电式液位传感器:感应清洁液水位,光敏接收器接收不到近红外发光二极管发射的红外光线则添加清洁液
浓度传感器:感应清洁液浓度,根据实际情况决定加水还是清洁液

对各个功能模块的功能和技术进行分析后,进一步地对各个功能和技术的子功能及子技术进行分析,如图 7-5 所示。除清洁功能模块下的功能和技术外,其他 4 个功能模块下的功能和技术没有子功能和子技术。

在画出产品各个层次的分析图之后,将它们拼接起来,再给每一个子节点编号,得到扫拖一体机器人"功能-创新点"层次分析图,如图 7-6(a)和图 7-6(b)所示。

在画出新产品"功能-创新点"层次分析图之后,需根据其内容来填写新产品功能与创新点内容分析一览表,如表 7-2 所示。通过此表可以更进一步地对图中各个元素进行分析,包括元素的类型、内容、痛点和用户画像。需要额外描述时,就填写在备注一栏。

第 7 章 "从 0 到 1"商业模式探索实践

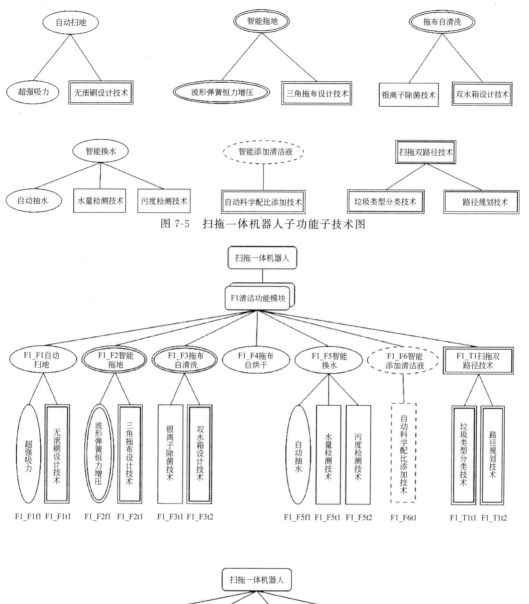

图 7-5 扫拖一体机器人子功能子技术图

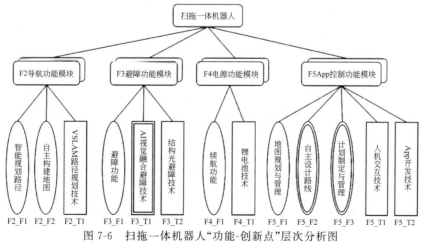

图 7-6 扫拖一体机器人"功能-创新点"层次分析图

表 7-2　新产品功能与创新点内容分析一览

序号	功能模块/功能/技术/子功能/子技术	类型	内容	痛点	用户画像（用户类型—使用场景）	备注
1						
2						
3						
4						
5						
6						
⋮						

2. 实验结果示例二

由于篇幅限制，将扫拖一体机器人功能与创新点内容分析一览表分为"功能模块分析一览表""功能和技术分析一览表""子功能和子技术分析一览表"来展示，具体如表 7-3、表 7-4 和表 7-5 所示。

表 7-3　扫拖一体机器人功能模块分析一览

序号	功能模块	内容	痛点	用户画像（用户类型—使用场景）	备注
1	F1	F1_F1; F1_F2; F1_F3; F1_F4; F1_F5; F1_F6; F1_T1;	/	城市白领—工作忙碌	"痛点"和"用户画像"列中填写"/"的部分在功能和技术分析一览表中填写； 只给出部分"用户画像"，详细内容在之后 MVP 的"测试用户范围和数量"中说明
2	F2	F2_F1; F2_F2; F2_T1;	/	/	
3	F3	F3_F1; F3_T1; F3_T2;	有时会发生碰撞、跌落	/	
4	F4	F4_F1; F4_T1;	续航时常不足；需经常充电	/	
5	F5	F5_F1; F5_F2; F5_F3; F5_T1; F5_T2;	/	智能家居爱好者—科技生活	

表 7-4 扫拖一体机器人功能和技术分析一览

序号	功能/技术	类型	内容	痛点	用户画像(用户类型—使用场景)	备注
1	F1_F1	已实现/可外包	F1_F1f1；F1_F1t1	/	/	
2	F1_F2	创新/待研发	F1_F2f1；F1_F2t1	/	/	
3	F1_F3	创新/待研发	F1_F3t1；F1_F3t1	/	/	
4	F1_F4	已实现/可外包	/	拖布容易发霉、繁殖细菌	家庭主妇—家务繁杂	
5	F1_F5	已实现/可外包	F1_F5f1；F1_F5t1；F1_F5t2	/	/	
6	F1_F6	新研发	F1_F6t1	/	/	
7	F1_T1	创新/待研发	F1_T1t1；F1_T1t2	/	/	
8	F2_F1	已实现/可外包	/	清扫效率不足	/	"内容"列中填写"/"部分表示无内容；"痛点""用户画像"列中填写"/"的部分在子功能和子技术分析一览表中填写；只给出部分"用户画像",详细内容在之后MVP的"测试用户范围和数量"中说明
9	F2_F2	已实现/可外包	/	无法准确确定清扫范围	/	
10	F2_T1	已实现/可外包	/	清扫路径达不到最优	/	
11	F3_F1	已实现/可外包	/	/	/	
12	F3_T1	创新/待研发	/	家庭环境复杂时,更易发生碰撞	/	
13	F3_T2	已实现/可外包	/	/	/	
14	F4_F1	已实现/可外包	/	/	/	
15	F4_T1	已实现/可外包	/	/	/	
16	F5_F1	已实现/可外包	/	无法管理扫拖区域和设置扫拖禁区	/	
17	F5_F2	创新/待研发	/	无法自主规划扫拖路线	/	
18	F5_F3	创新/待研发	/	无法定制计划,需反复操作	/	
19	F5_T1	已实现/可外包	/	无法远程了解机器人的实况	/	
20	F5_T2	已实现/可外包	/	无法远程操控	/	

表 7-5 扫拖一体机器人子功能和子技术分析一览

序号	子功能/子技术	类型	内容	痛点	用户画像（用户类型—使用场景）	备注
1	F1_F1f1	已实现/可外包	/	扫地洁净程度不足	/	"内容"列中填写"/"部分表示无内容；只给出部分"用户画像"，详细内容在之后MVP的"测试用户范围和数量"中说明
2	F1_F1t1	创新/待研发	/	毛发/线缆缠绕	宠物家庭—毛发困扰	
3	F1_F2f1	创新/待研发	/	顽固污渍、拖地洁净程度不足	育儿家庭—容易脏污	
4	F1_F2t1	创新/待研发	/	拖地时存在缝隙	/	
5	F1_F3t1	已实现/可外包	/	无法杀菌抑菌、拖布洁净程度不足	/	
6	F1_F3t2	创新/待研发	/	每次清洗拖布时，不都是清水	/	
7	F1_F5f1	已实现/可外包	/	人工换水很累很麻烦	/	
8	F1_F5t1	已实现/可外包	/	无法判断水量多少	/	
9	F1_F5t2	已实现/可外包	/	不知脏水脏污程度	/	
10	F1_F6t1	新研发	/	计算不好清洁液和净水的配比	/	
11	F1_T1t1	创新/待研发	/	无法识别物体是否为垃圾	/	
12	F1_T1t2	创新/待研发	/	路径问题会导致二次污染	/	

7.2 任务二：设计第一个 MVP

1. 任务

收集整理新产品的功能与创新点后，通过第 3 章的内容分析出核心痛点，在新产品"功能-创新点"层次分析图中找出解决核心痛点的最小子树，作为第一个 MVP。

2. 要求

填写 MVP1 的痛点、解决方案、测试用户范围和数量、用户增长引擎假设和付费意愿假设，补充内容填写在"备注"栏中，并给出产品样例图，示例如表 7-6 和图 7-7 所示。

表 7-6　MVP1 详情

MVP1	内容	备注	说　　明
痛点			核心痛点
解决方案			围绕功能来写
测试用户范围和数量			具体的可操作的范围；具体场景，详细方案
用户增长引擎假设			病毒式增长引擎、黏着式增长引擎、付费式增长引擎
付费意愿假设			有/无(付费多少)，试用一下是否愿意交钱

图 7-7　MVP1 产品样例图

3. 实验结果示例

首先通过第 3 章的内容分析出核心痛点，再从扫拖一体机器人"功能-创新点"层次分析图中找出解决核心痛点的最小子树，如图 7-8 所示，扫拖一体机器人 MVP1 产品样例如图 7-9 所示。

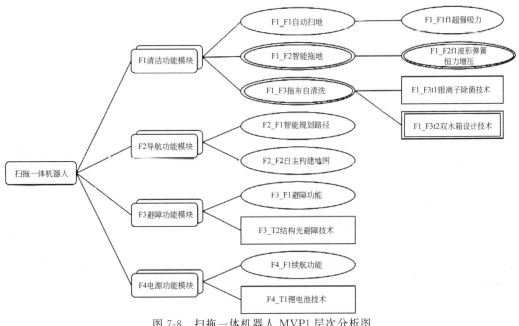

图 7-8　扫拖一体机器人 MVP1 层次分析图

图 7-9　扫拖一体机器人 MVP1 产品样例图

根据找出的解决核心痛点的最小子树,填写扫拖一体机器人 MVP1 详情表,填写结果如表 7-7 所示。

表 7-7　扫拖一体机器人 MVP1 详情

MVP1	内　容	备　注
痛点	市面上的家庭清洁机器人大都只解决"扫",而没有解决"拖"的问题;目前的拖地功能需要人工换洗拖布,没有真正实现全自动,解放用户双手	/
解决方案	如图 7-8 和图 7-9 所示	/
测试用户范围和数量	城市白领——工作忙碌;4000 人	挑选七八栋商业大厦进行线下推广
用户增长引擎假设	付费式增长引擎	/
用户的付费意愿假设	有	工作忙碌的城市白领亲自动手打扫费时费力、不够干净,为了解决这一问题愿意为产品付费

7.3　任务三:初拟 MVP 迭代方案

1. 任务

在设计完第一个 MVP 之后,继续找根节点下面的子树,要么所有的叶子都可以解决,要么最少能够支持解决某个痛点的完整解决方案,以此作为下一个 MVP 的解决方案。

2. 要求

至少给出 10 个 MVP 方案(包括 MVP1),填写各个 MVP 的解决方案、痛点、测试用户范围和数量、用户增长引擎假设和付费意愿假设,填写表 7-8,补充内容填写在"备注"栏中,并给出产品样例图。

表 7-8　MVP 迭代方案

MVP	痛点	解决方案	测试用户范围和数量	用户增长引擎假设	用户的付费意愿假设	备　注
MVP2						

续表

MVP	痛　点	解决方案	测试用户范围和数量	用户增长引擎假设	用户的付费意愿假设	备　注
MVP3						
MVP4						
MVP5						
MVP6						
MVP7						
MVP8						
MVP9						
MVP10						
⋮						

3. 实验结果示例

经过一步步迭代，MVP1 升级至 MVP2，直到升级至 MVP10，得到包含 10 个 MVP 迭代方案的扫拖一体机器人"功能-创新点"层次分析图，如图 7-10 所示。

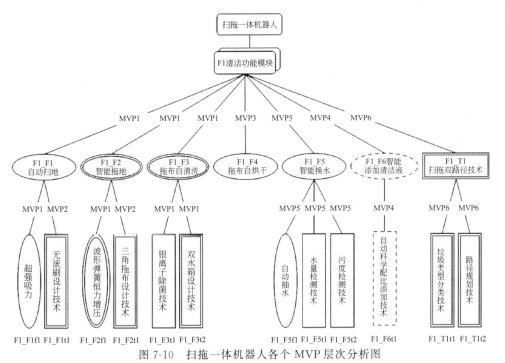

图 7-10　扫拖一体机器人各个 MVP 层次分析图

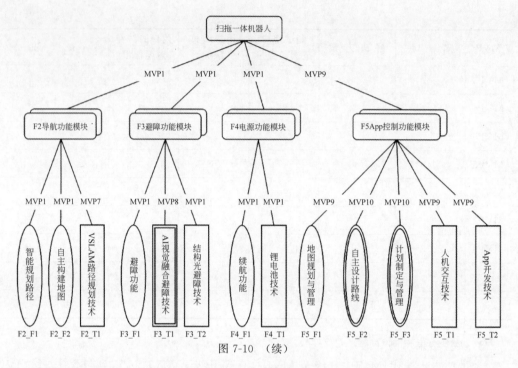

图 7-10 （续）

根据图 7-10 填写 MVP 迭代方案表，填写结果如表 7-9 所示。在这里不展示各个 MVP 的产品样例图。

表 7-9 扫拖一体机器 MVP 迭代方案

MVP	痛点	解决方案	测试用户范围和数量	用户增长引擎假设	用户的付费意愿假设	备 注
MVP2	毛发/线缆缠绕；拖地存在缝隙	无滚刷设计；三角拖布设计	宠物家庭—毛发困扰；2000 人	付费式增长引擎	有	挑选 10 个以上的宠物店进行线下推广；宠物家庭须频繁打扫地面，且毛发缠绕问题得不到解决，愿意为此付费
MVP3	拖布容易发霉、繁殖细菌	拖布自烘干	家庭主妇—家务繁杂；4000 人	付费式增长引擎	有	挑选六七个入住率高的小区进行线下推广；拖布不干燥致使发霉、脏臭，须频繁更换新拖布，愿意为此付费

续表

MVP	痛点	解决方案	测试用户范围和数量	用户增长引擎假设	用户的付费意愿假设	备 注
MVP4	计算不好清洁液和净水的配比	智能添加清洁液	家庭主妇—家务繁杂；3000人	付费式增长引擎	无	挑选四五个入住率高的小区进行线下推广；相较于付费后可以智能添加清洁液，家庭主妇更愿意自己添加，不愿意为此付费
MVP5	人工换水很累很麻烦；无法判断水量多少；不知脏水脏污程度	智能换水	老人家庭—身体不便；2000人	付费式增长引擎	有	挑选三四个老年人活动中心、公园进行线下推广；老人家庭因身体因素，换水工作累且不便，愿意为此付费
MVP6	无法识别物体是否是垃圾；路径问题会导致二次污染	扫拖双路径技术	育儿家庭—洁净度高；2000人	付费式增长引擎	有	挑选10个以上幼儿园进行线下推广；育儿家庭因儿童年纪小，玩具杂乱，且对环境洁净程度要求高，愿意为此付费
MVP7	清扫路径达不到最优	VSLAM路径规划技术	城市白领—工作忙碌；3500人	黏着式增长引擎	无	线上对之前的客户（测试用户种类）进行回访并介绍新功能；清扫路径不是最优也可以接受，不愿意为此付费
MVP8	家庭环境复杂时，更易发生碰撞	AI视觉融合避障技术	家庭主妇—家务繁杂；3500人	黏着式增长引擎	无	线上对之前的客户（测试用户种类）进行回访并介绍新功能；认为产品不能一定避免碰撞，不愿意为此付费
MVP9	无法管理扫拖区域和设置扫拖禁区；无法远程了解机器人的实况；无法远程操控	地图规划与管理；人机交互技术；App开发技术	智能家居爱好者—科技生活；2000人	付费式增长引擎	有	挑选两三处智能家居卖场进行线下推广，在线上的智能家居网站进行线上宣传；智能家居发烧友爱好科技，愿意为此付费

续表

MVP	痛点	解决方案	测试用户范围和数量	用户增长引擎假设	用户的付费意愿假设	备注
MVP10	无法自主规划扫拖路线；无法定制计划,需反复操作	自主设计路线；计划制定与管理	智能家居爱好者—科技生活；1500人	黏着式增长引擎	无	线上对之前的客户(测试用户种类)进行回访并介绍新功能；功能足够,不再追求新功能,不愿意为此付费

7.4 任务四：完善调整 MVP 迭代计划

7.4.1 完善 MVP 迭代计划

1. 任务

初步拟定 MVP 迭代方案之后,需要对 MVP 迭代计划进一步完善。

2. 要求

估算每个 MVP 的设备(开发 MVP 所需设备配置和数量)、时间(开发和运营所需时间)、工作量(开发和运营 MVP 所需的工作量)和用户推广费用(预估每个测试用户所需费用),并填写如表 7-10 所示的表格。

表 7-10 完善 MVP 迭代所需的设备、时间、工作量和费用

MVP	设　　备	时间(月)	工作量/人月	用户推广费用/(元/人)
MVP1				
MVP2				
MVP3				
MVP4				
MVP5				
MVP6				
MVP7				
MVP8				
MVP9				
MVP10				
⋮				

3. 实验结果示例

通过对实现每个 MVP 的需求进行分析和假设,完善 MVP 迭代所需的设备、时间、工

作量和费用表,填写结果如表 7-11 所示。

表 7-11 扫拖一体机器人完善 MVP 迭代所需的设备、时间、工作量和费用

MVP	设 备	时间/月	工作量/人月	用户推广费用/（元/人）
MVP1	银片生产设备(真空铸造机等)×2 塑料生产设备(中空吹塑机等)×2 红外发射器生产设备×2	10	120	16
MVP2	无滚刷生产设备×2、抹布生产设备×2	3	36	20
MVP3	无滚刷生产设备×2、抹布生产设备×2	2	18	16
MVP4	/	2	12	16
MVP5	/	3	12	30
MVP6	/	3.5	21	20
MVP7	摄像头生产设备(切割机等)×2	1	5	10
MVP8	点阵投射器生产设备×2	1	5	10
MVP9	电脑×2、云服务器×3、云数据库×3	4	16	26
MVP10	电脑×4、云服务器×5、云数据库×6	1.5	12	14

7.4.2 分析 MVP 迭代计划

1. 任务

对 MVP 迭代计划完善后,需进一步调整不同 MVP 迭代测试顺序。

2. 要求

填写各个 MVP 迭代时团队基础及创新技术难度/实现难度分析表,如表 7-12 所示。

表 7-12 各个 MVP 迭代时团队基础及创新技术难度/实现难度分析

MVP	团队（经验、背景、已有条件）	创新技术难度/实现难度（1～10）
MVP1		
MVP2		
MVP3		
MVP4		
MVP5		
MVP6		
MVP7		
MVP8		
MVP9		
MVP10		

3. 实验结果示例

通过对实现每个 MVP 时的团队综合情况进行分析与需求假设,计算创新技术难度/实现难度,填写各个 MVP 迭代时团队基础及创新技术难度/实现难度分析表,填写结果如表 7-13 所示。

表 7-13　扫拖一体机器人各个 MVP 团队基础及创新技术难度/实现难度分析

MVP	团队(经验、背景、已有条件)	创新技术难度/实现难度(1~10)
MVP1	多年硬件开发经验、有扫地机器人相关项目开发经历	10
MVP2	项目周期长,可细致打磨产品	5
MVP3	熟悉智能硬件的项目管理流程、生产流程、质量控制方法、风险控制技术、相关认证知识; 全程参与过多个完整的智能硬件产品研发,从需求到量产整个过程,并主导产品研发相关工作	4.5
MVP4	对清洁剂配比有研究	3
MVP5	熟悉单/双目的 2D/3D 物体检测、单/双目深度估计、实例/语义分割、图像检索、特征点检测;匹配等算法	4
MVP6	有地图探索,地图绘制等算法的研究和实现的经验	6
MVP7	熟悉导航避障算法,路径覆盖等运动规划算法	2
MVP8	具有云数据处理、立体视觉、多传感器融合等科研或开发经验	2
MVP9	有优化路径规划算法经历	4
MVP10	有多年 Android 和 iOS 实际开发经验	6

7.4.3　调整 MVP 测试顺序

1. 任务

对无序的 MVP 测试顺序进行顺序调整。

2. 要求

对每个 MVP 的团队基础及创新技术难度/实现难度进行系统分析后,再结合每个 MVP 的痛点,调整 MVP 迭代测试顺序,填写 MVP 迭代方案调序表,如表 7-14 所示。

表 7-14　MVP 迭代方案调序

调整前 MVP 顺序	创新技术难度/实现难度	痛点	调整后 MVP 顺序
MVP1			
MVP2			
MVP3			

续表

调整前 MVP 顺序	创新技术难度/实现难度	痛点	调整后 MVP 顺序
MVP4			
MVP5			
MVP6			
MVP7			
MVP8			
MVP9			
MVP10			

3. 实验结果示例

通过每个 MVP 解决的痛点和功能，大致判断其重要程度，填写 MVP 迭代方案调序表，填写结果如表 7-15 所示。

表 7-15 扫拖一体机器人 MVP 迭代方案调序

调整前 MVP 顺序	创新技术难度/实现难度	痛 点	调整后 MVP 顺序
MVP1	10	市面上的家庭清洁机器人大都只解决"扫"，而没有解决"拖"的问题；目前的拖地功能需要人工换洗拖布，没有真正实现全自动，解放用户双手	MVP1
MVP2	5	毛发/线缆缠绕；拖地存在缝隙	MVP4
MVP3	4.5	拖布容易发霉、繁殖细菌	MVP5
MVP4	3	计算不好清洁液和净水的配比	MVP7
MVP5	4	人工换水很累很麻烦；无法判断水量多少；不知脏水脏污程度	MVP6
MVP6	6	无法识别物体是否为垃圾；路径问题会导致二次污染	MVP2
MVP7	2	清扫路径达不到最优	MVP8
MVP8	2	家庭环境复杂时易发生碰撞	MVP10
MVP9	4	无法管理扫拖区域和设置扫拖禁区；无法远程了解机器人的实况；无法远程操控	MVP3
MVP10	6	无法自主规划扫拖路线；无法定制计划，需反复操作	MVP9

在初拟 MVP 迭代方案并完善调整 MVP 迭代计划后，将其内容总结至最终版 MVP 迭代方案表中，如表 7-16 所示，在这里就不做实验结果示例演示。

表 7-16　最终版 MVP 迭代方案

MVP测试顺序	痛点	解决方案	测试用户范围和数量	用户增长引擎假设	用户的付费意愿假设	开发所需设备	时间/月	工作量/人月	用户推广费用/(元/人)	团队(经验、背景、已有条件)	创新技术难度/实现难度(1~10)	样例图	备注
1													
2													
3													
4													
⋮													

7.5　实验步骤总结

本次实验主要讨论如何在项目中收集整理新产品的功能与创新点，设计第一个 MVP，初拟 MVP 迭代方案和完善调整 MVP 迭代计划 4 方面内容。实验步骤总结如表 7-17 所示。

表 7-17　实验步骤总结

任　务	内　容
任务一：收集整理新产品的功能与创新点	① 画出新产品"功能-创新点"层次分析图； ② 制作新产品功能与创新点内容分析一览表
任务二：设计第一个 MVP	① 在新产品"功能-创新点"层次分析图中找出解决核心痛点的最小子树，作为第一个 MVP； ② 填写 MVP1 的相关内容，并给出产品样例图
任务三：初拟 MVP 迭代方案	① 继续找根节点下面的子树，要么所有的叶子都可以解决或者最少且能够支持解决某个痛点的完整解决方案，作为下一个 MVP 的解决方案； ② 填写 MVP 迭代方案表，并给出各个 MVP 的产品样例图
任务四：完善调整 MVP 迭代计划	① 填写 MVP 迭代计划完善表(设备、时间、工作量、用户推广费用)； ② 填写各个 MVP 团队基础及创新技术难度/实现难度分析表； ③ 填写 MVP 迭代方案调序表； ④ 填写最终版 MVP 迭代方案表

7.6　本章小结

本章基于第 6 章"摸准商业模式"的思想，从实践的内容、步骤、任务与要求，设计了一套"'从 0 到 1'商业模式探索实践"的实践方案，设计一套可执行可验证的商业模式探索计划。第一，根据第3、5章的实践成果，收集整理新产品的功能与创新点，对功能与技术进行编号，用已实现、可外包、待研发等划分各个子功能或子技术的实现类型，完成新产品"功能-创新点"层次分析图，填写新产品功能与创新点内容分析一览表、子功能和子技术分析一览表。第二，设计第一个MVP，基于第3章的实践成果，分析出核心痛点，在新产品"功能-创新点"层次分析图中找出解决核心痛点的最小子树，作为第一个MVP，给出MVP1产品层次图、MVP1样例图、MVP1详情表。第三，初拟MVP迭代方案，继续在新产品"功能-创新点"层次分析图找其他子树，对应解决其他痛点的下一个MVP方案，不断重复，给出10个以上的MVP方案，完成各个MVP层次分析图、样例图和详情表，填充MVP迭代方案表。第四，完善调整MVP迭代计划，估算开发每个MVP所需的开发设备、开发时间、工作量和用户推广费用、团队已有基础、创新技术难度或实现难度，扩充MVP迭代方案表的内容，再根据团队基础和实现难度等调整MVP迭代的顺序。最后，总结了"'从0到1'商业模式探索实践"的主要步骤及其内容。

课后习题

1. 单选题

（1）在MVP迭代的过程中，用户增长引擎是否唯一？（　　）

　　A. 是　　　　　　B. 否

（2）在完善每个MVP的迭代计划时，在费用方面，最需要考虑的费用是（　　）。

　　A. 场地租金　　　　　　　　B. 硬件设备

　　C. 研发预算　　　　　　　　D. 用户推广费用

（3）对于MVP来说，在天使用户上，需要做（①）；在产品功能上，需要做（②）。（　　）

　　A. ①加法　②加法　　　　　B. ①减法　②加法

　　C. ①加法　②减法　　　　　D. ①减法　②减法

2. 判断题

（1）产品的每一个特定功能实现通常对应于该产品的一个迭代版本。（　　）

（2）在设计MVP1时，只专注于寻找解决方案，基本不需要考虑测试用户范围和数量。（　　）

（3）进行商业模式探索第一步——收集整理新产品的功能与创新点时，只需要归纳梳理之前的内容，不需要再新添功能或创新点。（　　）

（4）每个MVP对应解决一个痛点。（　　）

（5）MVP是一个连续的过程，某个最重要的痛点测试完成之后，继续测试下一个重要的痛点。（　　）

3. 填空题

在进行MVP迭代方案调序时，除了需要考虑创新技术难度/实现难度之外，首先需要考虑的是MVP中的_____。

本章附录

1. 商业模式探索实践相关表格

（1）收集整理新产品的功能与创新点。

在画出新产品"功能-创新点"层次分析图后，需根据其内容来填写新产品功能与创新点内容分析一览表，如表7-18。通过此表可以更进一步地对图中各个元素进行分析，包括元素的类型、内容、痛点和用户画像。需要额外描述时，填写在备注栏中。

表7-18　新产品功能与创新点内容分析

序号	功能模块/功能/技术/子功能/子技术	类型	内容	痛点	用户画像（用户类型—使用场景）	备注
1						
2						
3						
4						
5						
6						
⋮						

（2）设计第一个MVP。

设计第一个MVP时，要求填写MVP1详情表，如表7-19所示，在其中填写MVP1的痛点、解决方案、测试用户范围和数量、用户增长引擎假设和付费意愿假设，补充内容填写在备注栏中。

表7-19　MVP1详情

MVP1	内容	备注	说明
痛点			核心痛点
解决方案			围绕功能来写
测试用户范围和数量			具体的可操作的范围；具体场景，详细方案
用户增长引擎假设			病毒式增长引擎、黏着式增长引擎、付费式增长引擎
付费意愿假设			有/无（付费多少），试用是否愿意交钱

(3) 初拟 MVP 迭代方案。

至少给出 10 个 MVP 方案(包括 MVP1),在 MVP 迭代方案表(如表 7-20 所示)中填写各个 MVP 的解决方案、痛点、测试用户范围和数量、用户增长引擎假设和付费意愿假设,补充内容填写在备注栏中。

表 7-20　MVP 迭代方案

MVP	痛点	解决方案	测试用户范围和数量	用户增长引擎假设	用户的付费意愿假设	备注
MVP2						
MVP3						
MVP4						
MVP5						
MVP6						
MVP7						
MVP8						
MVP9						
MVP10						
⋮						

(4) 完善调整 MVP 迭代计划。

估算每个 MVP 的设备(开发 MVP 所需设备配置和数量)、时间(开发和运营所需时间)、工作量(开发和运营 MVP 所需的工作量)和用户推广费用(预估每个测试用户所需费用),并填写完善 MVP 迭代所需的设备、时间、工作量和费用表,如表 7-21 所示。

表 7-21　完善 MVP 迭代所需的设备、时间、工作量和费用

MVP	设　　备	时间/月	工作量/人月	用户推广费用/(元/人)
MVP1				
MVP2				
MVP3				
MVP4				
MVP5				
MVP6				
MVP7				
MVP8				
MVP9				
MVP10				
⋮				

2. 答辩流程及评分标准

（1）答辩流程。

本节内容是根据前面所学的"从 0 到 1"商业模式探索实践知识进行的实践成果汇报，在实践成果汇报安排表中记录汇报时间、地点、组别（姓名）、团队人数、研究生助教名字以及项目名称等，如表 7-22 所示。

表 7-22 实践成果汇报安排表

序号	时间	地点	答辩组	团队人数	研究生助教	项目名称	备注
1							
2							
3							
4							
5							

（2）评分标准。

"从 0 到 1"商业模式探索课程答辩考核为百分制，其中学生互评占总分的 20%，助教评分占总分的 30%，教师评分占总分的 50%，个人突出表现可适当加 1～5 分。"从 0 到 1"创业项目定位综合评价表如表 7-23 所示。

表 7-23 "从 0 到 1"商业模式探索答辩综合评价表

组别		团队成员							
答辩时间		答辩地点							
项目名称									
评分方式 评分项		内容完整(25)	表达清晰(15)	内容创新(15)	组员合作(10)	PPT呈现(15)	提问内容(10)	回答内容(10)	评分总分(100)
总分 C= 20%C1+ 30%C2+ 50%C3+ C4	学生互评 C1								
	助教评分 C2								
	教师评分 C3								
	个人突出表现(1～5 分)								
	主讲 PPT			回答提问			个人突出表现总分 C4		

第8章

夯实科创股权

8.1 先小人后君子：股权力量

著名的徐小平老师总结了一句名言："人生之中最悲惨的事,莫过于初恋时不懂爱情,创业时不懂股权。"初创公司的股权结构与分配十分重要。股权分配得当可以使企业稳健发展,而股权设计不当或监督弱化则会使企业内部矛盾不断,陷入内耗。因此,初创公司应该重视创业期的股权约定,如图8-1所示。

图8-1 创业期股权约定

8.1.1 骨干持股少：创始团队难稳定

段永平,知名投资人,曾以创立"小霸王"和"步步高"两个知名品牌而闻名全国,后因以极低的价格大量买入网易和通用电气,被称为"中国版巴菲特"。2000年,段永平退出步步高集团,并将步步高原本经营的三条业务线拆分成三家独立的公司：步步高教育电子公司由黄一禾负责,步步高通讯科技公司由沈炜负责,步步高试听电子公司交给了陈明永。这三人执掌的企业衍生出了三个知名品牌：小天才、VIVO和OPPO。正是因为段永平懂得"分"的艺术,舍得分钱、分权、分股份给公司核心骨干,让骨干明白为企业拼命工作就是为自己拼命工作,创始团队才能稳定,企业才能发展得越来越好。接下来分享段永平离开小霸王的例子。

【案例8-1】 企业骨干贡献大、收益小

1989年,段永平（如图8-2所示）最初接手小霸王的时候,小霸王还只是一家快要倒闭的小电子厂,而且还背负着200万的巨额债务。三年时间,段永平带领小霸王从负债

图8-2 段永平出走小霸王

200万元到年营收10亿元。可以说段永平真的是凭一己之力打造出了一个明星爆款企业。有的人可能会说,还不是靠打广告打出来的。表面看来小霸王不停地打广告,但是其实小霸王能火的真正原因是它的质量非常硬。为什么小霸王的品控能做这么好呢？工人都能认认真真做事呢？其中很重要的一个原因就是舍得让利,每到年底,段永平给工人分红时发的都是现金,据说光包钱的报纸都要用掉十几摞。而且段永平非常爱才,研发部门的

工资非常高,5位技术老大的工资更是高不见顶,他甚至还会从自己的奖金里面分出很多钱给下属。1995年,也就是小霸王产值过十亿的时候,段永平突然辞职了。

为什么段永平突然要离开呢?小霸王电子工业公司并不是一个独立的公司,而是怡华集团旗下的一个子公司。这就导致了一个问题,那就是当小霸王挣了钱之后,母公司会把盈利抽走,去填补其他子公司的亏损。因此这就导致段永平没办法集中资金,把小霸王做大做强,做成中国的松下,甚至还要自掏腰包去激励下属。对此,段永平也多次向母公司提出希望进行股份制改革,因为他想给员工股权激励,但是两年内一直被集团拒绝。于是,段永平选择了离开。

通过段永平出走小霸王公司的例子我们可以总结以下两点。

一是骨干团队占股低,话语权低,好的经营决策难落实。当企业股东和骨干团队意见相悖时,骨干团队难以做出有效决策,企业发展方向出错概率很大。

二是股权结构不合理、股权激励难实施。企业原有股东稀释自身股权动力不足,更愿意给予核心骨干(非股东)金钱奖励,不愿意给予股权,核心人才缺乏留下来的动力。

股权结构不合理会导致核心人才流失,公司发展前景迷茫。

8.1.2 创始股权:制约企业发展

著名投资人徐小平曾说过:"创业的基础有两个,一个是创业团队,另一个是股权结构。"可见,股权结构对一个企业的发展非常重要,甚至能决定一个企业的未来。

股权结构是一个企业的顶层设计。企业的技术或运营出现问题,可以换个人或者换个模式。但是企业的股权架构出现问题,会导致创始人对企业失控或出局,例如当年乔布斯被赶出苹果就是因为股权设计出现问题。

【案例8-2】 因为股权分配错误,乔布斯被赶出苹果公司

苹果创立,股权平均。早期,股权分配的比例为:乔布斯占股45%,沃滋45%,韦恩10%。融资后,创始人的股权被大大稀释。1976年8月,马库拉以9.1万美元加入苹果公司。此时,乔布斯占股26%,沃滋占股26%,马库拉占股26%,预留股22%。最后,经过几次融资和股份稀释,到1980年,苹果公司上市,乔布斯只剩下15%的股份。

股权占比低,创始人可能丧失经营决策权。创始人之间的内斗,给外部投资者创造了夺取公司控制权的机会。在马库拉任职期间,公司发展状况极佳,但是乔布斯为了控制苹果公司,从外部挖来并不擅长技术的百事可乐总裁斯卡利,选择让马库拉下台。马库拉因不满乔布斯解除他的CEO职务而与外部投资者联合,把乔布斯赶出董事会。由于股份比例低,没有足够的话语权和投票权,乔布斯被迫离开苹果。核心人才流失,苹果公司陷入困局。因亏损严重,苹果公司的市场份额由鼎盛时的16%跌至4%。

以上案例反映了当年乔布斯在股权设计上所犯的两个错误。

1. 错误一:平分股权

从1976年到1977年,乔布斯一直不是作为大股东存在的,他一直与其他创始人持有相同的股份。

1976年,马库拉入股之前,乔布斯与沃滋各占45%的股份。

1976年,马库拉入股之后,乔布斯与沃滋、马库拉各占有26%的股份。

1977年,霍尔特入股之后,乔布斯与沃滋、马库拉各占30%的股份。

平分股权一直是股权设计的大忌。股权设计的核心是确定企业大股东。只有确立大股东的位置,才可以避免以下问题。

(1) 出问题时一盘散沙。

大家股权平均,那么出问题时,你推我,我推你,没有主心骨,没有人愿意牵头来解决问题。

(2) 需要决策时悬而未决。

企业遇到大问题需要做出决策时,可以通过讨论协商进行决策,但当意见有分歧时,必须要有一个核心人物做出决策,一锤定音。

(3) 股权不稳,公司易主。

当企业有一个核心人物时,那么这个企业才有真正的主人,才不会被投资人玩转于手掌之间。

2. 错误二:失去控制权

从1979年苹果上市之前的股权结构中,我们可以看出,乔布斯只占苹果公司15%的股权,失去对苹果公司的控制权。

3. 案例总结

(1) 科创企业融资必然导致创始人占股比例较低。初创公司在成立之后的发展道路上,除非自有资金非常雄厚,否则,肯定要面临多轮融资计划。基本上在几轮融资之后,创业初期的大股东很难再拥有足以行使控制权的股份。科创企业股权设计中,若无相应的应对策略,创始人容易失去企业控制权。

(2) 创始人之间的内斗给外部投资者创造了夺取公司控制权的机会。创始人占股比例低,企业发展容易脱轨。创始人在企业融资阶段,股权稀释过多,股权比例减少,大股东变成小股东,话语权变小,进而容易丧失企业经营管理权,导致企业走下坡路。

4. 对策分析

创始人可以通过以下两种方法来实现对企业的管理控制。

(1) AB股式同股不同权的方式控制股东会投票权。

例如京东,刘强东及管理团队只持有20%左右的普通股,但是却控制着京东,因刘强东及管理团队每1份股权代表20份投票权,而其他股东每1股份代表1份投票权。

(2) 通过双层或三层的股权架构来实现控制。

例如,马云通过控制君澳与君瀚来实现对蚂蚁金服的控制,因为马云是这两家公司的GP(普通合伙人),虽然出资比例小,但马云拥有这两家公司的经营权和决策权。而其他投资者(一般合伙人)只是出资,不负责企业管理。

8.1.3 股权激励:企业做大做强

股权激励制度是一种使经营者获得公司一定的股权,让其能够享受股权带来的经济效益与权利,能够以股东的身份参与企业决策、分享利润、承担风险,从而激励其勤勉尽责地为企业公司长期发展服务的激励制度。这也是吸引特殊人才和专业人才的人力资源配置方法之一。华为的全员持股和阿里巴巴的股权激励政策都推动了企业的高速增长。

【案例 8-3】 华为全员持股,共享成功,推动企业高速增长

华为是一家不折不扣的中国民营企业,仅仅用了 26 年的时间,跃居世界 500 强之列,创造了辉煌的企业历史。华为成功的背后离不开人们津津乐道、颇为夸赞的股权激励方法——全员持股。创业之初,华为就有一个非常明确的理念,让每一个奋斗者享受到公司发展的红利。这句话的意思是,华为是所有员工的,华为不是创始人一个人的,也不是少数几个创始团队成员的。

华为的这种制度安排有点像吃"大锅饭",那么华为是如何实现这种"大锅饭"? 华为创造性地使用了全员持股制,大大激发了员工的工作积极性。

老板年纪大、公司资源匮乏、新市场开辟难度大。任正非 43 岁拿着两万块钱创立华为,没有资金,没有技术,也没有背景,从代理交换机到研发交换机,进入新领域,开展新业务,创业之路困难重重。作为草根创业公司,早期华为做的是 To B(to business,即企业创业是面向企业,为企业,如设备制造商提供服务)的生意,To B 的一大特点就是支付周期比较长,短则数月,长则数年,但是产品研发需要投入,设备生产需要资金,后期服务也需要人员,这就需要很大一笔现金流。而华为创立没有几年,没什么家底,就导致资金非常紧张,另外当时的中国还没有很成熟的融资环境,募集资金的渠道非常单一,基本上只有银行这一条途径。但是由于当时华为名不见经传,又是一个小民营企业,能不能撑过两年还不知道,所以从银行根本贷不到款。不过华为很快就想出另外一个办法,既然从外部借钱很难,那就从内部借,让大家将工资都贡献出来,解决公司的流动资金紧张问题。这个时候的华为为了吸纳资金可是下了血本,据说最高的时候 10 万元投进,年底可以拿到三四万,收益率达到了 30%~40%,于是华为的员工纷纷把钱投给公司。这样做的好处就是,一方面,解决了华为初期的资金问题;另一方面,大大激发了大家的工作热情,因为大家都知道,我如果不好好干,公司垮掉了,那我的一大笔老本儿就没有了,这种"恐惧"正是激发大家玩命工作的主要原因。

由此可见,有股权激励,则员工干劲大,企业发展好。构建全员持股激励制度,让员工把公司的事变成自己的事,即使拿着微薄的薪水,却始终保持高昂的战斗状态,期望着年底的奖金、分红以及股权。从而让每个员工都心系公司命运,并愿意为之努力以提升个人和团队的绩效,这使得华为能够长期保持有效增长。

【案例 8-4】 阿里巴巴股权激励,吸引顶级优秀人才

阿里巴巴创立时,通过分配股权调动员工积极性。马云(如图 8-3 所示)于 1999 年选择网络电商创业,顺应了时代的潮流,公司发展迅速。早期十八个合伙人一起出资创业,启动资金 50 万,每个人都有不同比例的股权。

电商创业需要多方面优秀人才。马云曾表示不懂技术,正因为不懂,所以马云更加重视技术人才。初创科企需要大量资金,融资人才可加快企业发展进程。

图 8-3 阿里巴巴创始人马云

马云通过股权激励的方式吸引包括蔡崇信在内的一批优秀人才加入阿里。蔡崇信放弃了年薪

70万美元的工作,回国成为阿里巴巴每月只拿500元的CFO。早期马云占股8.9%,蔡崇信占股3.6%,原18人股份合计占股30%。传统的薪酬福利,已经难以吸引高端核心人才,只有通过股权激励,授予核心人才股权才能吸引更多的优秀外部人才为企业出谋划策、努力拼搏。

翻看任何一家成功企业的历史,都能看到合伙人的身影。阿里巴巴十八罗汉、腾讯五虎、新东方三剑客,无不都验证了合伙人在创业中都发挥了至关重要作用。合伙人与员工通过持股,与企业形成命运共同体和利益共同体,创业再也不是个人英雄主义的单打独斗。

然而,创业又是九死一生乃至百死一生。创业成功与公司股权结构息息相关,如果没有合理的股权结构,不懂得如何科学分配股权,稀里糊涂进行股权融资,则创业很难成功。许多创业公司不是败在产品、市场上,而是败于合伙人股权纠纷、创始人失去公司控制权等问题上。

8.2 科创小团队须高度重视股权结构

股权结构对创业公司来说十分重要,往往影响创业公司的未来发展。依据相关数据,我国的企业数量超2000万户。我国每天有1万多家企业注册,平均每分钟诞生7家企业。但是,我国企业的存活率却很低,中小企业平均寿命仅为3.7年。许多企业会走上"一年发家,二年发财,三年关闭"之路。究其原因,合伙人股权结构不合理,对创业企业的生死存亡影响极大。

- 万科股权之争——极度涣散的股权布局,正是招引"野蛮人"侵略的丧命原因,也导致创始人王石含恨出局。
- "真功夫"夫妻夺权——创业时期五五均分的股权结构,到了后期引发公司内讧,公司规划失当,业绩下滑,创始人被判14年。
- 一号店协作之劫——盲目协作让出80%的股权,股权架构规划出现问题,控制权无法收回,终究成为前对手的脚下之臣。
- 雷士照明纠葛——创始人吴长江轻信赛富基金,公司陷入控制权抢夺战,老板控制权不保,退出历史舞台。

那么,股权结构对企业有多重要?

细数现在股权纷争中存在的种种问题,80%以上的合伙创业都犯了以下过错。

- 出多少钱,就分多少股权——出钱但不出力的股东拿了分红大头。
- 由于友情,均分股权——企业没有主导者,容易引起股东纷争。
- 股权涣散,股东间差距不大——股东抱团,小团体呈现。
- 大股东吃独食,独占90%以上股权——小股东没动力,特别是创业期股权不值钱的时候。

徐小平说,创业的根底便是两个,一个是团队,另一个是股权结构。股权结构不合理,公司必定做不成。

任正非说,华为能够走到今日,得益于分钱分得好。

股权结构影响一家公司的长远发展,若股权问题处理不好,股东们打架,则再好的产品、技能与运营都是白费。

8.2.1 以出资额分配股权容易导致创业失败

创始团队之间如何分配股权,向来是一个难题。当然,这并没有标准答案,实际上每个人都有自己的方案。

问题:这4人应该如何进行股权分配?

一家智能机器人公司,创业时共有4个股东。

第1个股东小陈是项目发起人,拥有丰富的机器人研发经历,打算全职创业,打算自己出资30万。

第2个股东小王是小陈的同学,为了和小陈一起创业,辞去了之前的高薪工作,全职创业,可以出资30万。

第3个股东是小王的前同事小范,一直从事产品运营与推广工作,也是全职参与进来,资金方面可以出资20万。

第4个股东老钟是小陈的导师,他看好小陈这个人,特别支持小陈独立创业,并且愿意投资120万,但只挂名技术顾问,不参与直接产品研发。

如果以出资额分配股权,那么这家智能机器人公司的股权结构如表8-1所示。

表8-1 智能机器人公司的股权结构

合伙人姓名	出资金额/万元	占股比例/%
小陈	30	15
小王	30	15
小范	20	10
老钟(天使投资人)	120	60

由表8-1可知,创始人占股40%,天使投资人占股60%,这样的股权分配方式容易导致创业失败。众所周知,绝大多数初创团队在创业起步阶段都普遍缺少钱和资源。

由于启动资金匮乏,需要大量融资,初创团队往往习惯以货币出资量来分配股权比例,出多少钱就占多少股,但是以货币出资额来分配股权的常规办法,极易导致创业团队占股低、外部投资机构占股高。天使投资人资金充实,出大钱占大股,又不直接参与创业而核心创业团队股权少,容易失去公司掌控权,从而难以做出实际决策,最终导致企业错过产品的最佳窗口期。

公司实际经营管理者与天使投资人的股权分配比例的规则有以下两条。

- 天使投资人只负责出资不参与经营,应该占公司小部分股份;
- 实际经营管理者出少量的资金,但应该占公司大部分股份。

8.2.2 平均分配股权:股东矛盾多

老话说,生意好做,伙计难搭。很多人创业最终一败涂地,不是输给了竞争对手,而是因为股权内斗。有许多经验不足的创业者,很喜欢均匀分配股权,例如两个人各占50%

的股权,或三个人各占 33.3% 股权,4 个人各占 25% 的股权。

问题:为什么创业公司股权平均分配是大忌?

早期合伙创业,股权平均分配。创业初期,创业团队一般都是亲朋好友,大家都抹不开面子,通常选择股权平均分配,事实上,均分股权是最差的一种股权分配方式。

【案例 8-5】"真功夫"股权之争

"真功夫"餐饮管理有限公司于 1990 年创立,直营店数量较多及规模较大,是中国具有影响力的快餐品牌之一。30 多年来,真功夫创建了中式快餐三大标准运营体系——后勤生产标准化、烹制设备标准化、餐厅操作标准化,在品质、服务、清洁三个方向,全面与国际标准接轨。

自第一家餐厅起,真功夫一直主营米饭快餐。凭借在标准化上的精耕细作,真功夫从发源地东莞开始,先后进驻广州、深圳、北京、上海、杭州、沈阳、天津、武汉、长沙、福州、郑州等 57 个城市,成为全国连锁发展的中式快餐企业之一。

餐饮品牌"真功夫"通过中式快餐标准化引领过一段饮食潮流。但是两位股权比例相同的股东之间展开的控制权之争,却拖累了真功夫的发展脚步。

公司创立,平分股权。1994 年,真功夫起步于东莞街边的一家甜品店。创始人为潘宇海、潘敏峰、蔡达标三人,股权结构为潘宇海占 50%,蔡达标、潘敏峰两人合占 50%。

能力差异,权力转移。在初创阶段,大厨出身的潘宇海始终掌握着餐厅的主导权。但随着企业规模的扩大,蔡达标在制定战略、策划及经营方面的才能得以体现,蔡达标被外界视为真功夫的真正代言人。

人员变动,产生矛盾。蔡达标从肯德基、麦当劳等餐饮连锁企业挖来众多职业经理人,迫使多位与潘宇海关系密切的中高层离职或被辞退,又将自己的亲属安插进入真功夫的重要部门,潘宇海逐渐被边缘化。

承诺难兑、互相拆台。2008 年,蔡达标未兑现 5 年前轮流坐庄的口头承诺,没有让潘宇海做总裁,矛盾升级。蔡达标为增加控股,私自挪用公款收购股份,被潘宇海妻子告上法庭,最终判处有期徒刑 14 年。

平均分配股权有以下三个弊端。

(1) 股东能力与付出存在差异,个人贡献与收益不匹配引发矛盾。平均股权使得公司里能力强、干活多的人和公司里能力差、干活少的人得到的收益一样多。长此以往,付出多的股东自然心态不平衡,容易引发矛盾。

(2) 平均股权常使企业缺乏核心决策人,导致重大决策不稳定,决策慢,容易错失良机。例如,选择产品研发方向、决定公司重大支出、决定个人工资及职位安排等事项上容易产生分歧,若股东之间意见不一致,存在分歧,引发企业内部斗争,则必然影响企业长期稳定发展。

(3) 股权平均分配意味着公司股东间并未形成必要的权力制衡,长此以往,股东之间出现利益纠纷,企业的决策权空白,容易导致利益矛盾与决策错误。

8.2.3 股权结构不合理:利益分配公平难

股权结构决定公司利益分配。股权结构一旦确定,就意味着利益分配机制已经形成。

早期轻视股权结构,后期利益分配出现矛盾。股东之间的矛盾,常常起源于分配不公,为企业劳心劳力、贡献良多的却没有得到应得的利益分配,久而久之就会引发矛盾。挣钱少时合伙人平均分钱没争议,一旦企业赚大钱了,就开始计较合伙人之间付出多少、能力强弱的差异,必然引发争斗,亲朋好友也可能反目成仇,所谓"共苦易、同甘难"。

创业团队的股权结构安排,应有共同认可的合理逻辑,基本原则就是权责利对等,即在一个组织中,管理者或员工所拥有的权力、应承担的责任以及所获得的利益应当相互匹配、相互对等。以此可以判断利益是否得到合理分配,能否保证核心团队的稳定性和积极性,能否保证公司的健康持续运行。如果股权分配与当事人的价值和贡献出现明显不匹配,那么就须要有相应的调整机制,否则创业团队的合作将出现严重问题。

考虑股权结构合理性问题,除了现有团队在股权上的合理分配之外,还要考虑为未来的人才和投资人预留和分配一定比例的股权。现在股权合理并不代表未来股权合理,还需要有合理的设计和规划。

8.2.4 股权激励:便于科创人才招揽

初创公司很难吸引到优秀人才,为什么?因为人才有更好的选择,都希望去大公司、大平台,就看不上小公司、小平台。可是初创公司又非常需要高手,高手来了,还得有本事留住人家。因此,这像是一个悖论:最需要人才的中小企业是人才最难进来和留下的地方。

1. 为什么要进行股权激励?

(1) 为了留住人才。

很多企业都会面临一个尴尬的局面,辛辛苦苦培养出一个人才,结果在开花结果时跳槽或者离开公司去创业,不仅不感恩公司的栽培之恩,还成为老东家的竞争对手。这种人才流失的局面不仅伤害公司的利益,更伤害感情。另外,有些公司属于研发或者工程类企业,人才成长周期一般比较长,对员工而言,一旦有短期利益的诱惑就会离公司而去,从而很容易造成人才流失。面对这两种情况,如何通过股权激励留住人才,促进员工长期稳定地伴随企业的发展对企业而言是值得深思的问题。

(2) 为了激发员工的积极性。

在很多企业中,譬如传统企业的高管、科创公司研发人员等,很难用可量化的办法进行绩效考核,导致员工无法在企业中体现价值并获得回报,因而工作积极性比较差,没有真正地发挥潜能。面对这种情况,应该用股权激励打造出一套老板与员工"事业与命运共绑定"的机制,才能让员工真正为公司干活像为自己干活一样。

(3) 为了解决企业员工新老更替的困境。

有些公司福利不错,公司发展也很好,有一些员工从公司创业初期开始,一干就是十几年,甚至几十年,此时公司难免会出现人才新老交替的特殊转型期,出现"老人占位无为,新人难上位也无为"的局面。这样的情况如果持续下去,企业的发展势必日渐衰落。运用股权激励的方式不仅可以安抚创业功臣,还能激发能人上位,让企业焕发新的活力。

2. 什么样的企业适合进行股权激励?

(1) 处于初创期的公司。

创业初期的公司缺乏品牌影响力,且因资金短缺难以给出高薪。这时股权作为一种薪酬补偿可以有效地起到激励、留人的作用。其中,期权作为一种不参与分红的激励工具,不会导致账上现金的流失,因而被很多初创的互联网公司采用。其次,初创公司抵御风险的能力较弱,团队的稳定性决定着公司的成败,把股权分给员工可以很好地凝聚人心,让他们愿意留下来与企业一起共担风险。

(2) 对人才依赖性强的公司。

例如,高新技术企业或者培训、咨询公司等,人才是公司发展的核心竞争力,能否留住关键人才关系公司的生死存亡。因此,对于这类企业来说,利用股权激励留住人才是非常必要和紧迫的。相反,对于那些垄断型、资本密集型企业或者对国家政策依赖性大的企业来说,实行股权激励的意义就不明显。

(3) 处于激烈竞争环境的公司。

若主要的竞争对手率先实施了股权激励,那么对这样的企业来说,紧跟竞争对手实施股权激励就显得尤为重要。第一,可以防止高管团队因股权吸引,跳槽到竞争对手那里;第二,科学合理的股权激励可以有效地激发团队内部的积极性,树立主人翁意识,从而让企业在激烈的竞争中留存下来。

(4) 处于快速发展上升期的公司。

在这类公司实行股权激励能起到锦上添花的作用,可以建设人才梯队,为企业的长远发展储备人才。另外,员工对公司发展前景预期好,就不会认为老板是在给他们画大饼,也就更愿意出资成为公司的持股者,从员工转变成事业合伙人。

3. 股权激励既有利于稳固内部核心人才,又有利于吸引外部优秀人才

人才是企业经营的核心竞争力,对于每个老板来讲,如何源源不断吸引外部人才的加入,同时稳固核心人才在企业中持续发挥作用,都是一个值得思考的问题。

(1) 稳固内部核心人才。一些初创科企往往对核心技术人员依赖性较强,设计科学合理的股权激励机制,让核心员工拥有公司股权,使能力突出的员工具备主人翁的心态,愿意长期稳定地留在企业工作,有利于企业长期稳定发展。

(2) 吸引外部优秀人才。企业想要发展壮大依靠现有的人才团队是不够的,需要通过有效手段吸引外部优秀人才加入。传统的薪酬福利,已经难以吸引高端核心人才,通过股权激励政策,企业可以通过向激励对象增发股份、向现有股东回购股份以及现有股东依法向激励对象转让其持有的股权三种方式解决激励人才所需股权来源的问题;企业也可以采取股权、股权奖励、股权期权等一种或多种方式对激励对象实施股权激励;授予核心人才股权,让其能够享受股权带来的经济效益与权利,才能吸引更多的优秀外部人才放弃原有的高薪工作,加入公司共同创业奋斗,例如,当初蔡崇信放弃高薪,加入阿里,为阿里巴巴融资上市做出巨大贡献。

8.3 科创股东权利探析

8.3.1 股权决定企业所有权

什么是股权?股权是有限责任公司或者股份有限公司的股东对公司享有的人身和财

图 8-4 股东权利

产权益的一种综合性权利。即股东基于其股东资格而享有的,从公司获得经济利益,并参与公司经营管理的权利。

股权比例是股东在初创公司中的占股份额,股权比例的大小,直接影响股东对公司的话语权和控制权,也是股东分红比例的依据。

股权的一般权利主要包括分红权、决策权、增资权(如图 8-4 所示)。股权的主要分类如下。

1. 自益权

自益权即股东基于自己的持股而享受利益的权利。如获得股息红利的权利,公司解散时分配财产的权利,以及不同意其他股东转让出资额时的优先受让权。

2. 共益权

共益权即股东基于自己的持股而享有的参与公司经营管理的权利,如表决权、监察权、请求召开股东会的权利、查阅会计表册权等,是股东为了公司利益,同时兼为自己利益行使的权利。

股东一般享有下列权利。

(1) 参与制定和修改公司章程;

(2) 参加股东会议并按照持股比例行使表决权;

(3) 选举和被选举为董事、监事;

(4) 查阅股东会议记录和公司财务会计报告;

(5) 依照《公司法》及公司章程的规定转让出资;

(6) 优先购买其他股东转让的出资;

(7) 优先认购公司新增资本;

(8) 监督公司生产经营活动;

(9) 按照持股比例分配红利;

(10) 依法分配公司破产、解散和清算后的剩余资产;

(11) 公司章程规定的其他权利。

8.3.2 分红权商定企业利润分配

1. 什么是股东的分红权?

分红权,即股东的股利分配请求权,是指股东基于其公司股东的资格和地位所享有的请求公司向自己分红的权利。《公司法》第 4 条规定,公司股东依法享有资产收益(即分红)等权利;第 35 条规定,股东按照实缴的出资比例分取红利,全体股东约定不按照出资比例分取红利的除外。

2. 股东的分红权如何实现?

股东可以以三种形式实现分红权:

(1) 以公司当年利润派发新股;

(2) 以上市公司当年利润派发现金；

(3) 以公司盈余公积金转增股本。

3. 股东分红权及其行权程序

股东取得红利理属当然，然而，公司分红不仅取决于公司是否有可供分配的利润，更关键的是分红方案是否得到股东会批准通过。换言之，股东取得公司红利还应满足一定条件和遵循一定的程序，具体如下：

(1) 前提条件是公司有可供分配的利润；

(2) 公司股东会对公司分红作出有效决议；

(3) 在公司通过分红决议但公司不执行的情形下，股东有权起诉公司，要求公司执行有效决议，及时支付分红给各股东。

4. 科创公司早期无盈利、不分红

对于科技公司不分红的解释是，这个行业处在高速增长的历史阶段中，一方面公司本身处于初创期需要大量资金，另一方面把资金投入公司高速增长的业务中能够让股权投资回报达到最大化。

【案例 8-6】 科创板公司诺禾致源宣布不分红

2021年5月26日，科创板公司诺禾致源（688315.SH）发布关于公司2020年年度利润分配方案的公告。

经立信会计师事务所（特殊普通合伙）审计，2020年度，公司实现净利润34442805.32元，其中归属于上市公司股东的净利润36539135.05元，提取盈余公积444287.89元，加上年初未分配利润268083568.36元，其中由于《企业会计准则》及其相关新规定进行追溯调整年初未分配利润0.00元，截至2020年12月31日，公司期末可供分配的净利润为304178415.52元。

根据公司的财务状况、经营成果和现金流量的实际情况，为满足公司生产经营资金需要，保证公司可持续性发展，公司董事会提议：公司2020年度不派发现金红利，不送红股，不以资本公积金转增股本，剩余未分配利润滚存至下一年度。

本次利润分配预案尚需提交公司2020年年度股东大会审议。

报告期内，归属上市公司股东的净利润36539135.05元，公司2020年度不派发现金红利，占本年度属于上市公司股东的净利润比例低于30%，具体原因分项说明如下。

(1) 公司所处行业情况及特点。

公司所属行业为生物医药相关服务中的基因测序专业技术服务，具有智力密集、科技含量高、产业附加值大、辐射带动作用强等特点。

当前，生物技术在引领未来经济社会发展中的战略地位日益凸显，现代生物技术的系列重要进展和重大突破正在加速向应用领域渗透。我国政府为加快推进生物技术与生物技术产业发展，打造国家科技核心竞争力和产业优势，对于生物产业，尤其是基因测序领域，加大了产业扶持力度，先后推出了多项相关政策、规划等产业指导。

生物产业是当今发展最快的行业之一。进入21世纪以来，以分子设计、基因操作和基因组学为核心的技术突破，推动了以生命科学为支撑的生物产业深刻改革，生物技术进入大规模产业化的加速发展新阶段，生物医药、生物农业日趋成熟，生物制造、生物能源、生物环保快速兴起,对解决人类面临的人口、健康、粮食、能源、环境等主要问题具有重大战略意义。

生物技术进入大规模产业化的发展,必将加速行业内企业的优胜劣汰,迫使生物技术企业聚焦新产品、新技术研发投入,提高核心竞争力和持续经营能力。

(2) 公司发展阶段和自身经营模式。

公司主要依托高通量测序技术和生物信息分析技术,建立了通量规模领先的基因测序平台,并结合多组学研究技术手段,为生命科学基础研究、医学及临床应用研究提供多层次的科研技术服务及解决方案;同时,基于在基因测序及其应用领域的技术积累,自主开发创新的基因检测医疗器械。

目前公司处于相对快速发展阶段,需要投入大量资金用于新产品和新技术的研发、全球市场开发以及产能建设等。

(3) 公司盈利水平及资金需求。

2020 年公司实现营业收入 1490027645.77 元,归属于上市公司股东的净利润 36539135.05 元,公司维持了较为稳定的盈利能力,因疫情影响的业务基本恢复,整体财务状况良好。

2021 年,公司将继续保持研发投入比,加快研发重点项目进度和募集资金投资项目建设,增强核心竞争力。同时,为适应经营规模的快速发展,公司将进一步提升质量管控和内部管理水平,不断做大做强,为全体股东创造较好的投资回报。在此过程中,公司需要更多的资金以保障目标的实现。

(4) 公司不进行现金分红的原因。

公司不进行现金分红的主要原因须结合公司所处行业特点、发展阶段及经营模式,公司基于主营业务的发展现状、支持公司必要的战略发展需求等进行综合判断,公司正处于加速提升、扩充和发展的阶段,需要投入大量资金用于产品研发、产能建设等,不断提升公司技术实力与核心竞争力。

(5) 公司留存未分配利润的确切用途以及预计收益情况。

2020 年年末公司留存未分配利润将转入下一年度,主要用于研发投入、募集资金投资项目及其他扩大产能建设及生产经营发展等方面。公司未分配利润相关收益水平受宏观经济形势、资产质量变动、资产利率水平等多种因素的影响。

公司 2020 年度不进行利润分配有利于为公司提供必要的、充足的资金,提升财务稳健性和抗风险能力,保障公司正常生产经营和未来持续发展,更好地维护全体股东的长远利益。

公司于 2021 年 5 月 24 日召开第二届董事会第十五次会议,审议通过了《关于公司 2020 年年度利润分配预案的议案》,同意本次利润分配预案,并同意将该议案提交公司股东大会审议。

独立董事认为:从公司的长远发展考虑,公司发展需要进一步的资金支持,因此公司 2020 年度利润分配预案为不分配。

8.3.3 决策权议定企业重大事项

1. 决策权的定义

决策权就是对于公司重大事项的选择权。决策权是决策者对决策系统内的活动拥有的选择、驾驭、支配的权力。

2. 参与决策权的具体表现

股东的参与决策权,主要体现在股东参加股东会或股东大会,行使表决权,或者通过选举、委派董事、监事或高管人员的方式,行使权利。

参与决策权的具体表现如下。

(1) 选择总经理、技术总监等核心岗位人选的高管任命权;
(2) 选择企业发展方向,如选择行业与经营目标等;
(3) 选择融资方式、融资途径等财务事项;
(4) 制定合适的考核方案。

3. 股东大会

股份有限公司股东大会由全体股东组成,股东大会是公司的权力机构。股东出席股东大会,所持每一份股有一表决权。股东大会的决议需获得出席会议股东所持表决权的过半数支持方可通过。同时,股东大会作出修改公司章程、增加或者减少注册资本决议,以及公司合并、分立、解散或者变更公司形式等决议,必须获得出席会议的股东所持表决权的三分之二以上支持方可通过(如图 8-5 所示)。

图 8-5 企业运营决策权

8.3.4 增资权约定融资的优先顺序

1. 增资优先认购权的定义

科创公司原始资金缺乏,经常需要增资扩股。由于初创科企团队成员流动性大,股权结构频繁变动,团队常常面临增资与融资的需求。因此,经常需要增资、融资。那么融资时,谁多谁少、谁先谁后,需要企业股东提前约定。增资认购权指的是当公司决定增加其注册资本时,公司股东按照一定规则对新增加的注册资本进行出资的权利。

增资认购权就是为了解决上述问题:一是当公司增资扩股时,各个股东可以认购的股份比例;二是当股权转让和融资时,各个股东是否接受转让和购股数量的优先选择顺序。

2. 股权的各种权利

除了分红权、决策权、增资权等关键权利，股权还包括转让权、参与决策权、处置权、剩余财产分配权、股东会召集权、诉讼权等。

(1) 转让权。

股东可以转让自己持有的部分或全部股权，股东向股东以外的人转让股权，应当经过半数以上的其他股东同意。股东应就其股权转让事项书面通知其他股东征求意见，其他股东自接到书面通知之日起满三十日未答复的，视为同意转让。其他股东半数以上不同意转让的，不同意的股东应当购买该转让的股权，不购买的，视为同意转让。

经股东同意转让的股权，在同等条件下，其他股东有优先购买权。两个以上股东主张行使优先购买权的，协商确定各自的购买比例；协商不成的，按照转让时各自的持股比例行使优先购买权。

(2) 处置权。

股东作为股权的合法拥有权，拥有对其财产（即股权）的完全处置权，包括但不限于将股权作为抵押物向银行申请贷款等金融操作。

(3) 召集和主持股东会会议权。

有限责任公司设立董事会的，股东会会议由董事会召集，董事长主持；董事长不能履行职务或者不履行职务的，由副董事长主持；副董事长不能履行职务或者不履行职务的，由半数以上董事共同推举一名董事主持。有限责任公司不设董事会的，股东会会议由执行董事召集和主持。董事会或者执行董事不能履行或者不履行召集股东会会议职责的，由监事会或者不设监事会的公司的监事召集和主持；监事会或者监事不召集和主持的，代表十分之一以上表决权的股东可以自行召集和主持。

(4) 优先受让和认购新股权。

经股东同意转让的出资，在同等条件下，其他股东对该出资有优先购买权；公司新增资本时，股东有权优先按照实缴的持股比例认缴出资。

8.4 科创小团队融资过程与要点

科创小团队在早期往往都有资金短缺、人才匮乏、业务开拓困难等问题。对于很多缺资金的创业团队来说，融资是一条可行的道路。然而，相较于成熟公司，初创公司融资承担的风险、面临的困难更大。

8.4.1 初创期融资

现在越来越多的年轻人会选择自己出来创业开公司，期间会面临很多的困难和挑战，首先创业初期的启动资金就是其中一个大问题。正所谓"巧妇难为无米之炊"，对于创业者来说也是一样的道理。那么创业初期资金从哪里来？创业初期在筹集资金之前要先草拟创业计划，明确创业所需要的资金，这些需要经过论证推敲和财务预算来估量，做好详细的市场调查。定好资金需求后，主要依靠个人及父母、亲友出资筹集创业资金。

个人储蓄以及父母赞助是创业的资金来源之一,这种方式最简单有效,是负债融资方式的一种。启动资金直接关乎创业者在公司的话语权,因此,用个人储蓄以及父母赞助的作为启动资金来创业,能将话语权掌握在自己的手中,也能激励自己全力以赴地奋斗。但是自筹资金数量非常有限,远远满足不了创业启动和运营对资金的需求,有时候家里人借钱不能归还造成的问题更多,甚至不如不借。

不少人会选择与亲友合伙创业的方式来减轻创业初期资金压力。几个年轻人合伙人创业,每个人都出资一部分作为启动资金,各自发挥自己的优点和长处,扬长避短,这样既能凑齐启动资金,团队也多了得力干将。这种筹资方式轻松,还能充分发挥团队的凝聚力,对各种资源进行有效的整合与利用,降低创业风险,但是在合伙创业初期,要明确团队岗位分工及股权分配机制,才能稳住人心,干成大事。

此时初创公司还未正式成立,还处于初创期的阶段。研发的产品只具备初步产品创意或基本技术积累,此时的融资途径主要是草拟创业计划,靠创始团队个人与父母积蓄、亲友支持。

8.4.2　早期融资

寻求风险投资也是创业融资的途径之一。如果创业项目科技含量高、创新力度大,在创业初期有可能得到天使投资者或风险投资者的青睐。天使投资资金数量都比较少,一般几万到几十万不等,和其他轮次投资相比,投资小,但风险和回报率高。寻找天使投资是初创企业融资的不错选择,这种融资通常没有其他附加条件,和创业者的目标一致,都希望初创企业可以成功。但是,天使投资人可能要加入公司董事会,大多数人还会看商业计划书,产品研发要符合投资人的喜好和期望。

寻找投资人的渠道也很重要,可以通过融资成功的朋友,参加创业、投资类聚会,通过中介等途径寻找投资人,这些途径都需要创业者自行选择,找到正确的路才能事半功倍。

此时科创小团队成立不久,处于创业起步阶段。依据产品创意已经设计开发出第一个产品 Demo,有一定的技术创新性,能实际解决用户痛点,市场上收获明显正向反馈。此时,创业团队主要依靠产品测试阶段收集的用户数据作为有力支撑,精心撰写商业计划书,并积极寻找合适的天使投资人作为融资途径。

8.4.3　中期融资

对于创业者来讲,找投资很重要,找到合适的投资机构更重要。那么,我们应该如何找到合适的投资机构呢?线下联系是现在创业者想做融资最直接最有效的方法。对于现在的投资人来说,每年绝大部分的时间都是用在找项目上,而剩下的小部分时间是投项目。

目前,很多专业的投资机构、投资人寻找项目的渠道最主要的方式有两种:一是通过同行或熟人介绍,二是线下参加路演、沙龙等融资活动。现在的投资机构很多,集中在联网服务及电子商务、互联网金融、文化娱乐、汽车交通和生物医疗健康等领域。现在也是资本密集布局时期,在风口不断和各路资本的加持下,投资机构如雨后春笋般出现,关注新兴领域和行业发展动向,寻找到适合自己的投资项目。

此时的科创小团队处于公司呈现良好发展趋势的创业阶段。研发的产品经过多个版本的功能迭代后,产品已经较为成熟,有大量陌生用户愿意为产品功能付费,产品定位获得市场认可,公司已经具备一定的知名度和品牌。此时的融资途径主要以大量用户使用数据及企业营业收入为支撑,充实商业计划书,寻找投资机构。

8.4.4 政府创业投资

国家关于创新创业的支持政策正逐步在各地得到有效实施,尤其是对早期创新创业的大力支持和对传统企业转型的大力扶持。具体举措包括面向大学生创新创业团队开放一定比例的免费孵化空间;开放共享,提供低价优质的科技创新资源及专业服务;创业风险补贴、商业险保费补助;税费减免,贷款额度提高、降低贷款利率;免费开放科创实践平台等。因此,寻找政府创业投资的渠道是一个很好的选择,主要有三个优势:一是无息贷款,即银行或其他金融机构按一定利率和必须归还等条件出借货币资金,其中利息在约定条件下由政府或相对应的机构买单;二是创业扶持基金,地方政府拨出专项创新创业资金来扶持大学生创业,支持科技含量高的中小型企业或优势企业;三是创业孵化器,即为初创公司提供办公场所、设备,甚至是咨询意见和资金的企业,通常由大学、非营利性组织和风险投资家创建,尤其在新兴的科技领域。

8.4.5 融资要点

参与公司股权分配的人,除了公司合伙人(创始人和联合创始人)以外,还包括员工与外部顾问和投资方。因此,创业初期进行股权结构设计的时候,要考虑后期融资、人才引进及员工激励方面的问题,在股权分配前期,预留出部分股份。

良好的股权结构设计,要为多轮融资做好准备,早期预留期权池,由CEO代持,对企业未来发展有妙用。主要有三点优势:一是吸引外部新合伙人,二是吸引外部投资,三是预留期权激励内部核心员工。

(1) 为多轮融资做准备。

公司从创立之初至天使轮、A轮、B轮直至上市前的PRE-IPO(指公司上市之前或预计在不久的将来上市时的退出方式,通常是公司上市后从公众资本市场出售股票退出)的融资均会稀释创始股东的股权比例,因此,为保持创始股东的股权比例,需要提前设计好股权结构,并做好投资的定价和融资的预估。

(2) 为吸引外部新合伙人预留股份。

前期预先准备充足的股权份额,吸引人才才有优势。

(3) 为内部核心员工预留期权。

核心员工在公司高速发展阶段起到至关重要的作用,在早期做股权架构设计的时候需要把这部分股权预留出来。无论是证监会还是投资机构,都非常看重拟上市公司高管团队的质量和稳定性。

融资要点总结如表8-2所示,商业计划书的内容需根据企业发展的不同而有所侧重,更有利于初创科企成功融资。

表 8-2 融资过程

初 创 期	早 期	中 期	成 熟 期
市场和用户痛点	市场和用户痛点	市场和用户痛点	市场和用户痛点
解决方案	解决方案	解决方案	解决方案
产品核心功能介绍	产品核心功能介绍	产品核心功能介绍	产品核心功能介绍
	市场规模	市场规模	市场规模
	竞争优势	商业模式	商业模式
		推广方案	推广方案
		竞争优势	竞争优势
		竞争对手分析	竞争对手分析
			核心团队成员介绍
			融资条件

8.4.6 股权设计要点

股权比例由贡献量及出资额共同决定。一是出大钱占小股：天使投资人主要是出大额资金但是不参与实际经营活动，所以占小股。二是出小钱占大股：CEO、CTO 等核心创业团队成员均深度参与并直接贡献于创业过程，所以出小额资金占大股。

股权设计主要有三个关键点：

（1）67%是绝对控制线，意味着股东拥有对公司大多数重大事项的决策权，根据《公司法》第 43 条，股东大会作出修改公司章程、增加或者减少注册资本的决议，以及公司合并、分立、解散或者变更公司形式的决议，必须经出席会议的股东所持表决权的三分之二以上通过。

（2）51%是相对控股线，股东能够在股东大会上对一般决议事项拥有多数表决权持有 51%以上的股权，除了修改公司章程、增加或者减少注册资本的决议，以及公司合并、分立、解散或者变更公司形式这些重大事项及公司章程另有规定的外，其他普通事项例如股权激励、制定高管薪酬等均可在股东会议进行表决时通过。

（3）34%是安全控制线，对于股东会的决议，拥有一票否决权，这意味着该股东不拥有多数股权，但仍有能力阻止某些重大决策的实施，从而保护自己的利益。

8.5 科创股权成功变现的主要方法

8.5.1 股权转让

1. 股权转让

股东可以通过将全部或部分股权转让给内部股东或外部投资机构，进行股权变现，获得一定收益。

2. 股权转让的分类

股权转让根据受让人的不同分为内部转让和外部转让。内部转让即股东之间的转让,是指股东将自己的股份全部或部分转让给公司的其他股东;外部转让,是指部分股东将自己的股份全部或部分转让给股东以外的第三人。

【案例 8-7】 云智科技 COO 股权转让

云智科技公司的初始资金为 100 万元。创办一周年后,其产品开发陷入困局,此时账面净资产剩余 50 万元。COO(投入资金 8 万,占股 2%)希望此时转让全部股权,退出公司。

COO 股权转让获资计算方式如下:

$$现有资金 50 万元 \times 原有股权比例 2\% = 1 万元$$

COO 退出,公司回购其股权,将 2% 的股权存入期权池,用于今后股权激励,由 CEO 代持。

【案例 8-8】 云智科技 CFO 股权转让

云智科技公司创办五周年后,公司已初具规模,产品已经占领了一定的市场份额,有一定量的用户愿意为产品功能付费。此时,有外部投资机构希望投入资金,购买股份,CFO 则希望利用 2% 的股权套现一部分资金,双方一拍即合,于是递交报告通知公司股东,经过召开股东大会,有拥有超过半数股权的股东同意 CFO 转让 2% 股权给外部投资机构。于是,CFO 和外部投资机构协定好转让价格后,即签订股权转让合同,随后完成股权转让交易。

8.5.2 股权回购

【案例 8-9】 云智科技公司回购股权

公司进入成熟期,发展态势良好,此时,CEO、COO 和 CFO 三位股东均希望稀释部分股权,套现部分资金,于是由 CEO 组织全体股东召开股东大会,对公司回购股权事宜进行讨论,对回购价格、兑现形式及期限进行商定。

商定完成后,由 CFO 组织完成股权回购事宜,以公司公积金回购股权,分期支付给股东,回购的股权由 CEO 代持,存入公司期权池。

股权回购,股东套现资金的过程一般如下。当股东希望稀释股份套现资金时,CEO 召开股东大会,讨论回购价格、兑现形式及期限,此时公司以公司公积金回购股东股份,回购后的股份由 CEO 代持,存入期权池。

8.5.3 公司收购

公司收购通常分全面收购和部分收购两种。

1. 全面收购

全面收购即收购 100% 股权,被收购方转变成全资子公司。如图 8-6 所示,A 公司原本是独立公司,B 公司出资收购了 A 公司的全部股份。完成收购后,A 公司只有 B 公司一个股东,即 B 公司拥有 A 公司 100% 股权,则 A 公司是 B 公司的全资子公司。

2. 部分收购

部分收购即收购部分(51% 以上)股权,被收购方转变为控股子公司。如图 8-7 所示,A 公司本来是独立公司,B 公司出资收购了 A 公司的部分股份。之后 A 公司股权结构变动了,即 B 公司拥有 A 公司的 54% 股权,则 B 公司控股 A 公司。

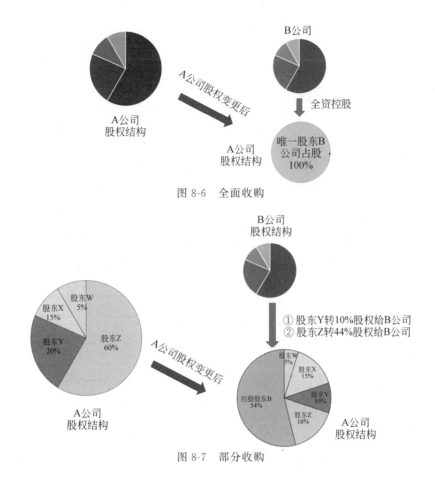

图 8-6 全面收购

图 8-7 部分收购

8.6 科创股权设计思维导图

科创股权设计主要包含 6 点：一是明确团队领军人物占股；二是通过股权激励吸引人才；三是合理分配股权；四是确定股东中途离队后的股权处理方法；五是保障股权；六是兼顾公司稳定和发展。具体思维导图如图 8-8 所示。

8.6.1 团队领军人物占股

在设计科创股权时要明确团队领军人物的占股比例。要有明确的认知：一是核心人物责任重、意义大、需全职；二是创始团队人员不宜过多，三人最佳；三是 CEO 股权要超过 50%。在设计科创股权时要避免以下误区：一是核心领军人物占股少；二是出大钱占小股，而不是出大钱占大股。具体思维导图如图 8-9 所示。

8.6.2 股权激励

在设计科创股权时要明确股权激励政策，通过股权激励方式吸引人才。要有合理的股权结构设计：一是预留期权池，20% 左右；二是设计吸引外部优秀人才和激励内部核心

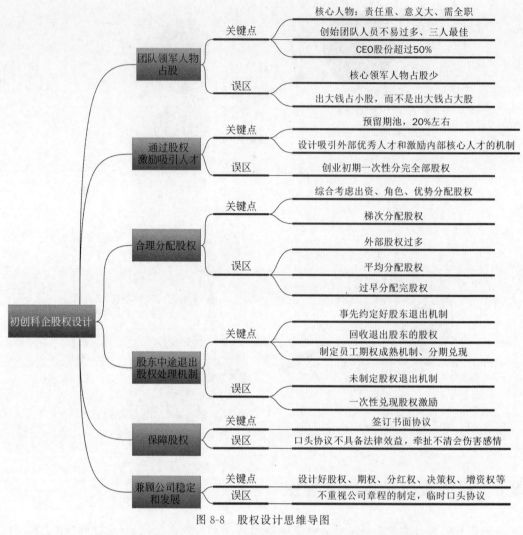

图 8-8 股权设计思维导图

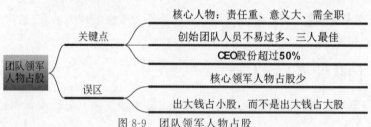

图 8-9 团队领军人物占股

人才的机制。在设计科创股权时要避免创业初期一次性分完全部股权。具体思维导图如图 8-10 所示。

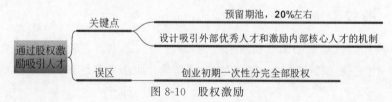

图 8-10 股权激励

8.6.3 合理分配股权

在设计科创股权时要明确分配股权机制。要有明确的认知：一是综合考虑出资占比、担任角色及各自优势分配股权；二是核心领军人物占大股；三是梯次分配股权。在设计科创股权时要避免以下误区，一是外部股权过多；二是平均分配股权，导致没有实际决策者；三是过早分配完股权；四是股权制度未落实，流于表面。具体思维导图如图8-11所示。

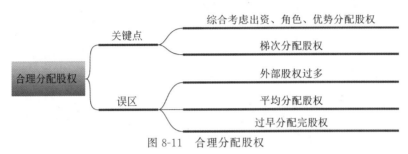

图8-11　合理分配股权

8.6.4 股东中途退出股权处理机制

在设计科创股权时要明确股东中途离队后的股权处理办法。要有明确的认知：一是事先约定好股东退出机制；二是回收退出股东的股权；三是制定员工期权成熟机制、分期兑现。在设计科创股权时要避免以下误区，一是未制定股权退出机制；二是一次性兑现股权激励。具体思维导图如图8-12所示。

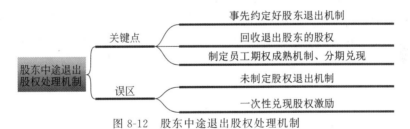

图8-12　股东中途退出股权处理机制

8.6.5 保障股权

在设计科创股权时要保障股东的股权权益。要签订书面协议，避免口头协议，因为口头协议不具备法律效应，牵扯不清会伤害股东之间的感情。思维导图如图8-13所示。

图8-13　保障股权

8.6.6 兼顾公司稳定和发展

在设计科创股权时要兼顾公司稳定和发展。要设计好股权、期权、分红权、决策权、增资权等，避免不重视公司章程的制定以及临时口头协议。具体思维导图如图 8-14 所示。

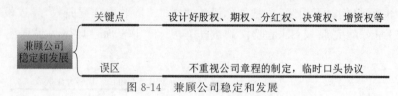

图 8-14 兼顾公司稳定和发展

8.7 本章小结

本章主要讨论夯实科创股权的内容。首先，通过段永平出走小霸王公司的事例，揭示出骨干持股量少会致使创始团队难以稳定的状况；借乔布斯离开苹果的例子，阐明创始股权分配不合理将对企业发展形成制约；再以华为和阿里巴巴的股权激励政策为例，表明凭借股权激励吸引人才，企业才能够做大做强。接着，从以出资额分配股权易导致创业失败、平均分配股权会引发股东矛盾以及股权激励能够招揽科创人才三方面，使科创小团队深刻认识到股权结构的重要性并予以高度重视。然后，深入探析股东权利，明确股权决定企业所有权，分红权主导企业利润分配，决策权裁定企业重大事务，增资权确定融资的优先次序。之后，介绍融资的过程与要点，在初创期主要依赖个人、父母及亲友出资来筹集创业资金；创业早期可寻觅天使投资人；创业中期则可寻找投资机构，或者借助政府创业投资。最后，阐述科创股权成功变现的三种途径，即股权转让、股权回购以及公司收购，并借助思维导图助力创业者更出色地设计科创股权，为其在科创股权相关事务处理上提供全面且系统的指引与参考。

课后习题

1. 单选题

（1）新创企业中股权分配的实质是（　　）。
　　A. 成员获得很多物质利益　　　　　　B. 将团队与企业同呼吸共命运
　　C. 体现创始人的慷慨　　　　　　　　D. 以上都是

（2）以下（　　）是相对合理的股权分配方案。
　　A. 平均分配股权　　　　　　　　　　B. 股权集中在少数人手上
　　C. 考虑成员贡献程度分配　　　　　　D. 考虑成员投入资金数额分配

（3）新创企业股权分配的原则不包括（　　）。
　　A. 遵循契约精神　　　　　　　　　　B. 贡献决定权利
　　C. 控制权与决策权统一　　　　　　　D. 资金投入比例

2. 判断题

(1) 初创公司在初期没有设计股权的必要。( )

(2) 初创公司的股权分配不应该一步到位,应该留出一部分股权空白来吸引人才。( )

(3) 创始团队进行股权分配时不仅看每位创始人的出资多少,还要考虑每位创始人的贡献和能力。( )

(4) 创始人股权不宜过低。( )

(5) 团队成员之间的股权比例安排以等额分配为宜。( )

(6) 决策权就是对于公司的重大事项的选择权。( )

(7) 创业企业的高失败率是造成创业融资难的原因之一。( )

(8) 创业项目融资时不需要考虑公司的股权分配。( )

(9) 初创企业早期适合寻找投资机构进行融资。( )

(10) 股权分配要在早期就想好,但并不需要落实到书面上,只要各方均认可股权分配方案即可。( )

(11) 股权转让分为内部转让与外部转让。( )

(12) 股东退出,股权可由CEO代持,存入公司期权池。( )

"从0到1"股权管理实践

本课程需要通过创业项目定位、创新道路选择、商业模式探索以及公司股权分配四方面提高学生"从0到1"创新创业能力。本章主要介绍"从0到1"股权管理实践,了解公司股权分配实践要求与步骤,再对公司股权分配方案打磨,撰写本团队关于公司股权分配的商业计划书并进行实践成果汇报与交流,具体设计如图9-1所示。

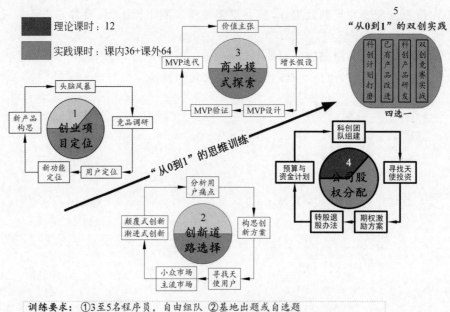

图9-1 "从0到1"科创导向的双创课程模块设计

基于第6章商业模式探索中的MVP研发,开展股权管理实验,内容主要包括:
(1) 产品研发预算;
(2) 团队岗位分工及股权分配;
(3) 中途股东退出及股权转让规则制定;
(4) 股东中途退出的财务与股权处理;
(5) 创业融资的财务处理。

为了便于大家了解具体实施过程,以云智科技公司的股权管理为例,介绍股权管理实验的主要内容、步骤、任务与要求。

云智科技公司前前后后研究了超过 30 个产品方案,经过 10 个 MVP,历时 3 年才推出第一款产品——自带清洁拖布的扫地机器人"小白鲸"。本次实验共包含五方面内容,分别是产品研发预算、团队岗位分工及股权分配方案制定、中途股东退出及股权转让规则制定、股东中途退出的财务与股权处理及创业融资的财务处理规则制定。

第一,产品开发预算。

根据第 6 章确定的 MVP 个数及功能,预估每个 MVP 大概需要多少资金及多长的开发周期。根据每个 MVP 的具体功能,预估大概需要多少开发资金。

第二,对团队成员进行岗位分工及股权分配。

明确总经理、技术总监、财务总监、运营总监 4 个重要岗位由谁担任,并在此基础上,综合岗位分工情况及个人出资情况确定股权比例。

第三,制定中途股东退出及股权转让规则。

制定股东退出规则及股权转让规则。在制定股东退出与股权转让规则时,需综合考虑以下要素:股东退出时是否保留股权、明确的退出期限、未到期限时的回购机制以及到期后的回购选项。股权转让规则需要考虑转让对象、对内股权转让需要满足什么条件、对外股权转让需要满足什么条件等。

第四,公司设立后的股权融资与财务处理。

应考虑如果约定股东退出期限是三年,但合伙两年后,公司已经花了 32 万,但还没有盈利,这时 CFO 想要退出,股权如何变更?

第五,完成 A 轮融资股权处理实验。

产品基本完善,有一定市场前景,被投资人认同,吸引到 A 轮融资。思考此时为了企业继续发展,此时融多少资,给出多少股权,股东如何稀释股权等问题。

下面大家就自己的创业项目,完成以下 5 个任务:

- 任务一:产品研发预算。
- 任务二:团队岗位分工及股权分配。
- 任务三:中途股东退出及股权转让规则制定。
- 任务四:股东中途退出的财务与股权处理。
- 任务五:创业融资的财务处理。

9.1 任务一:产品研发预算

1. 背景

第 7 章实践部分已完成 MVP 迭代计划。

2. 任务

依据 MVP 迭代计划,预估产品研发所需金额及费用支出时间。

3. 要求

根据第 7 章确定的 MVP 个数及功能,预估每个 MVP 大致需要的资金量与开发周期。根据每个 MVP 的具体功能,预估不同的金额。

(1) 在表 9-1 内填入功能、预估金额及具体支出时间。

表 9-1　MVP 迭代计划表

MVP	功能概述	预估金额	开始时间	结束时间
MVP1				
MVP2				
MVP3				
MVP4				
MVP5				
MVP6				
MVP7				
MVP8				
MVP9				
MVP10				
⋮				

(2) 工作表：将每个 MVP 的功能、预估金额及时间填入表 9-2 中，完成产品研发预算。

表 9-2　MVP 迭代工作表

MVP	功　能	预估金额/万	时间/年	第一年	第二年	第三年	…
MVP1							
MVP2							
MVP3							
MVP4							
MVP5							
MVP6							
MVP7							
MVP8							
MVP9							
MVP10							
合计		…	…	…	…	…	…

(3) 实验结果示例：在表 9-3 中填入每个 MVP 的功能、预估金额及时间。根据第 7 章确定的 MVP 个数及功能，预估每个 MVP 大概需要的资金及开展周期。根据每个 MVP 的具体功能，预估不同的金额。例如，我们预估 MVP1 需要 15 万，MVP2 需要 20 万，MVP3 需要 20 万，MVP4 需要 25 万。

表 9-3　MVP 迭代工作表示例

MVP	功　能	预估金额/万元	预估支出时间			
			时间/年	第一年	第二年	第三年	…
MVP1	开发功能 1	15	1	15			
MVP2	优化功能 1＋开发功能 2	20	1.5	10	10		
MVP3	优化功能 1＋优化功能 2＋开发功能 3	20	2		20		
MVP4	优化功能 1＋优化功能 2＋优化功能 3	25	3			25	
合计	…	80	…	25	30	25	…

9.2　任务二：团队岗位分工及股权分配

1. 背景

2016 年 10 月，公司成立，创业团队组建完成，得到天使人投资 90 万元，团队成员投入 10 万元。

2. 任务

根据"从 0 到 1"科创团队特殊要求，结合团队成员各自优势，确定团队成员岗位，讨论每位股东的实际出资、注册资本及股权比例。

3. 要求

在工作表中填入团队成员职务、实际出资、注册资本及股权比例，得到原始股权结构分配表。

（1）经过创业团队讨论后，将团队成员职务、实际出资、注册资本及股权比例依次填入，如表 9-4 所示的股权结构表中。

表 9-4　股权结构表

岗位职务	股东姓名	实际出资/万元	注册资本/万元	股　权
CEO		股东实际出资额	股东注册资本	股权(%)＝(股东注册资本÷公司注册资本)×100%
CTO				
天使投资人				
CFO				
COO				
合计				

（2）实验结果示例：股权结构表（实际出资、注册资本及股权比例）如表 9-5 所示。

张三作为 CEO 兼 CTO，李四作为天使投资人，王五作为 CFO，周六作为 COO，4 人共同出资 100 万，依据各人工作岗位性质及出资金额对其注册资本及股权比例进行合理设计。

表 9-5 股权结构表示例

岗位职务	股东姓名	实际出资/万元	注册资本/万元	股权
CEO、CTO	张三	6	75	75%（=65%股权+代持10%期权）
天使投资人	李四	90	10	10%
CFO	王五	2	8	8%
COO	周六	2	7	7%
合计		100	100	100%

注：CEO 股权不少于 50%，最好为 80% 以上（其中，含 CEO 代持其他员工的股份），因此 CEO 兼 CTO 张三所占股权比例为 75%，其中 65% 为张三自有股份，10% 为张三代持期权。

9.3 任务三：中途股东退出及股权转让规则制定

1. 背景

科创公司是创新驱动，产品新，研发周期长，风险较高，有相当一段时间难以盈利。有些创始成员中途会选择退出，对新产品研发和公司利益非常不利，也对继续创业的成员不公，需要对中途退出成员的股权实施限制性措施，以保证团队稳定，齐心协力共创事业。这类限制规则，应在创办企业时，大家共同商定并提前约定，让创始团队心中有数，决定是否加入团队，一旦加入则按此规则执行，这样也可以减少未来的矛盾。

2. 任务

考虑股东退出的不同情况，设计云智科技公司股东退出及股权转让规则。

3. 要求

制定云智科技公司股东退出及股权转让规则。

（1）工作表：思考股东退出时股权是否必须清零，股权转让对象、股权转让是否需要召开股东大会批准，以及退股资金的计算办法。根据股东会讨论结果，将股东退出及股权转让约定填入表 9-6。

表 9-6 股东退出及股权转让约定表

股东退出处理事项		三年以内（初创期内）	三年后（初创期后）
股份转让办法	股权必须清零	☐	☐
	股权可以选择性清零	☐	☐
	股权转给 CEO，由 CEO 代持股权，并入公司期权池	☐	☐

续表

股东退出处理事项		三年以内(初创期内)	三年后(初创期后)
股份转让办法	股权可以自由转让给内部股东,只需要转让双方同意即可	☐	☐
	股权可以转给外部人员,但需召开股东大会且同意股东的合计持股数须过半	☐不可转让	☐
资本处理办法	退股资金计算办法	☐(现金与银行存款－负债)×股东实际出资占比	☐公司净资产×股东实际出资比×50%
	股权转让价格	☐不可自由转让	☐出让方与受让方协商

（2）实验结果示例：重点考虑在初创期内，股东退出股权必须清零，股权转让给CEO，由CEO代持股权，并入公司期权池，并且协议约定期内不能将股权转让给外部人员，退股资金＝（现金＋银行存款－负债）×股东实际出资占比。协商后的股东退出及股权转让约定表如表9-7所示。

表 9-7 股东退出及股权转让约定表结果示例

股东退出处理事项		三年以内(初创期内)	三年后(初创期后)
股份转让办法	股权必须清零	☒	☒
	股权可以选择性清零	☒	☒
	股权转给CEO,由CEO代持股权,并入公司期权池	☒	☒
	股权可以自由转让给内部股东,只需要转让双方同意即可	☒	☒
	股权可以转给外部人员,但需召开股东大会且同意股东的合计持股数须过半	☒不可转让	☒
资本处理办法	退股资金计算办法	☒(现金与银行存款－负债)×股东实际出资占比	☒公司净资产×股东实际出资比×50%
	股权转让价格	☒不可自由转让	☒出让方与受让方协商

9.4 任务四：股东中途退出的财务与股权处理

1. 背景

云智科技公司成立于2016年10月，至2017年8月，创业不到一年时间，COO觉得创业成功希望渺茫，申请退出。

2. 任务

依据任务三设计的云智科技公司股东退出及转让规则，计算创业10个月时COO选择退出，公司账面净货币资金（现金＋银行存款－负债）为40万元，依据此数据计算需要支出多少资金回购其股权。

3. 要求

计算出回购股权的资金金额,给出调整后的股权比例。

(1) 云智科技公司成立之初的原始股权结构表如表 9-8 所示。

表 9-8 原始股权结构表

职务	实际出资/万元	注册资本/万元	股权
CEO+CTO	6	75	75%(=65%股权+代持10%期权)
天使投资人	90	10	10%
CFO	2	8	8%
COO	2	7	7%
合计	100	100	100%

注:CEO 股权不少于 50%,最好为 80%以上(其中含 CEO 代持其他员工的股份)。云智科技公司 CEO 兼 CTO 所占股权比例为 75%,其中 65%为 CEO 自有股份,10%为 CEO 代持期权。

(2) 根据公司早期制定的股权退出与股权转让规则计算出回购股权的资金金额,给出调整后的股权比例。

COO 在公司成立 10 个月时选择退出,其退股资金为账面净资产 40 万 * COO 实际出资额所占比例 2%=8000 元。COO 退出后,其原有的 7%股权转给 CEO,由 CEO 代持,并入公司期权池。股权变动后,形成新股权结构表,计算公式如下,整理为表 9-9。

① COO 退股资金=400 000×2%=8000 元。
② 公司实际出资=100-2=98 万元。
③ CEO+CTO 注册资本=75+7=82 万元。
④ CEO+CTO 名义股权=75%+7%=82%。
⑤ CEO 自有股权=65%(未发生改变)。
⑥ CEO 代持期权=10%+7%=17%。

表 9-9 COO 中途退股后公司财务与股权的变动情况

职务	财务与股权	COO退股前	变动情况	COO退股后	计算公式	备注
CEO+CTO	注册资本/万元	75	+7	82	75+7=82	COO 退出后,其原有的 7%股权转给 CEO,由 CEO 代持,并入公司期权池
	名义股权	75%	+7%	82%	75%+7%=82%	
	自有股权	65%(未发生改变)				
	代持期权	10%	+7%	17%	10%+7%=17%	

续表

职务	财务与股权	COO退股前	变动情况	COO退股后	计算公式	备注
COO		COO退股资金=40万元×2%=8000元				根据公司早期制定的股权退出与股权转让规则计算出回购股权的资金金额
公司	实际出资（万元）	100	−2	98	100−2=98	COO退出后，其原有的2万实际出资将撤出公司

由表9-10和图9-2可知，COO在公司成立三年内中途退出，其原来的入股实际资金2万元经计算后得到退股资金8000元；公司实际出资=100万−2万=98万，即由原来的100万元减少为98万元；COO原有的7万注册资本由CEO代持，此时CEO+CTO的注册资本=75万+7万=82万，由原来的75万元增加至82万元；COO原有的7%股权由CEO代持，此时CEO兼CTO的名义股权=75%+7%=82%，即原来的75%增加至82%，其中65%仍是CEO兼CTO的自有股权，CEO兼CTO代持期权=10%+7%=17%，由原来的10%增加至17%。

原始股权结构表

职务	实际出资/万元	注册资本/万元	股权
CEO+CTO	6	75	75%（=65%股权+代持10%期权）
天使投资人	90	10	10%
CFO	2	8	8%
COO	2	7	7%
合计	100	100	100%

变更后股权结构表

职务	实际出资/万元	注册资本/万元	股权
CEO+CTO	6	82	82%（=65%股权+代持17%期权）
天使投资人	90	10	10%
CFO	2	8	8%
合计	98	100	100%

图9-2 股东中途退出的财务与股权变更结构图

9.5 任务五：公司设立后的股权融资与财务处理

1. 背景

2016年10月，云智科技公司创立时引入天使人投资后，企业资本为100万。在COO未退出的情况下：

(1) 2017年5月，完成"A-"轮融资，明日资本向公司投资1000万，占股20%；

(2) 2019年4月，完成A轮融资，清水资本向公司投资4000万，占股15%；

(3) 2020年1月，公司账面净货币资金有2000万元，为激励创业团队，同意其共同套现3%的股权，同时将3%的股权转给天使投资人及外部投资机构。

2. 任务

完成"A-"轮、A轮融资和创业团队套现后，调整注册资本及公司股权结构。

3. 要求

分别给出"A-"轮、A 轮融资和股权套现后的新股权分配表,以及创业成员套现数量。

(1) "A-"轮融资。

2017 年 5 月,云智科技公司进行"A-"轮融资,同意明日资本向公司投资 1000 万,占股 20%。计算"A-"融资后的股权比例、注册资本金额。计算融资后原有股东股权稀释情况。

步骤一:根据新增资本的资金及所占股份计算新增资本的注册资本。

由 $(100+X_{"A-"}):100=100\%:80\%$,可知

$X_{"A-"}=100\times100\%/80\%-100=25$(万元)

步骤二:计算各原股东稀释后的股权比例,剩余 80% 的股权按原有股权比例进行分配。

① CEO+CTO 股权:$80\%\times65\%=52\%$。
② CEO 代持期权:$80\%\times10\%=8\%$。
③ 天使投资人股权:$80\%\times10\%=8\%$。
④ CFO 股权:$80\%\times8\%=6.4\%$。
⑤ COO 股权:$80\%\times7\%=5.6\%$。

步骤三:完成"A-"轮融资后的股权结构表。计算过程整理为表 9-10。

表 9-10 "A-"轮融资后公司财务与股权的变动情况

职务	财务与股权	"A-"轮融资前	变动情况	"A-"轮融资后	计算公式	备注
CEO+CTO	名义股权	75%	−15%	60%	$80\%\times75\%=60\%$(或 52% 自有股权+代持 8% 期权=60%)	"A-"轮融资,同意明日资本向公司投资 1000 万,占股 20%,剩余 80% 的股权按原有股权比例进行分配,各原股东稀释后的股权即为"A-"轮融资后的股权
	自有股权	65%	−7%	52%	$80\%\times65\%=52\%$	
	代持期权	10%	−2%	8%	$80\%\times10\%=8\%$	
天使投资人	股权	10%	−2%	8%	$80\%\times10\%=8\%$	
CFO	股权	8%	−1.6%	6.4%	$80\%\times8\%=6.4\%$	
COO	股权	7%	−1.4%	5.6%	$80\%\times7\%=5.6\%$	
明日资本	实际出资/万元	0	0	+1000	"A-"轮融资,明日资本向公司投资 1000 万元	
	注册资本/万元	0	0	+25	由 $(100+X_{"A-"}):100=100\%:80\%$ 可知 $X_{"A-"}=100\times100\%/80\%-100=25$	通过新增资本的资金及所占股份计算新增资本的注册资本
	股权	0%	0%	+20%	占股 20%	

续表

职务	财务与股权	"A-"轮融资前	变动情况	"A-"轮融资后	计 算 公 式	备 注
公司	实际出资/万元	100	+1000	1100	100+1000=1100	"A-"轮融资后公司实际出资增加1000万元
	注册资本/万元	100	+25	125	100+25=125	"A-"轮融资后公司注册资本增加25万元

由表 9-10 和图 9-3 可知,完成"A-"轮融资后,明日资本向公司投资 1000 万元,占股 20%,则新增的明日资本的注册资本为 25 万元,公司实际出资=100 万元+1000 万元=1100 万元,即由原来的 100 万元增加至 1100 万元;公司注册资本=100 万元+25 万元=125 万元,即由原来的 100 万元增加至 125 万元。由于明日资本要占股 20%,剩余 80% 的股权按原有股权比例进行分配,CEO+CTO 名义股权=80%×75%=52%+8%=60%,即由原来的 75% 减少为 60%,其中 CEO 自有股权 80%×65%=52%,即由原来的 65% 减少为 52%;CEO 代持期权=80%×10%=8%,即由原来的 10% 减少为 8%;天使投资人股权=80%×10%=8%,即由原来的 10% 减少为 8%;CFO 股权=80%×8%=6.4%,即由原来的 8% 减少为 6.4%;COO 股权=80%×7%=5.6%,即由原来的 7% 减少为 5.6%。

原始股权结构表

职务	实际出资/万元	注册资本/万元	股权
CEO+CTO	6	75	75%(65%股权+代持10%期权)
天使投资人	90	10	10%
CFO	2	8	8%
COO	2	7	7%
合计	100	100	100%

完成"A-"轮融资后的股权结构表

职务	实际出资/万元	注册资本/万元	股权
CEO+CTO	6	75	60%(52%股权+代持8%期权)
天使投资人	90	10	8%
CFO	2	8	6.4%
COO	2	7	5.6%
明日资本	1000	25	20%
合计	1100	125	100%

图 9-3 完成"A-"轮融资后的股权融资与财务变更

(2) A 轮融资。

2019 年 4 月,云智科技公司进行 A 轮融资,同意清水资本向公司投资 4000 万元,占股 15%。计算 A 轮融资后的股权比例、注册资本金额,以及原有股东权权的稀释情况。

步骤一:根据新增资本的资金及所占股份计算新增资本的注册资本。

由 $(125+X_A):125=100\%:85\%$ 可知

$X_A = 125×100\%/85\% - 125 = 22.0588$ 万元

步骤二:计算各原有股东稀释后的股权比例,剩余 85% 的股权按原有股权比例进行分配。

① CEO+CTO 股权:$85\%×52\% = 44.2\%$。

② CEO 代持期权：85%×8% = 6.8%。
③ 天使投资人股权：85%×8% = 6.8%。
④ CFO 股权：85%×6.4% = 5.44%。
⑤ COO 股权：85%×5.6% = 4.76%。
⑥ 明日资本股权：85%×20% = 17%。

步骤三：完成"A-"轮融资后的股权结构的计算过程整理为表 9-11。

表 9-11 "A-"轮融资后公司财务与股权的变动情况

职务	财务与股权	A轮融资前	变动情况	A轮融资后	计算公式	备注
CEO+CTO	名义股权	60%	−9%	51%	85%×60%=51%（44.2%自有股权+代持6.8%期权=51%）	A轮融资，同意清水资本向公司投资4000万元，占股15%，剩余85%的股权按原有股权比例进行分配，各原有股东稀释后的股权即为A轮融资后的股权
CEO+CTO	自有股权	52%	−7.8%	44.2%	85%×52% = 44.2%	
CEO+CTO	代持期权	8%	−1.2%	6.8%	85%×8% = 6.8%	
天使投资人	股权	8%	−1.2%	6.8%	85%×8% = 6.8%	
CFO	股权	6.4%	−0.96%	5.44%	85%×6.4% = 5.44%	
COO	股权	5.6%	−0.84%	4.76%	85%×5.6% = 4.76%	
明日资本	股权	20%	−3%	17%	85%×20% = 17%	
清水资本	实际出资/万元	0	0	+4000	A轮融资，同意清水资本向公司投资4000万元	
清水资本	注册资本/万元	0	0	+22.0588	由 $(125+X_A):125=100\%:85\%$ 可知 $X_A=125\times100\%/85\%-125=22.0588$	通过新增资本的资金及所占股份计算新增资本的注册资本
清水资本	股权	0%	0%	+15%	占股15%	
公司	实际出资/万元	1100	+4000	5100	1100+4000=5100	A轮融资后公司实际出资增加4000万元
公司	注册资本/万元	125	+22.0588	147.0588	125+22.0588=147.0588	A轮融资后公司注册资本增加22.0588万元

由表 9-11 和图 9-4 可知，完成 A 轮融资后，清水资本向公司投资 4000 万元，占股 15%，则新增的清水资本注册资本为 22.0588 万元；公司实际出资=1100+4000=5100 万元，由原来的 1100 万元增加至 5100 万元；公司注册资本=125+22.0588=147.0588 万元，资本由原来的 125 万元增加至 147.0588 万元。由于清水资本要占股 15%，剩余 85% 的股权按原有股权比例进行分配，CEO+CTO 名义股权=44.2%自有股权+代持 6.8% 期权=51%，由原来的 65% 减少至 51%。其中，CEO 股权自有股权=85%×52%=44.2%，

由原来的52%减少为44.2%,CEO代持期权=85%×8%=6.8%,由原来的8%减少为6.8%;天使投资人股权=85%×8%=6.8%,由原来的8%减少为6.8%;CFO股权=85%×6.4%=5.44%,由原来的6.4%减少为4.76%;COO股权=85%×5.6%=4.76%,由原来的5.6%减少为4.76%;明日资本股权由原来的20%减少为17%。

完成"A-"轮融资后的股权结构表

职务	实际出资/万元	注册资本/万元	股权
CEO+CTO	6	75	60%(52%股权+代持8%期权)
天使投资人	90	10	8%
CFO	2	8	6.4%
COO	2	7	5.6%
明日资本	1000	25	20%
合计	1100	125	100%

完成A轮融资后的股权结构表

职务	实际出资/万元	注册资本/万元	股权
CEO+CTO	6	75	51%(44.2%股权+代持6.8%期权)
天使投资人	90	10	6.8%
CFO	2	8	5.44%
COO	2	7	4.76%
明日资本	1000	25	17%
清水资本	4000	22.0588	15%
合计	5100	147.0588	100%

图9-4 完成A轮融资后的股权融资与财务变更

(3)创业团队套现。

2020年1月,公司账面净货币资金有2000万元,为激励创业团队,同意其共同套现3%的股权,同时将3%的股权转给天使投资人及外部投资机构。股东选择股权套现,将部分股权转让天使投资人及外部投资机构,得到新股权结构表。计算各人的套现金额和股权变化情况。

第一阶段:计算创业股东的套现金额和股权变化情况。

步骤一:计算稀释股权对应的资金。

由 $2000:x=100\%:3\%$,可知 $x=60$ 万元,即股东可套现60万元。

步骤二:计算创业股东所占份额,其中创业股东总体股份为 $44.2\%+5.44\%+4.76\%=54.4\%$。

① CEO:$44.2\%/(44.2\%+5.44\%+4.76\%)=81.25\%$。

② CFO:$5.44\%/(44.2\%+5.44\%+4.76\%)=10\%$。

③ COO:$4.76\%/(44.2\%+5.44\%+4.76\%)=8.75\%$。

步骤三:根据股东份额计算稀释后股权,创业股东按比例将3%的股权稀释给外部投资机构,此时股东的股份都将减少。

① CEO:$81.25\%×3\%=2.4375\%$,$44.2\%-2.4375\%=41.7625\%$,即CEO占股41.7625%。

② CFO:$10\%×3\%=0.3\%$,$5.44\%-0.3\%=5.14\%$,即CFO占股5.14%。

③ COO:$8.75\%×3\%=0.2625\%$,$4.76\%-0.2625\%=4.4975\%$,即COO占股4.4975%。

步骤四:根据股东所占份额计算对应获得的资金。稀释3%股权后,获得60万的现金,创业股东按比例获得相应套现金额。

① CEO：81.25%×60=48.75万元,即CEO获得套现金额48.75万元。

② CFO：10%×60=6万元,即CFO获得套现金额6万元。

③ COO：8.75%×60=5.25万元,即COO获得套现金额5.25万元。

第一阶段总结：股东选择股权套现,将部分股权转让给天使投资人及外部投资机构后股权的变动情况和套现金额如表9-12所示。

表9-12 股东将部分股权转让后股权的变动情况和套现金额

职务	股权 （套现前）	变动情况	股权 （套现后）	计 算 公 式
CEO	44.2%	-2.4375%	41.7625%	① 占创业股东的份额： 44.2%/(44.2%+5.44%+4.76%)=81.25% ② 股权减少： 81.25%×3%=2.4375% ③ 套现后股权： 44.2%-2.4375%=41.7625% ④ 套现金额： 81.25%×60=48.75万元
CFO	5.44%	-0.3%	5.14%	① 占创业股东的份额：5.44%/(44.2%+5.44%+4.76%)=10% ② 股权减少：10%×3%=0.3% ③ 套现后股权：5.44%-0.3%=5.14% ④ 套现金额：10%×60=6万元
COO	4.76%	-0.2625%	4.4975%	① 占创业股东的份额：4.76%/(44.2%+5.44%+4.76%)=8.75% ② 股权减少： 8.75%×3%=0.2625% ③ 套现后股权： 4.76%-0.2625%=4.4975% ④ 套现金额： 8.75%×60=5.25万元
合计	54.4%	-3%	51.4%	套现金额=48.75+6+5.25=60万元

注：公司账面净货币资金有2000万元,创业股东共同套现3%的股权,稀释3%股权后对应的套现金额为60万元,计算公式为$2000:x=100\%:3\%,x=60$。

第二阶段：计算外部投资机构股权变化情况。

步骤五：计算外部投资机构所占份额,外部投资机构总体股份为17+15+6.8=38.8

① 天使投资人：6.8/(17+15+6.8)=17.53%,即天使投资人占股17.53%。

② 明日资本：17/(17+15+6.8)=43.81%,即明日资本占股43.81%。

③ 清水资本：15/(17+15+6.8)=38.66%,即清水资本占股38.66%。

步骤六：根据外部投资机构所占份额计算对应获得股份,创业股东按比例将3%的股权稀释给外部投资机构,此时外部投资机构的股份增加。

① 天使投资人：17.53%×3%＝0.5259%，即天使投资人增加股份0.5259%。
② 明日资本：43.81%×3%＝1.3143%，即明日资本增加股份1.3143%。
③ 清水资本：38.66%×3%＝1.1598%，即清水资本增加股份1.1598%。

第二阶段总结：股东套现股权后股权的变动情况和套现金额如表9-13所示。

表9-13 股东套现股权后股权的变动情况和套现金额

职务	股权（套现前）	变动情况	股权（套现后）	计算公式
天使投资人	6.8%	+0.5259%	7.3259%	① 占外部投资机构的份额： 6.8/(17+15+6.8)＝17.53% ② 股权增加： 17.53%×3%＝0.5259% ③ 套现后股权： 6.8%+0.5259%＝7.3259%
明日资本	17%	+1.3143%	18.3143%	① 占外部投资机构的份额： 17/(17+15+6.8)＝43.81% ② 股权增加：43.81%×3%＝1.3143% ③ 套现后股权： 17%+1.3143%＝18.3143%
清水资本	15%	+1.1598%	16.1598%	① 占外部投资机构的份额： 15/(17+15+6.8)＝38.66% ② 股权增加： 38.66%×3%＝1.1598% ③ 套现后股权： 15%+1.1598%＝16.1598%
合计	38.8%	+3%	41.8%	套现金额＝48.75+6+5.25＝60万元

注：公司账面净货币资金有2000万元，创业股东共同套现3%的股权，同时将3%的股权转给天使投资人及外部投资机构。

第三阶段：计算股东注册资本的变动情况。

步骤七：根据股东份额计算稀释后的注册资本，总注册资本为147.0588万元。

由 $147.0588 : x = 100\% : 97\%$，

可知 $x = 4.4117$ 万元，所以注册资本变动4.4117万元。

创业股东注册资本按比例减少：

① CEO：4.4117×81.25%＝3.5845万元，即CEO注册资本减少3.5845万元。
② CFO：4.4117×10%＝0.4412万元，即CFO注册资本减少0.4412万元。
③ COO：4.4117×8.75%＝0.3860万元，即COO注册资本减少0.3860万元。

外部投资机构注册资本按比例增加：

① 天使投资人：4.4117×10%＝0.7734万元，即天使投资人注册资本增加0.7734万元。
② 明日资本：4.4117×43.81%＝1.9328万元，即明日资本注册资本增加1.9328

万元。

③ 清水资本：$4.4117 \times 38.66\% = 1.7055$ 万元，即清水资本注册资本增加 1.7055 万元。

第三阶段总结：股东套现股权后注册资本变动情况，如表 9-14 所示。

表 9-14 股东套现股权后股权的变动情况和套现金额

职务	套现前注册资本/万元	变动情况/万元	套现后注册资本/万元	计 算 公 式
CEO	75	−3.5845	71.4154	① 注册资本减少：$4.4117 \times 81.25\% = 3.5845$ 万元 ② 套现后注册资本：$75 - 3.5845 = 71.4154$ 万元
CFO	8	−0.4412	7.5588	① 注册资本减少：$4.4117 \times 10\% = 0.4412$ 万元 ② 套现后注册资本：$8 - 0.4412 = 7.5588$ 万元
COO	7	−0.3860	6.6140	① 注册资本减少：$4.4117 \times 8.75\% = 0.3860$ 万元 ② 套现后注册资本：$7 - 0.3860 = 6.6140$ 万元
天使投资人	10	+0.7734	10.7734	① 注册资本增加：$4.4117 \times 10\% = 0.7734$ 万元 ② 套现后注册资本：$10 + 0.7734 = 10.7734$ 万元
明日资本	25	+1.9328	26.9328	① 注册资本增加：$4.4117 \times 43.81\% = 1.9328$ 万元 ② 套现后注册资本：$25 + 1.9328 = 26.9328$ 万元
清水资本	22.0588	+1.7055	23.7644	① 注册资本增加：$4.4117 \times 38.66\% = 1.7055$ 万元 ② 套现后注册资本：$22.058 + 1.7055 = 23.7644$ 万元
合计	147.0588	0	147.0588	

注：公司账面净货币资金有 2000 万元，创业股东共同套现 3% 的股权，同时将 3% 的股权转给天使投资人及外部投资机构。由 $147.0588 : x = 100\% : 97\%$ 可知 $x = 4.4117$ 万元，所以注册资本变动 4.4117 万元。

总结前面三个阶段的内容，得出最终的股权结构表，股权变动、套现以及注册资本变动情况如表 9-15 所示。

表 9-15 股权结构调整计算表

职务	实际出资/万元	套现前注册资本/万元	股权（套现前）	CXO套现金额/万元	股比增减	注册资本增减额/万元	股权（套现后）	套现后注册资本/万元
CEO+CTO	6	75	51%（44.2%股权+代持股权6.8%）	48.75	−2.4375%	−3.5845	48.5625%（41.7625%股权+代持股权6.8%）	71.4154
天使投资人	90	10	6.8%		+0.5259%	0.7734	7.3259%	10.7734
CFO	2	8	5.44%	6	−0.3%	−0.4412	5.14%	7.5588
COO	2	7	4.76%	5.25	−0.2625%	−0.3860	4.4975%	6.6140
明日资本	1000	25	17%		+1.3143%	1.9328	18.3143%	26.9328
清水资本	4000	22.0588	15%		+1.1598%	1.7055	16.1598%	23.7644
合计	5100	147.0588	100%	60	0	0	100%	147.0588

由表 9-11 可知，完成 A 轮融资后，团队套现使创业团队成员和投资人的注册资本和股权发生变动。CEO+CTO 注册资本由原来的 75 万元减少为 71.4154 万元，注册资本减少了 3.584 万元，股权由原来的 51% 减少为 48.5625%，股比减少了 2.4375%，其中 CEO 自有股权由原来的 44.2% 减少为 41.7625%，CEO 代持期权 6.8% 保持不变，此时 CEO 套现金额为 48.75 万元；天使投资人注册资本由原来的 10 万元增加为 10.7734 万元，注册资本增加了 0.7734 万元，股权由原来的 6.8% 增加为 7.3259%，股比增加了 0.5259%；CFO 注册资本由原来的 8 万元减少为 7.5588 万元，注册资本减少了 0.4412 万元，股权由原来的 5.44% 减少为 5.14%，股比减少了 0.3%，此时 CFO 套现金额为 6 万元；COO 注册资本由原来的 7 万元减少为 6.6140 万元，注册资本减少了 0.3860 万元，股权由原来的 4.76% 减少为 4.4975%，股比减少了 0.2625%，此时 COO 套现金额为 5.25 万元；明日资本注册资本由原来的 25 万元增加为 26.9328 万元，注册资本增加了 1.9328 万元，股权由原来的 17% 增加为 18.3143%，股比增加了 1.3143%；清水资本注册资本由原来的 22.0588 万元增加为 23.7644 万元，注册资本增加了 1.7055 万元，股权由原来的 15% 增加为 16.1598%，股比增加了 1.1598%。

9.6 实验步骤总结

本次实验主要讨论项目资金估算、团队岗位分工及股权分配、团队股东退出及股权转让规则、团队成员退出及团队融资五方面内容。实验步骤总结如表 9-16 所示。

表 9-16 实验步骤总结

任 务	内 容
任务一：产品研发预算	① 预估每个 MVP 所需的资金； ② 预估每年需要花费的资金量
任务二：团队岗位分工及股权分配	① 组建团队、分配岗位； ② 设计股东实际出资额、注册资本及占股比例； ③ 填入数据，完成原始股权结构表
任务三：中途股东退出及股权转让规则	① 约定退出期限； ② 设计股权处理规则； ③ 设计资本处理规则
任务四：股东中途退出的财务处理	① 根据具体情境及任务三设定的退出转让规则，判断选择何种规则； ② 基于规则计算回购股权的资金金额； ③ 完成变更后股权结构表
任务五：创业融资的财务处理	(1) 完成"A-"轮和 A 轮融资 ① 根据新增资本的资金及所占股份计算新增资本的注册资本； ② 计算各原有股东在股权稀释后的股权比例； ③ 完成融资后的股权结构表。 (2) 股东套现 ① 计算所有套现股东稀释的股权比例、套现资金和份额； ② 计算所有外部投资机构增加份额、股比以及注册资本； ③ 计算全部股东（创始团队及投资机构）调整后的股权比例和注册资本值

9.7 本章小结

本章基于第 8 章"夯实科创股权"的思想，从实践的内容、步骤、任务与要求，设计了一种"从 0 到 1"股权管理实践的实践方案。第一，进行产品开发预算，根据第 7 章的实践成果，预估产品研发所需金额及费用支出时间，完成 MVP 项目预算与起止时间表、MVP 迭代预算与年度资金支出计划表。第二，分配团队岗位分工及股权，基于第 3 章的实践成果和迭代预算，根据"从 0 到 1"科创团队特殊要求，按能力、岗位、责任相匹配的原则，确定每个创始成员的岗位，再综合岗位分工及个人出资量确定各个股东的股权比例，制定股权结构表，体现 CEO 占大股、预留股权池和天使投资人出大钱占小股等要求。第三，制定股东中途退出及股权转让规则，保证创始团队能长期稳定，对早期退出的股东应在退出资金和股份转让方面增强一些强制性要求。第四，进行股东中途退出的财务与股权处理，演示了依据公司股东退出及转让规则，计算部分股东中途退出时应获得的退股资金，以及各股东占股比例变化的过程，展示了调整后的股权结构表。第五，公司设立后的股权融资与财务处理，演示了完成"A-"轮、A 轮融资和创业团队套现后，股东占股比例变化，以及创业团队套现金额分配的计算过程，展示了不同阶段的股权结构表。最后，总结了"'从 0 到 1'股权管理实践"的主要步骤及其内容。

课后习题

1. 单选题

当一位拥有雄厚资金的人士希望投资创业，但他又不想直接参与创业活动，他适合成为以下哪种角色？（   ）

A. 挂名CEO　　　B. 大股东　　　C. 天使投资人　　　D. CEO

2. 多选题

当有大额投资进入时，原始股东在不追加投资的情况下，可以有以下哪些选择？（   ）

A. 稀释股权　　　B. 直接退出　　　C. 套现　　　D. 不稀释股权

3. 判断题

（1）企业股东进行股权转让只要转让双方同意就可以。（   ）

（2）股东选择中途退出，财务上吃比较大的亏，目的是保证创始团队长期稳定发展，防止股东随意退出，从而对公司造成重大损失。（   ）

（3）创业初期需要根据企业MVP个数及功能，估算企业所需的启动资金。（   ）

（4）CTO出钱少就应该占股少。（   ）

（5）股东退出时，以原始股的价格回购其股权。（   ）

（6）股东对外转让股权时，需要全部股东同意。（   ）

本章附录

1. 股权管理实践相关表格

（1）产品研发预算。

根据第7章确定的MVP个数及功能，预估每个MVP大概需要多少资金及开发周期。根据每个MVP的具体功能，预估不同的金额。

首先在表9-17内填入功能、预估金额及具体支出时间。

表9-17　MVP迭代计划

MVP	功　能　概　述	预估金额/万元	开始时间	结束时间
MVP1				
MVP2				
MVP3				
MVP4				
MVP5				
MVP6				
MVP7				
MVP8				

续表

MVP	功能概述	预估金额/万元	开始时间	结束时间
MVP9				
MVP10				
⋮				

再将每个 MVP 的功能、预估金额及时间填入表 9-18,完成产品研发预算。

表 9-18　MVP 迭代工作

MVP	功能	预估金额/万元	时间/年	第一年/万元	第二年/万元	第三年/万元	…
MVP1							
MVP2							
MVP3							
MVP4							
MVP5							
MVP6							
MVP7							
MVP8							
MVP9							
MVP10							
合计							

（2）团队岗位分工及股权分配。

经过创业团队讨论后,将团队成员职务、实际出资、注册资本及股权比例依次填入表 9-19 所示的股权结构表。

表 9-19　股权结构

岗位职务	股东姓名	实际出资/万元	注册资本/万元	股权占比
CEO				
CTO				
天使投资人				
CFO				
COO				
⋮				
合计				

（3）股东中途退出及股权转让规则制定。

考虑股东退出时股权是否必须清零、股权转让对象、股权转让是否需要召开股东大会，以及退股资金的计算办法。根据股东会讨论结果，将股东退出及股权转让约定填入表 9-20 所示的股东退出及转让约定表。

表 9-20　股东退出及股权转让约定

	股东退出处理事项	三年以内（初创期内）	三年后（初创期后）
股份转让办法	股权必须清零	□	□
	股权可以选择性清零	□	□
	股权转给 CEO，由 CEO 代持，并入公司期权池	□	□
	股权可以自由转让给内部股东，只需要转让双方同意即可	□	□
	股权可以转给外部人员，但需召开股东大会且同意股东的合计持股数须过半	□	□
资本处理办法	退股资金计算办法	□（现金与银行存款－负债）*股东实际出资占比	□公司净资产*股东实际出资比*50%
	股权转让价格	□不可自由转让	□出让方与受让方协商

注：同意则在□中打√，否则在□中打×

（4）股东中途退出的财务与股权处理。

计算出回购股权的资金金额，给出调整后的股权比例。

① 原始股权结构表如表 9-21 所示。

表 9-21　原始股权结构

职　　务	实际出资/万元	注册资本/万元	股 权 占 比
CEO			
CTO			
天使投资人			
CFO			
COO			
⋮			
合计			

② 股权结构变动如表 9-22 所示。

表9-22 股东退股后公司财务与股权的变动情况

职务	财务与股权	股东退股前	变动情况	股东退股后	计算公式	备注
CEO						
退股股东						
公司						

③ 变更后股权结构如表9-23所示。

表9-23 变更后股权结构

职务	实际出资/万元	注册资本/万元	股权占比
CEO			
CTO			
天使投资人			
CFO			
COO			
合计			

（5）公司设立后的股权融资与财务处理。

① 原始股权结构如表9-24所示。

表9-24 原始股权结构

职务	实际出资/万元	注册资本/万元	股权占比
CEO			
CTO			
天使投资人			
CFO			
COO			
合计			

② 股权结构变动如表 9-25 所示。

表 9-25 "A-"轮融资后公司财务与股权的变动情况

职务	财务与股权	"A-"轮融资前	变动情况	"A-"轮融资后	计 算 公 式	备 注
CEO						
CTO						
天使投资人						
CFO						
COO						
投资机构						
公司						

③ 完成"A-"轮融资后股权结构如表 9-26 所示。

表 9-26 完成"A-"轮融资后股权结构

职　　务	实际出资/万元	注册资本/万元	股 权 占 比
CEO			
CTO			
天使投资人			
CFO			
COO			
合计			

2. 答辩流程及评分标准

（1）答辩流程。

本节内容是根据前面所学的"从 0 到 1"股权管理实践知识进行实践成果汇报，在表 9-27 中记录汇报时间、地点、组别（姓名）、团队人数、研究生助教名字以及项目名称等。

表 9-27　实践成果汇报安排表

序号	时间	地点	答辩组	团队人数	研究生助教	项目名称	备注
1							
2							
3							
4							
5							

（2）评分标准。

本节"从 0 到 1"创业项目定位课程答辩考核为百分制，其中，学生互评占总分的 20%，助教评分占总分的 30%，教师评分占总分的 50%，个人表现突出可适当加 1～5 分。"从 0 到 1"创业项目定位综合评价如表 9-28 所示。

表 9-28　"从 0 到 1"创业项目定位答辩综合评价表

组别			团队成员						
答辩时间			答辩地点						
项目名称									
总分 $C=$ 20%C_1+ 30%C_2+ 50%C_3+ C_4	评分方式\评分项	内容完整(25)	表达清晰(15)	内容创新(15)	组员合作(10)	PPT呈现(15)	提问内容(10)	回答内容(10)	评分总分(100)
	学生互评 C_1								
	助教评分 C_2								
	教师评分 C_3								
	个人突出表现（1～5 分）								
	主讲 PPT			回答提问			个人突出表现总分 C_4		

第10章 "从0到1"双创实践导航

10.1 "从0到1"双创实践简介

10.1.1 什么是"从0到1"的双创实践?

"从0到1"的思维训练,科创计划打磨、已有产品改进、科创产品研发以及双创竞赛实战构成了"从0到1"的双创实践的主要内容。为实现"从0到1"科创导向的双创课程目标,科创实践应该项目化,教学随项目同步推进,实践选题应面向科创类项目。应鼓励关键技术类创业,不鼓励成熟模式的复制。重视科创落地,实施"从0到1"科创实践,基于100万元起步资金、3年时间,打造第一个商业上可行的科创产品。具体的科创落地方案如图10-1所示。

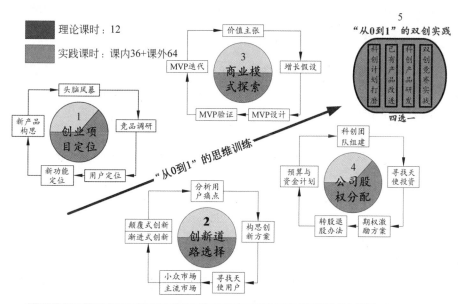

图10-1 "从0到1"科创导向的双创课程模块设计

10.1.2 项目实践概况

首先学生进行自由组队,每组由 5 名本科生和 1 名硕士研究生组成,实践基地出题或自选题(经导师同意),每两组选择同一小题;学习过程中要边学边练,进行项目打磨;设定公司 100 万元起步,要求公司至少活过 3 年;而且公司开发出有价值的科技产品,有望融到资、出售或自我发展;鼓励基于鸿蒙开发。

10.2 "从 0 到 1"双创实践类型

"从 0 到 1"双创实践类型主要有 4 种,分别是已有产品改进、科创计划打磨、科创产品研发以及双创竞赛实战。本书的第 1~9 章,已经详细介绍了科创计划打磨的相关知识,本节主要对已有产品改进、科创产品研发以及双创竞赛实战等三个"从 0 到 1"双创实践类型进行简单介绍。已有产品改进这一类型对学生来说相对比较简单;科创产品研发这一类型有一定的难度;双创实践竞赛这一类型强调项目竞赛,如撰写商业计划书、开发产品等,鼓励学生边上课边准备竞赛。

10.2.1 已有产品改进

一个产品的好坏,直接决定了产品投放到市场后的回报率,也决定了公司的关键战略的拓展。那么,对于已经投放到市场上的产品,我们该如何做好改进呢?

1. 现有产品剖析

要改进已有的产品,就要对该产品进行剖析。通过对产品的全面评估和剖析,我们可以更好地了解产品的潜力和市场前景,指导后续的产品开发和市场推广工作。下面介绍对产品进行剖析的思路,但是具体分析的内容会根据产品的特点和领域而有所差异。

首先要寻找适合进行改进的产品。我们认为此类产品主要有两个来源:一是工作量较小,如小程序、小零件、小电器以及小软件等;二是开源产品,如开源软件、GitHub、公开发表论文中的 Demo 可以实现产业化以及大厂开放的生态系统(如鸿蒙系统等)等。其次,分析现有产品的功能,研究用户的新需求,进一步寻求新的创业机会。最后,围绕发现的问题增加新的产品功能。

2. 开发新功能

一个良好的新功能能够为产品增加竞争力,提升用户体验,促进产品的长期发展。怎么设计一个产品的新功能呢?首先要发现问题,才能解决问题。细化拆解问题,如新功能涉及哪些人群、提供哪些服务等,在此基础上设计产品新功能的详细开发方案。

3. 撰写商业计划书

根据上述流程,撰写初步的商业计划书,一般包括概况、存在的问题、产品改进、市场分析、商业模式设计、团队管理以及财务信息等。现阶段主要强调产品的新功能,撰写基于产品新功能开发的商业计划书。

10.2.2 科创产品研发

科创产品的来源除了上一节所说的两种来源之外,还有原始创新,可以是集成开发的同时进行创新,也可以是自己开发的 Demo。科创产品研发的流程可以根据具体项目的特点和需求进行调整和优化,接下来介绍关于科创产品研发的一般性指导框架。

1. 需求分析

通过调研及意见反馈收集用户的需求,了解用户内心真正的诉求,分析用户真正的想法,进而对需求进行优先级排序,明确产品目标。

2. 技术创新

核心的技术创新可以是算法创新、集成开发等,开发产品过程中遇到困难,是用现有的技术去解决问题还是用新的技术。

3. 开发产品

根据创意以及市场需求创作产品原始的、初步的原型。通过产品的技术可行性及目标客户反馈,验证原型设计是否合理。如果验证合理,可以将产品推上市场。

4. 撰写商业计划书

根据上述流程,撰写初步的商业计划书,其中一般包括创意产生、市场分析、原型开发、商业模式设计、资源准备、产品形成、选择市场以及财务信息等。这部分内容主要强调新产品研发,撰写基于科创产品研发的商业计划书。

10.2.3 双创竞赛实战

参与双创竞赛可以提升参赛者的综合能力。在参与过程中,参赛者需要进行项目规划、市场调研、商业模式设计、团队协作等工作,这有助于锻炼他们的创业素质、组织管理能力、沟通协作能力等。

1. 竞赛类型

双创竞赛根据不同的目标和参赛者群体可以分为以下 3 类。

(1) 创业计划赛:该类型的竞赛主要针对创业团队或个人,要求参赛者提交详细的创业计划书,包括市场分析、商业模式、财务规划等内容。评审通常会关注项目的可行性、创新性、市场潜力等方面。例如"挑战杯"中国大学生创业计划大赛、创青春全国大学生创业大赛以及全国大学生电子商务"创新、创意及创业"挑战赛等。

(2) 创意设计赛:这类竞赛注重参赛者的创造力和设计能力,要求提供具有创新性和实用性的产品或服务的设计方案。参赛者通常需要进行产品原型制作、文案撰写等工作,以展示其设计思路和创意。例如"挑战杯"全国大学生课外学术科技作品竞赛、中国大学生保险产品创意设计大赛以及中国包装创意设计大赛等。

(3) 科技创新赛:科技创新赛鼓励参赛者提交科技领域的创新项目。这可能涉及新技术研发、产品改进、工艺提升等方面。评审会对项目的技术含量、应用前景、创新程度等进行评估。例如国际"互联网+"大学生创新创业大赛、蓝桥杯全国软件和信息技术专业人才大赛以及"工商银行杯"大学生金融科技创新大赛等。

上述竞赛只是双创竞赛中的一部分类型,还有很多其他形式的竞赛,每个竞赛都有其特定的目标和参赛者要求。参与适合自己领域和兴趣的竞赛可以为个人或团队争取更多的机会。

2. 选题

参加竞赛第一步就是要确定选题,双创竞赛选题的选择原则和考虑因素与一般竞赛相似,但也有一些特殊性,以下是一些建议。

(1) 创新性与独特性:双创竞赛注重创新性和独特性,选题应提出对现有问题或行业挑战的创新解决方案。这有助于激发参赛者的创新思维和创业意愿。

(2) 市场需求与商业价值:选题可以关注目前市场存在的需求和问题,并寻找具备商业潜力的创新点。这样的选题更容易吸引投资和产生经济效益。

(3) 社会影响力与可持续发展:双创竞赛选题应该注重解决社会问题和具备可持续发展的潜力。这体现了企业的社会责任和可持续发展理念,在评选中也可能会有额外加分。

(4) 行业热点与技术前沿:双创竞赛通常会关注当前行业热点和技术前沿,选题应紧密结合相关领域的最新趋势和研究方向,鼓励参赛者在这些领域进行创新实践。

(5) 团队能力与资源要求:选择选题时需要考虑参赛团队的能力和资源情况,确保选题在参赛团队的实际能力范围内,以提升参赛作品的质量和可行性。

(6) 可复制性与推广潜力:优秀的双创竞赛选题应具备一定的可复制性,即解决方案可以推广到其他类似领域或应用场景中。这有助于促进选题能产生广泛的影响和应用价值。

3. 赛前准备

确定好选题之后,参赛选手如何进行系统性和全面性的准备呢?

(1) 明确竞赛规则和要求:仔细阅读竞赛的相关规则和要求,包括参赛条件、作品提交方式、评审标准等。确保清楚了解竞赛的整体框架和要求。

(2) 选择适合的团队:与志同道合、具备不同专业背景和技能的队友组成一个强大的团队。确保团队成员之间的协作默契和分工合理,共同推动项目的开展。

(3) 找准问题和需求:明确创新点是针对哪个具体的问题或需求而来的,这将有助于确定选题和解决方案的方向。调研市场、行业和用户需求,找到一个有商业潜力、可行性高的问题。

(4) 市场分析:了解目标市场的情况,掌握行业趋势和竞争对手的情况。同时,深入研究相关技术和解决方案,跟踪、学习领域最新知识。

4. 参赛

至此,我们已经做出了很多努力,接下来就是参赛了,此时有哪些注意事项呢?

(1) 准备项目文档和提交材料:根据竞赛规定,准备相关的项目文档和提交材料,包括项目简介、市场分析、商业模式、原型/产品展示等。确保清晰、准确地呈现你的创意和项目价值。

(2) 提交申请:按照竞赛规定的方式和时间,将你的项目文档和提交材料提交给竞赛组织方。确保遵守所有提交要求,并注意提交截止日期。

(3) 参加评审和答辩:如果你的项目入选初选或决赛,根据竞赛规定参加评审和答辩环节。准备好相关的演讲和答辩内容,突出项目的创新性和商业价值。

10.3 科创计划案例

10.3.1 字节跳动

1. 背景

字节跳动是最早将人工智能应用于移动互联网场景的科技企业之一，花费 11 年的时间，从 0 开始到跻身互联网一线大厂，外界都说它有"火箭一样的增长速度"。今日头条是字节跳动开发的一款为用户提供新闻资讯的产品。2012 年 3 月，张一鸣创建今日头条，在创始人张一鸣的努力以及王琼的信任与赏识下，今日头条早期顺利获得了海纳亚洲创投基金的天使轮、A 轮融资。在今日头条完成 A 轮融资后，国内几乎没有看好今日头条的投资机构，因为整个资讯内容市场，基本上已经被瓜分殆尽。新闻客户端有网易、搜狐、腾讯、凤凰等，已经覆盖了几乎全部用户。垂直媒体客户端有鲜果、无觅、ZAKER 等，那今日头条的发展空间在哪里？

2. 商业计划书解读

2012 年 10 月，张一鸣带着产品去寻找投资人，但并不顺利。毕竟，2013 年今日头条业务刚有起色，但创业内容还不是当时的投资风口，而且今日头条与竞品相比优势不够显著。因此，必须有一份详细且有说服力的商业计划书，展现今日头条的投资价值，以及与竞品的差异化优势。凭借这样一份用心的商业计划书，今日头条在 2013 年 9 月完成了 1000 万美元的 B 轮融资，原因是投资方认为今日头条发展方向清晰以及用户黏度高。

这份商业计划书可以在浏览器中输入网址 https://zhuanlan.zhihu.com/p/409365164 就能找到，可以作为信息技术类型的项目参考结构（如图 10-2 和图 10-3 所示）。

图 10-2　浏览器中输入网址

接下来我们对今日头条寻求 B 轮融资的商业计划书进行简要分析。这一份商业计划书主要分为封面、目录、市场分析、市场痛点、解决方案、项目介绍、项目优势、团队合作几个部分。

（1）第 1 页：封面。

封面上的标题是"最懂你的头条——基于社交挖掘和个性化推荐的新媒体"。这个标题一句话概括了产品的内容，也突出了项目定位。

图 10-3 获取结果

(2) 第 2 页：目录。

今日头条项目经历过天使轮和 A 轮融资，因此商业计划书在目录部分，没有用传统的表现方式，而是以突出投资亮点的形式展示吸引投资人的兴趣，如表 10-1 所示。

表 10-1 目录内容

序号	内 容	概 况
1	即将爆发的个性化数字媒体市场	市场分析、市场痛点
2	独创的个性化资讯发现引擎	解决方案
3	领先于世界同类产品的功能和技术	项目优势
4	行业领先的用户黏度和自然增长	市场前景
5	完善的多产品布局，覆盖移动终端和 PC 端	商业模式
6	具有丰富创业经验和技术功底的团队	团队介绍

(3) 第 3~4 页：市场分析、市场痛点——即将爆发的个性化数字媒体市场。

通过市场分析明确市场痛点，提出相应的解决方案。PPT 下方注明公司名称和网站，右上角标明 logo，注重细节。

第 3 页讲的是市场分析。DCCI 的《2011 中国移动互联网调查》数据显示，2010 年中国手机网民规模已达 3.6 亿，增速 54.4%，2012 年随着移动互联网规模的快速发展，越来越多的手机用户加入了移动互联网，预测 2015 年中国手机网民规模将达 8.7 亿，同比保持 10.9% 的稳步增长，移动媒体成为时代的主角。2011 年无线广告市场迎来了一场蜕变，中国移动互联网广告市场规模达 29.7 亿元，相比 2010 年增长 95.48%，预测 2015 年中国移动互联网广告市场规模将达 252.2 亿元，保持 54.9% 的高速增长。调研还发现，移动互联网用户在使用移动设备上网时，最主要的目的是浏览新闻资讯占 77.2%，使用即时通信软件占 71.0%，用户对移动搜索的需求也日益旺盛，可见泛阅读是移动互联网最主要的用户行为。而且泛阅读类应用已成为移动广告投放的重要媒介，其中电子阅读占比

25.1%,手机游戏占比23.4%。由此可见,移动互联网开启了崭新的个性化数字媒体市场。

在第4页中,通过对比分析过去与现在的市场状况,明确指出当前存在的市场痛点,并据此强调解决这些痛点对于满足用户需求的重要性。泛阅读市场面临多样化的丰富内容与移动时代的碎片化小屏幕阅读的矛盾,正经历变革。过去的泛阅读市场是通过编辑挑选的连续阅读,以浏览器、搜索引擎以及媒体转载的方式进行流动,主要以PC端为主。然而随着信息的爆炸式增长以及技术的变革,现在的泛阅读市场正在发生改变,网民需要个性化和社交化的碎片阅读,主要通过关注、推荐以及转发等方式流动,以移动终端为主。

(4) 第5~6页:解决方案——独创的个性化资讯发现引擎。

第5页说明解决方案,头条能够最好地满足更个性化、更便捷、更互动的阅读体验。这部分内容用图的形式展示信息来源、个性化咨询发现引擎、头条网页版及系列App三者的关系,并说明如何满足多用户的不同阅读兴趣需求,与第4页所指出的市场痛点相呼应,逻辑清晰。

第6页描述用户需求。头条是基于兴趣图谱的个性化数字媒体,与豆瓣、蘑菇街、新浪微博、腾讯微博、Qzone以及人人网等竞品进行对比分析,突出头条是面向兴趣,基于推荐,社交分析功能的热启动并紧密结合SNS(Social Network Site,即"社交网站")的产品。

(5) 第7~12页:项目优势。

已经知道相应的解决方案,接下来就是如何实施的问题了,下面分为了6部分进行介绍,内容简单丰富。

第7页介绍头条"简单丰富"的特点。无须订制、点选,启动该模块即可阅读最新最热的、丰富综合的个性化资讯内容。

第8页介绍"头条最懂你"模块。该模块对用户行为和社交进行分析,基于多种模型挖掘上万维度的兴趣特征,发现量身推送的头条。

第9页介绍高质量评论模块。该模块能提供高质量、丰富及时的评论互动,并根据社交关系和影响力及热门程度等属性进行排序。

第10页介绍兴趣社区模块。该模块能和SNS紧密结合,每日有十几万分享。同时为用户提供邀请、关注、动态、评论排序等功能建设自己的兴趣社区。

第11页介绍Web版本。Web版和移动版今日头条相结合,实现全平台覆盖。提供Web版本目录,用户可以通过任意设备随时访问今日头条。

第12页介绍资讯内容展示。与新浪微博、网易新闻以及Zaker等竞品进行对比分析,指出头条提供泛资讯内容,覆盖新闻、博客、影评、段子等,并通过个性化挖掘,精确推荐读者感兴趣内容。

(6) 第13~14页,市场前景——行业领先的用户黏度和自然增长。

第13页通过数据展示今日头条用户量高速增长的趋势,新用户数量和启动次数都呈现快速增长,有着高用户黏度和良好的用户口碑。

第14页说明头条上线5月后用户留存率和活跃度已达行业领先水平。使用"累计用户总数""日活跃用户逐月攀升""平均次周留存率约60%""8周后留存率约40%""日均启动次数/次使用时长"等图表来阐述,信息更直观有效。

(7) 第15~21页,项目优势——领先世界同类产品的功能和技术。

第15页介绍技术亮点,主要有4个技术亮点,分别是独创的数据处理和推荐技术底层框架、自然语言和多媒体信息处理、高维度用户兴趣建模以及高性能的实时大规模数据运算。

第16~21页通过图表、举例等方式详细说明技术亮点,如第17页介绍如何通过自然语言和多媒体信息聚合将多条日本地震信息进行分类去重。

(8) 第22~23页,团队介绍——具有丰富创业经验和技术功底的团队。

第22页介绍拥有丰富创业经验的团队。团队创始人及CEO张一鸣,南开大学软件工程专业毕业,具有丰富的创业与工作经历;黄河担任产品经理,北京工业大学毕业,拥有9年的工作经验;梁汝波研发经理,南开大学毕业,拥有8年工作经历;屠锋锋,北京大学、德州大学毕业,拥有11年工作经验。

第23页进一步介绍团队的优秀人才。陈琳、胡殿伟等人都毕业于中国名校且经验丰富。

(9) 第24~25页,发展规划。

第24页介绍业务发展规划,在未来主要在扩充信息类型和来源、深挖用户特征和升级推荐系统、强化社区互动以及国际化和商业化4方面进行努力。

第25页介绍未来商业化的考虑。商业化涵盖4点内容,分别是巨大的广告价值、强大的变现能力、数据精准丰富、数据输出,也就是我们通常说的盈利、核心优势和商业模式。

(10) 第26页,融资计划与用途。

第26页介绍融资计划与用途。本轮计划融资1250万美元,支持未来2年的发展。移动DAU(Daily Active User,日活跃用户数量)计划从2012年的150万增长到2014年的1500万,人员数量从2012年的38人增长到2014年的100人,主要引进技术开发人员以及商业和媒体经验人才,市场费用从2012年的25万美元增长到2014年的537.6万美元,预计2014年收入6000万美元。

整体而言,这份商业计划书,在内容上,没有明确说明商业模式、股权分配等,但是产品、优势、团队及未来场景始终吸引眼球;在形式上,精练创新。

10.3.2 Airbnb

1. 背景

Airbnb是AirBed and Breakfast(Air-b-n-b)的缩写,中文名为爱彼迎。AirBnB是一个让大众出租民宿的网站,提供短期出租或租赁房屋或房间的服务,让旅行者可以通过网站或手机寻找和预订世界各地的各种独特房源,为近年来共享经济的代表之一。Airbnb的创意来源于两个刚毕业的大学生布莱恩·切斯基(Brian Chesky)和乔·格比亚(Joe Gebbia),而后内森·布莱查奇克(Nathan Blecharcyk),Airbnb起初只是一个小Demo,与我们现在的大学生创业项目相似,因此值得借鉴。

2. 商业计划书解读

Airbnb最初的网站由一个主页、搜索版块、评论版块和支付系统构成,大部分版块在今天的爱彼迎网站上依然存在。网站上线后，三位创始人被引荐给 15 位天使投资人，但几乎没有投资人看好这个创业项目。当时媒体报道，硅谷的创业孵化器 Y Combinator 创始人保罗·格雷厄姆听了他们的简单介绍后，认为这是一个糟糕的点子，但在浏览商业计划书后，却提供了 2 万美元的启动资金，认为他们的计划书很有想象力。该商业计划书可以在浏览器中输入网址 https://zhuanlan.zhihu.com/p/565567909 就能找到（如图 10-4 和图 10-5 所示。

图 10-4　浏览器中输入网址

图 10-5　获取结果

凭借三位高智商创始人精心设计的商业计划书，Airbnb 成功获得美国头号创业孵化器 YC 的天使投资。Airbnb 公司 2008 年的商业计划书只有 14 页，融资需求为 50 万美金。2009 年 4 月，Airbnb 成功获得了由红杉资本领投的 60 万美元天使轮融资。凭借成功的天使轮投资，如今 Airbnb 发展成为 310 多亿美元市值的公司。接下来我们对 Airbnb 寻求天使轮融资的商业计划书进行简要分析。

（1）第 1 页：欢迎页——AirBed&Breakfast(充气床和早餐)。

第 1 页简单明了，利用关键字点出了产品的核心功能，没有多余的修饰元素，整份 PPT 采用简洁风，左上角标明页码。

（2）第 2~3 页：项目介绍。

第 2 页介绍要解决的痛点。作为寻求天使轮融资的公司，Airbnb 有必要开门见山地简单阐述当前市场和用户的痛点,即旅行者在线预订房间的时候非常关注价格,而且在酒店无法直接体验当地的文化风情,通过当地人直接预订房间、当地人向旅行者出租房间存在困难。

第3页明确解决方案,也就是描述产品的定位和优势。用图形展示 Airbnb 的核心优势,即利用 Airbnb 网站,用户可以把多余的房间租给旅客,房客省钱,房东赚钱,还能进行文化交流。

(3) 第4~5页:市场分析。

第4页对市场进行验证,采用重点数字突出法,即将相关竞品网站的数据展示出来,让投资者看到项目的可行性。例如 Couchsufing.com 平台已经有 66 万用户,Craigslist.com 平台也有 5 万用户,说明 Airbnb 未来有很大的发展空间。

第5页分析市场规模。利用数据可视化的方式,通过圆圈大小展示不同产品的市场规模,进行对比分析。全球旅行订房市场规模有 20 亿美元,在线订房市场有 5.6 亿美元,Airbnb 市场规模可达 8400 万美元。

(4) 第6页:产品展示。

展示产品的核心链路。用户可以按城市查找,浏览可出租房源,进行预订。从侧面体现 Airbnb 已上线的产品,让投资人更加有信心。

(5) 第7~8页:商业模式。

第7页采用流程图的方法展现 Airbnb 的商业模式。Airbnb 公司从每笔交易中收取 10% 的佣金,并做了市场规模的预算,如果拥有 8400 万美元的市场规模,平均每晚收费 25 美元,2011 年预计收入 210 亿美元,可以让投资人直观看到该产品的盈利能力。

第8页介绍多种推广方案。通过德国十月啤酒节、德国诺威博览会、欧洲杯等事件营销,寻求 Goloco、KAYAK 等合作伙伴进行推广,并在 Crigslist 同步发布房源等多方面营销推广。

(6) 第9~10页:项目优势。

第9页介绍竞品分析,通过与竞争对手进行对比分析,突出 Airbnb 产品的优势。与 Craigslis、rentobi.com、rentahome、Hostels.com 相关平台对比,突出 Airbnb 是一个在线交易平台,且价格亲民。

第10页介绍产品的竞争优势。通过直接列举法,吸引投资人的注意。根据房屋位置进行定位,房东在网上发布房源信息,租客可以在网站上按价格、位置、时间进行搜索查看房东信息,在线订购。

(7) 第11页:团队合作。

Airbnb 的核心团队分工明确,职能互补。团队三个创始人各司其职,Joe 负责用户体验及公关,Brian 负责商务,Nathan 负责开发。

(8) 第12页:用户反馈。

通过相关人物的体验反馈,验证前面的痛点得到了解决,解决方案带来了新的客户价值。

(9) 第13页:融资诉求和目标。

通过图形展示融资需求,Airbnb 计划融资 50 万美金,支持未来 12 个月的产品研发、市场费用、人力费用等,目标达成 8 万笔交易,累计收入 200 万美元。

整体来看,这是一份"简约而不简单"的商业计划书,能迅速打动投资人。这份商业计划书的版面设计,可能借鉴意义不大,但内容布局合理,逻辑合理流畅,值得借鉴。

10.4 学生实践案例分析

刚刚我们已经了解了科创经典案例,接下来我们进一步介绍部分学生的实践案例。

10.4.1 卓导——研招好帮手

本节我们以 2018 年大学生开发的卓导 App 为例介绍科创实践。该项目从产品构思到项目落地,开发一款基于研究生辅助招生平台的卓导 App,花费了很多时间和精力,但也获得了不错的成绩,该项目已申请软件著作权,并荣获"发现杯"大学生互联网软件设计大赛全国二等奖以及大学生服务外包创新创业大赛省一等奖等,核心团队成员获得了谷歌的资助并成功保研,可见双创实践对于学生创新创业思维的培养以及实践能力的提高具有重要作用。接下来我们对该项目的商业计划书进行介绍。

1. 创业项目定位

(1) 封面。

封面部分右下角和左上角写分别是学校和学院名称,表明该项目的研发背景,以"卓导"作为该项目的名称,破折号后面加上"研招好帮手",清晰体现该项目的定位,并附上项目网址 www.ProfGuider.com 以及项目的首页展示图,这些都是值得借鉴的(具体如图 10-6 所示)。

图 10-6 封面

(2) 市场痛点。

用 3 页 PPT 针对不同人群指出 3 个痛点,并用图片展示现状,清晰明了。近年来,研究生报名人数逐年上升,但是很多普通院校与非热门专业第一志愿上线人数少、招不满、已录取学生放弃等情况普遍存在;同时,学生也非常迷茫,往往由于目标不清晰,并且信息不对称的问题,学生无法对考研招生情况的信息做一个横向与纵向的比较,导致学生报考、调剂时感到迷茫；导师因为优质生源难寻或不适合的学生推不掉，而感到无奈。

（3）项目介绍。

"卓导"项目明确自己的用户为大学生、导师以及院校，针对三者设计核心功能，简洁明了，并附上了项目展示图。针对"夏令营交流，结识好导师"这个核心功能，进行详细介绍，表明产品可靠，有理有据。

基于市场痛点，该项目设计了一款研究生辅助招生平台，通过"研小助"智能咨询、个性化推荐导师、精准定制报告、导师用户信息画像等功能去引导和帮助学生报考、调剂（如图10-7~图10-10所示）。通过反馈学生兴趣点，使导师了解学生兴趣领域，进而根据学生兴趣领域向其推荐自身相关联的研究方向与研究内容，助力导师找到合适学生。

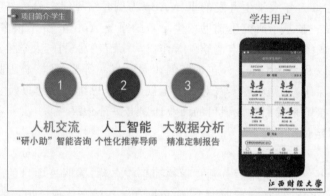

图10-7　项目简介·学生

图10-8　项目简介·导师

2. 商业模式探索

"卓导"项目的商业模式由两大核心部分构成：一是盈利模式，负责实现经济效益；二是市场推广策略，旨在扩大市场份额与品牌影响力。

（1）盈利模式。

"卓导"项目主要通过4方面进行盈利，分别是调剂服务费、信息分析费、代招生佣金以及推送广告（如图10-11所示）。针对不同的群体，有不同的盈利点，可以让公司生存并进一步发展。

图 10-9　项目简介·院校

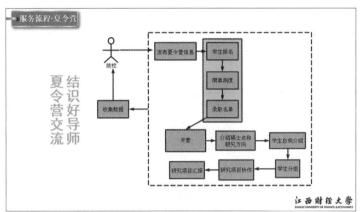

图 10-10　服务流程·夏令营

图 10-11　盈利模式

(2) 市场推广。

产品上线后需要通过营销推上市场。"卓导"项目从 5 方面对产品进行市场推广（如图 10-12 所示），通过相关服务提高 App 注册率，提供免费的服务获取用户相关数据，提供两个基础功能（考研经验分享会和网上夏令营），最后通过动态智能优化树立产品口碑。

图 10-12　市场推广

3. 公司股权分配

"卓导"项目的股权管理包含两部分,一是科学合理的股权结构设计,确保权益分配合理;二是盈利状况分析,用以评估投资回报与经营绩效。

（1）股权结构。

不同时期的股权结构也不同,"卓导"项目用饼图展示股权结构的变动情况,简单明了。风投占股从 2017 年的 10％增加到 2019 年的 24％,表明该项目获得了投资人的认可;核心团队占股从 2017 年的 37％降低到 2019 年的 31％。随着风投股份的增加,核心团队的股份有一定的降低,其他股份也有一定的变动,符合逻辑(如图 10-13 所示)。

彩图

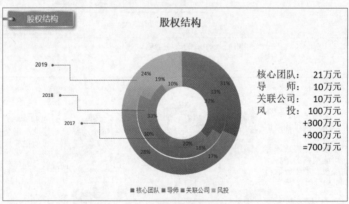

图 10-13　股权结构

（2）盈利情况。

用图表展示公司的盈利情况,并用相关算法对公司未来的财务进行预测,但是相关数据的单位没有标明。公司毛利从 2017 年的 -64.807 预计到 2021 年增加到 352.58,公司净资产从 2017 年的 66.193 预计到 2021 年增加到 1031.541,可见公司是能够盈利的,且利润稳步上升(如图 10-14 所示)。

10.4.2　心灵共振——治愈系公益项目

本节以 2020 年学生开发的"心灵共振"项目为例介绍科创实践。该项目从一个

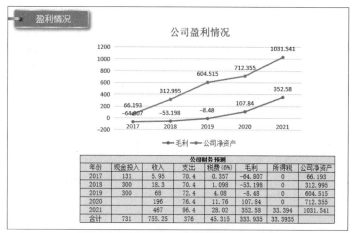

图 10-14　盈利结构

Demo 做到项目落地,从粗到优不断优化,以此为基础的论文获得江西财经大学优秀毕业论文的荣誉,并顺利保研。接下来我们解析该同学的商业计划书。

"心灵共振"项目的商业计划书借鉴了 Airbnb,格式简单,内容丰富。

1. 创业项目定位

(1) 痛点。

直接指出当前的市场痛点有三个,包括价格、效率以及依赖性(如图 10-15 所示)。

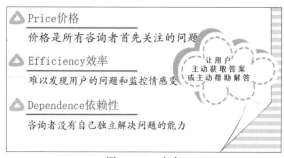

图 10-15　痛点

(2) 解决方案。

对于上述痛点提出相应的解决方案。构建心灵共振——基于知识图谱的智能情感服务平台(以下简称"心灵共振"),为患者提供一个开放的且基于理论扎实、经验丰富的咨询师维护的知识平台,帮助患者自我治愈。该平台能够为患者省钱,帮助提供服务的咨询师赚钱,并能够对用户进行智能分析,帮助用户实现自主治疗。

(3) 市场规模。

通过数据进行对比分析,预估"心灵共振"平台的市场规模。调研发现当前中国心理咨询市场有 406 亿,在线咨询占比约 40%,预计以在线市场为主的"心灵共振"平台占比约 10%。但是此处的市场规模,只写了数据,没有写数据的来源,缺乏依据,而且新产品预设的规模过大。

（4）竞争分析。

用表格的形式进行对比分析（如图 10-16 所示），明确自身产品的特色/优势，确保自身产品有一定的市场。通过与壹点灵、简单心理、松果倾诉等竞品的对比分析，突出心灵共振利用线上线下双向接触方式为高校学生、家长以及企业提供心理服务，该平台上案例齐全、收费低、拥有智能语言推荐系统以及个性化社区。

	心灵共振	壹点灵	简单心理	松果倾诉
定位	基于人工智能的情感服务平台，是一个利用人工智能技术帮助年轻人提高身心健康的智能化公益项目，利用线上线下双向梳理方式为用户提供心理服务	壹点灵是一个线上线下结合的心理服务平台，运用心理测试、心情电台、专家专栏、在线课程等多种形式的服务内容	连接需要心理帮助和提供心理帮助的人，打造国内最大的心理学平台	一家专注于打造，移动端即时交流服务平台的科技公司，是一个通过智慧共享模式，提供C2C付费倾诉服务的平台
目标用户	全国各大高校的在校大学生以及学生家长和企业	有职场压力、亲子教育夫妻矛盾、情感倾诉等方面的心理服务需求的泛心理亚健康人群	主要是大学生到工作5年左右的一线都市高压白领，需要倾诉心事或有轻度心理障碍的人群	有职场压力、亲子教育、夫妻矛盾、情感倾诉等方面的心理服务需求的泛心理亚健康人群
特色/优势	咨询收费低、可作为教学用具、个性化社区、智能语言推荐系统	即时倾诉、主题套餐	心理FM、线上公开课	即时倾诉、主题套餐

图 10-16　竞争分析

2. 商业模式探索

商业模式包括盈利分析和推广方案。

（1）盈利分析。

盈利点单一，需要考虑收费后的用户留存率以及机构使用"心灵共振"平台的意愿，盈利分析如图 10-17 所示。

（2）推广方案。

推广方案较为简单，应进一步考虑在受众群体的活跃场所进行推广，例如说通过活动、高校合作、公开推荐三个方式推广，具体如图 10-18 所示。

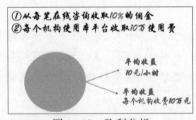

图 10-17　盈利分析

图 10-18　推广方案

3. 公司股权分配

这里介绍团队核心成员的分工以及股权占比。CEO 股权占比 51%，CFO（首席财务官）股权占比 15%，CTO（首席技术官）和 COO（首席运营官）股权都分别占比 10%，CMO（首席营销官）股权占比 5%。但是所给出的折线图不够规范，两个 10% 不在一条线上。

团队成员的介绍不够丰富,缺乏吸引力(如图10-19所示)。

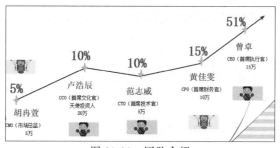

图10-19　团队介绍

10.4.3　股权分配虚拟仿真实验平台

本节我们以"股权分配虚拟仿真实验平台"为例介绍科创实践。这是一款公益性质的项目,项目从粗到优不断改进。首先,开发股权分配虚拟仿真实验平台,在此基础上撰写商业计划书;其次,参加中国国际"互联网+"大学生创新创业大赛,荣获省一等奖。目前项目还在进一步改进中,已经在筹备参加国赛。

1. 创业项目定位

创业项目定位包括市场调查和用户画像分析两部分。

(1) 市场调查。

市场调查部分只有单纯的文字性描述,可读性稍差,难以打动评委,应该考虑通过数据和图表等方式展现调查结果,具体如图10-20所示。

图10-20　市场调查

(2) 用户画像分析。

对于正在创业且需要学习股权分配知识的大学生进行用户画像分析,具体如图10-21所示。

2. 创新道路选择

创新道路选择包括产品创新点/类型分析、技术创新程度分析、盈利方式分析以及产品功能4部分。

图 10-21　用户画像分析

（1）产品创新点/类型分析。

分类写出产品的创新点，并对关键字进行特殊标注，突出重点，示例如图 10-22 所示。

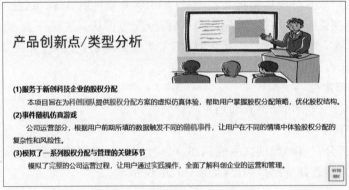

图 10-22　产品创新点/类型分析

（2）技术创新程度分析。

文字性描述过多，应该尽量简洁明了，而且技术方面多采用传统成熟技术，缺乏核心创新技术，具体如图 10-23 所示。

图 10-23　技术创新程度分析

(3) 盈利方式分析。

盈利方式有三种(如图 10-24 所示),主要以高校订阅为主,可以进一步考虑新的盈利方式,以确保项目能够存活。

盈利点	盈利方式	收费对象	收费方式	收费标准
订阅费	前期免费提供给高校使用,后期定期付费	高校	以年度为单位进行支付	20万/年
功能解锁	个人用户对于团队选择、随机事件、体验次数等功能进行额外解锁收费	个人用户	单个功能分别进行收费	10~50元/项
广告	广告商投放广告	广告商	以广告的播放量为标准	10元/100次

图 10-24 盈利方式分析

(4) 产品功能。

通过流程图对产品功能进行具体化描述,投资人对产品有哪些功能及特性一目了然,这是一种值得效仿的做法,具体设计示例如图 10-25 所示。

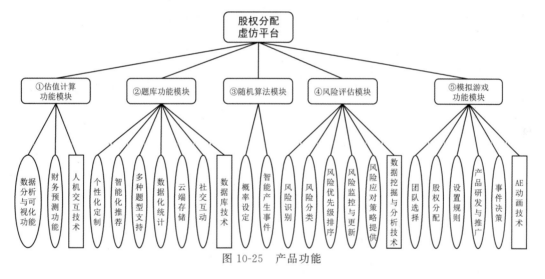

图 10-25 产品功能

3. 商业模式探索

对 MVP 进行探索与验证,并进行多次迭代。

股权分配虚拟仿真实验平台项目设计了 10 个 MVP,功能较为丰富,并进行了相关的探索与验证(如图 10-26 和图 10-27 所示)。但是对于"测试用户范围和数量"应该根据功能的不同以及用户留存率进行测试,而不是随意填写相关数据。并且对"用户增长引擎假设"理解错误,应该是付费式、黏着式以及病毒式增长引擎。

4. 公司股权分配

公司股权分配包括产品研发预算、中途股东退出及转让规则以及中途股东退出及公

MVP	痛点	解决方案	测试用户范围和数量	用户增长引擎假设	用户付费意愿	备注
MVP1	股权结构不合理	确定数据来源	对股权分配知识有需求的用户群：100人	月活跃用户达到1000人	15%用户愿意付费	自然语言处理、机器学习
MVP2	缺乏对股权分配相关知识的积累	开发题库	缺少知识积累的人：100人	月活跃用户达到1500人	20%用户愿意付费	数据库设计、前后端开发
MVP3	结果可重复性差	明确模型和参数设置的标准和方法	对股权分配知识有需求的用户群：100人	月活跃用户达到800人	10%用户愿意付费	岗位分类算法、爬虫
MVP4	实际情况无法精准评估	采用定性和定量相结合的方法	缺乏股权经验的人：100人	月活跃用户达到1000人	25%用户愿意付费	视频录制技术、面试题库
MVP5	可操作性不强	制定具体的实施方案	对股权分配知识有需求的用户群：100人	月活跃用户达到1000人	30%用户愿意付费	岗位分类算法、爬虫

图 10-26　MVP 迭代方案

MVP	痛点	解决方案	测试用户范围和数量	用户增长引擎假设	用户付费意愿	备注
MVP6	结果可重复性差	明确模型和参数设置的标准和方法	对股权分配知识有需求的用户群：100人	月活跃用户达到1000人	15%用户愿意付费	自然语言处理、机器学习
MVP7	数据收集和处理难度较大	确定数据来源	缺少知识积累的人：100人	月活跃用户达到1500人	20%用户愿意付费	机器学习、前后端开发
MVP8	公司所处环境复杂，无法精准评估	通过多种途径获取定量数据	对股权分配知识有需求的用户群：100人	月活跃用户达到800人	10%用户愿意付费	数据库设计
MVP9	公司所处环境的复杂，有被收购的可能	采用定性和定量相结合的方法	缺乏股权经验的人：100人	月活跃用户达到1000人	25%用户愿意付费	数据库设计
MVP10	可操作性不强	制定具体的实施方案	对股权分配知识有需求的用户群：100人	月活跃用户达到1000人	30%用户愿意付费	岗位分类算法、爬虫、自然语言处理、机器学习

图 10-27　MVP 迭代方案（续）

司设立后的股权融资与财务处理三部分。

（1）产品研发预算。

用表格的形式明确每个 MVP 所要开发的功能，并对研发金额和支出时间做了一定的估计（如图 10-28 所示）。但是预估金额的单位没有标明。

MVP	功能	预估金额	预估支出时间				
			时间（年）	第一年	第二年	第三年	...
MVP1	股权分配	12	1	12			
MVP2	团队选择	5	1	5			
MVP3	研发预算	3	1	3			
MVP4	规则设置	3	1	3			
MVP5	题库	15	3	10	3	2	
MVP6	股权异动	20	3	7	6	7	
MVP7	估值计算	4	1	4			
MVP8	风险评估	4	1	4			
MVP9	收购	6	1	6			
MVP10	模拟产品研发	18	2	13	5		

图 10-28　产品研发预算

(2) 中途股东退出及转让规则。

股权分配虚拟仿真实验平台项目对于股权分配考虑充分，对于股东中途退出及转让规则做了详细的规划，具有一定的法律保障（如图10-29所示）。

	股东退出处理事项	三年以内（初创期内）	三年后（初创期后）
股份转让方法	股权清零	是	否
	股权可以选择性清零	否	是
	股权转给CEO，由CEO代持股权，并入公司期权池	否	是
	股权可以自由转让给内部股东，只需要双方同意	否	是
	股权可以转给外部人员，但需要召开股东大会并超半数同意	否	是
资本处理方法	退股资金计算方法	(现金+银行存款−负债)×股东实际出资比	公司净资产×股东实际出资比×45%
	股权转让价格	不可以自由转让	出让方与受让方协商

图10-29 中途股东退出及转让规则

(3) 中途股东退出及公司设立后的股权融资与财务处理。

用表格的形式展示原始的股权结构、中途股东退出变更后的股权结构以及完成A轮融资后的股权结构（如图10-30所示）。原始股权结构中CEO占股53%且代持12%期权。中途COO退出公司后，所持有的5%股权转由CEO代持。完成A轮融资后，投资机构占股20%，其他核心股东的股权相应减少。

中途股东退出及公司设立后的股权融资与财务处理

原始股权结构表

岗位职务	股东姓名	实际出资/万元	注册资本/万元	股权
CEO	黎海红	10	65	65% (53%股权+代持12%期权)
天使投资人	刘骏	70	10	10%
CFO	周语晗	8	8	8%
COO	周智慧	5	5	5%
CTO	范云情	7	12	12%
合计		100	100	100%

中途股东退出变更后的股权结构表

岗位职务	股东姓名	实际出资/万元	注册资本/万元	股权
CEO	黎海红	10	70	70% (53%股权+代持17%期权)
天使投资人	刘骏	70	10	10%
CFO	周语晗	8	8	8%
CTO	范云情	7	12	12%
合计		95	100	100%

完成A轮融资后的股权结构表

岗位职务	股东姓名	实际出资/万元	注册资本/万元	股权
CEO	黎海红	10	65	52% (42.4%股权+代持9.6%期权)
天使投资人	刘骏	70	10	8%
CFO	周语晗	8	8	6.4%
COO	周智慧	5	5	4%
CTO	范云情	7	12	9.6%
天使投资人	未来新星	2000	25	20%
合计		2100	125	100%

图10-30 中途股东退出及公司设立后的股权融资与财务处理

10.4.4 小行星——环绕你，拥抱你

本节我们以"小行星——环绕你，拥抱你"项目为例介绍科创实践。

1. 创业项目定位

（1）产品构思。

用热搜榜上的数据进行说明，当代年轻人心理压力大，考前 24 小时通宵复习，凌晨四点在宿舍做饭等。并进一步描述产品主要提供的服务，以及初步的调研结果，还附上该产品的 logo，产品构思如图 10-31 和图 10-32 所示。

图 10-31　产品构思

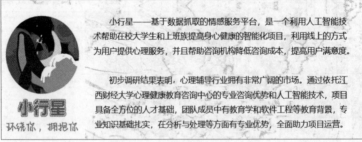

图 10-32　产品构思

（2）用户定位。

直接指出"小行星"项目的用户定位，即 18～26 岁有压力的追星族，如图 10-33 所示。

（3）竞品调研。

对热门的两款产品"松果倾诉""简单心理"进行调研，松果倾诉专注于 C2C（Consumer to Consumer，指个人与个人之间的消费活动）付费倾诉服务，简单心理是国内的华语心理咨

图 10-33　用户定位

询平台。该项目没有突出自身的优势及特殊性，调研不够完善（如图 10-34 所示）。

图 10-34　竞品调研

（4）新功能定位。

描述"小行星"项目的新功能，主要有偶像角色和长期心灵陪伴。新功能确定了，但较为简单，容易被模仿，具体如图 10-35 所示。

图 10-35　新功能定位

2. 创新道路选择

（1）产品功能点或类型判断。

依据项目创新点，预估产品研发所需技术及技术类型。项目为小行星 App，子项目是心灵陪伴，主要通过自然语言处理和语音合成技术完成，技术创新类型包括集成式和改进式创新（如图 10-36 所示）。

（2）技术创新程度分析。

运用表格的形式对"小行星"项目的技术创新程度进行分析（如图 10-37 所示）。语音

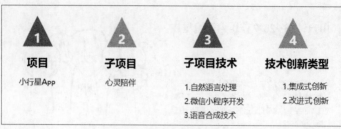

图 10-36　产品新的点或类型判断

合成技术和微信小程序开发属于改进式创新,自然语言处理属于集成式创新。

创新点	创新类型	原理	技术	价格成本
语音合成	改进创新	线性预测模型	LPC技术	20万元
自然语言处理	集成创新	LSTM模型 Word2Vec工具	循环神经网络	15万元
微信小程序开发	改进创新	小程序开发语言	wxml、wxss、javascript java 云开发	10万元

图 10-37　技术创新程度分析

(3) 客户为创新付费分析。

通过表格的形式与相关竞品"壹心理""简单心理""心理FM""松果倾诉"进行对比分析,突出"小行星"的特色。与其他4个产品相比,"小行星"有个性化社区并能专门针对年轻群体进行心理咨询(如图10-38所示)。

App名称	小行星	壹心理	简单心理	心理FM	松果倾诉
功能	咨询收费低、个性化社区、智能语言推荐系统	心理FM、线上公开课	线上公开课、热线咨询	心理FM、即时倾诉	即时倾诉、主题套餐
优势	个性化、针对性、专业性	助人自助、心理日报	专业性很强、业务理解到位	完整的播单、自行选择不同情感电台	保护隐私、界面干净
劣势	一些功能需要续费	收费较贵、页面信息量过重、即时倾诉板块导师过少	主页内容复杂、关键词跳转类型不对、图片加载较慢	功能单一、唯一的倾诉项目需要付费	咨询师不专业、咨询师信息不直观

图 10-38　客户为创新付费分析

(4) 创新链条推进顺序设计。

首先完成语音合成中 LPC 技术的研发,随后将着手构建自然语言处理的 LSTM 模型,并整合 Word2Vec 工具,其中微信小程序的界面开发与上述工作同步进行。语音合成和自然语言处理功能实现后由微信小程序调用相应功能,实现完整的"小行星"小程序(整体设计如图 10-39 所示）。

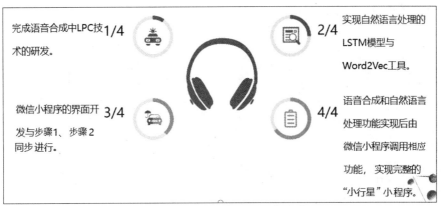

图 10-39 创新链条推进顺序设计

3. 商业模式探索

（1）增长假设。

“小行星”项目的增长假设主要有付费式增长和病毒式增长，如图 10-40 所示。对于新产品来说，病毒式增长一般是难以实现的，应多考虑现实问题，不要盲目预设。

●病毒式：第一批使用的用户假若能够成功邀请新用户，则赠送 App 会员或者现金奖励，以达到让用户来推广 App 的作用。

●付费式：在一些主要消费群体比较常用的 App 或网站投放广告，如微博、抖音、小红书及类似平台。

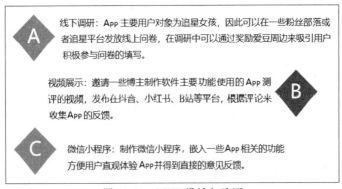

图 10-40 增长假设

（2）MVP 设计与验证。

通过线下调研、视频展示以及微信小程序等方式收集用户的意见，有理有据，值得学习（如图 10-41 所示）。

图 10-41 MVP 设计与验证

（3）MVP 迭代计划。

通过表格方式具体化展示 MVP 迭代版本，每个阶段用不同的方案解决不同的痛点，并进行测试和验证，了解用户的付费意愿。从图 10-42 和图 10-43 中的 MVP 迭代计划可以看出该团队准备工作充分。

MVP测试顺序	痛点	解决方案	测试用户范围和数量	用户增长引擎假设	用户的付费意愿假设	开发所需设备	时间（月）	工作量（人/月）	用户推广费用（元/人）	团队（经验、背景、已有条件）	创新技术难度/实现难度（1~10）	样例图	备注
MVP1	基础功能不完善，用户体验差	增加更多语音选项和智能对话系统	1000人	社交媒体	免费	普通笔记本电脑、服务器	2	4	10	两名后端工程师、两名前端工程师、一名UI设计师	6	/	调研用户反馈，收集产品需求
MVP2	语音合成质量不高，用户体验欠佳	采用端到端语音合成技术，提高语音自然度	2000人	搜索引擎广告	免费	服务器、CUP	2	3	15	两名后端工程师、一名深度学习工程师	8	/	优化算法提高语音合成质量
MVP3	用户需求增加，基础功能无法满足	增加更多社交功能和偶像选择	5000人	口碑营销	免费	服务器、数据库、搜索引擎、阿里云等	4	6	20	两名前端工程师、两名后端工程师、一名UI设计师、一名产品经理	7	/	依据用户反馈迭代产品
MVP4	日常合成语音，难以满足用户需求	退出特色语音包或语音书	10000人	内容广告平台	付费（6元/人）	服务器…	2	4	50	两名前端工程师、两名后端工程师、一名UI设计师、一名产品经理、市场策划师	5	/	增加用户黏性和收益
MVP5	部分用户希望体验更多产品功能	退出VIP功能服务，提供更高品质、更多的语音服务	2000人	内容广告平台	付费（30元/月）	服务器	2	4	40	三名开发人员、一名产品经理、市场策划师	6	/	增加用户黏性和扩大收益

图 10-42　MVP 迭代计划

MVP测试顺序	痛点	解决方案	测试用户范围和数量	用户增长引擎假设	用户的付费意愿假设	开发所需设备	时间（月）	工作量（人/月）	用户推广费用（元/人）	团队（经验、背景、已有条件）	创新技术难度/实现难度（1~10）	样例图	备注
MVP6	用户希望为偶像提升知名度	增加活跃机制，吸引用户	1000人	各大视频网站推广	免费	服务器、数据库等	2	4	18	两名开发人员	5	/	提升用户活跃度
MVP7	少量用户需求个性化服务	推出一对一定制服务	300人	各大自媒体等	付费（98元/次）	服务器、数据库等	3	6	45	三名开发人员、一名产品经理	6	/	提供更精准的个性化服务
MVP8	部分长期用户有相互交流沟通的功能需求	面向老用户推出社区发帖功能	1000人	微博话题营销	免费	服务器、数据库等	2	3	15	两名开发人员	6	/	增加用户黏度
MVP9	语音形式单一，无法满足其他语言用户需求	增加多语言模块服务	2000人	微博话题营销	付费（10元/月）	自然语言处理、机器学习	2	3	20	三名开发人员	6	/	扩大产品影响力
MVP10	用户有周边产品购买需求	推出线上商城，与明星进行合作推出周边产品进行限量售卖	1000人	内容平台广告	付费	服务器、数据库、搜索隐形服务等	4	6	30	两名开发人员	7	/	根据用户反馈更新功能

图 10-43　MVP 迭代计划（续）

4. 公司股权分配

公司预算资金有 100 万元，创始团队共 6 人，首先对资金进行规划，其次对核心成员分配股权，最后制定股东退出机制和股权转让规则。从图 10-44、图 10-45 和图 10-46 中的示例预算规划可以看出该项目在股权分配方面做得较为完善。

第 10 章 "从 0 到 1"双创实践导航

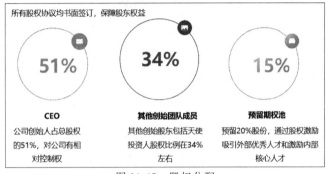

图 10-44　预算规划

图 10-45　股权分配

图 10-46　股权退出机制与转让规则

10.4.5　火堆：一站式"二战"助手

本节我们以"火堆：一站式'二战'助手"（以下简称"火堆"）为例介绍科创实践。

1. 创业项目定位

（1）市场分析。

通过竞品分析可以了解当前相关产品的优缺点，找到自己的用户，有理有据，如图 10-47 所示。例如，当前的招聘平台，其招聘信息杂乱而且针对性不强；交流平台广告多；心理咨询平台针对考试失利的咨询较少。

（2）用户画像。

明确"火堆"项目的定位，分析用户画像，具体如图 10-48 所示。主要以应届或刚毕业

211

一两年考研、考公失利的考生为用户,这类人群大多希望找到一份简单轻松的工作作为过渡,找到志同道合的同伴以及心烦意乱时能排忧解难的地方。

图 10-47　市场分析

图 10-48　用户画像分析

(3) 项目介绍。

"火堆"项目主要做三个事情,分别是提供官方招聘信息、社区交流和心理辅导,主要内容如图 10-49 所示。

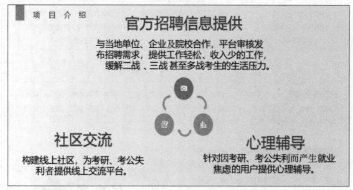

图 10-49　主要内容

(4) 功能展示。

用表格的形式厘清具体模块的子模块以及所有解决的问题,但是仍不够详细,功能展示如图 10-50 所示。

产品功能模块	产品功能子模块	痛点/痒点/爽点
招聘平台	发布招聘信息	单位/企业需要招聘
	线上投递简历	"二战"考生需要工作
	线上沟通	招聘应聘缺乏公正沟通渠道
线上社区	发布帖子	缺乏讨论话题
	收藏、评论、转发	讨论话题
	"二战"历程记录	缺乏支持"二战"规划
心理辅导	心理帖分享	缺乏了解心理焦虑等困扰的途径
	心理辅导	考研/考公/找工作压力过大心理问题待解答
	"战友"匹配	缺乏交流
	匿名聊天室	缺乏交流

图 10-50　功能展示

2. 创新道路选择

这里的创新主要指技术创新（如图 10-51 所示），对于大学生来说有些功能暂时没有能力研发的时候，可以考虑外包技术。

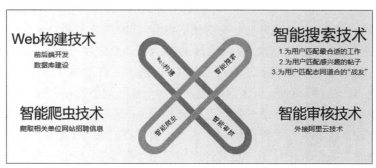

图 10-51　技术创新

3. 商业模式探索

对 MVP 进行探索与验证，并进行多次迭代。

"火堆"项目主要有 7 个 MVP，较为丰富，如图 10-52 所示。对每个 MVP 所对应的功能进行假设和验证，但是数据来源缺乏依据，需要进一步改进，并且用一年的时间使项目能够达到病毒式增长或许有些困难，应进行合理的假设与验证。

MVP	MVP功能模块	增长引擎	成本/元	推广人数	难度	时间规划	
MVP1	招聘平台	付费	20w	2k	8	3	
MVP2	线上社区	黏着	5w	5k	2	1	
MVP3	"二战"历程记录	黏着	5w	1k	2	2	12个月
MVP4	心理帖平台	付费	5w	1k	1	1	
MVP5	线上一对一心理咨询	付费	20w	2k	5	2	
MVP6	"战友"匹配互助	病毒	10w	5k	1	2	
MVP7	匿名聊天室	病毒	5w	5k	4	1	

图 10-52　MVP 设计

4. 公司股权分配

该项目公司股权主要对创始人 CEO、CTO、CFO、COO 及投资人进行分配，分配策略简单，不够详细，如图 10-53 所示。

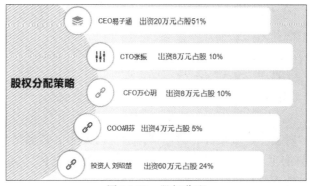

图 10-53　股权分配

10.5 本章小结

本章对"从0到1"的双创实践进行了总体介绍,明确其以科创为导向的实践模式,涵盖思维训练、项目打磨、产品研发及竞赛实战等内容,同时阐述了项目实践的概况,包括学生组队、选题来源、公司运营要求等,为后续的实践活动奠定了基础。接着,详细阐述了"从0到1"双创实践的类型,包括已有产品改进、科创产品研发和双创竞赛实战。已有产品改进需对现有产品深入剖析,开发新功能并撰写商业计划书;科创产品研发有其特定流程,从需求分析到技术创新、产品开发及商业计划撰写;双创竞赛实战则涉及多种竞赛类型,在选题、赛前准备和参赛过程中均有诸多要点需注意。最后,通过科创计划案例和学生实践案例进行深入分析。科创计划案例展示了字节跳动和Airbnb在创业初期商业计划书的特点与优势,为学生提供了成熟的商业计划书范例。学生实践案例则呈现了学生在双创实践中的成果与不足,从实际案例中汲取经验教训,从而更好地理解和应用"从0到1"双创实践的知识与技能,提升自身的创新创业能力。

课后习题

1. 多选题

(1) 什么是"从0到1"的双创实践?(　　)
  A. 创业项目定位　　　　　　　　B. 创新道路选择
  C. 商业模式探索　　　　　　　　D. 公司股权分配

(2) 以本章"卓导——研招好帮手"为例,分析项目定位涉及哪些步骤。(　　)
  A. 产品构思　　　　　　　　　　B. 用户定位
  C. 竞品调研　　　　　　　　　　D. 可行性分析

(3) 以本章"心灵共振"为例,该项目的研发流程有哪些?(　　)
  A. 需求分析　　　　　　　　　　B. 明确产品所解决的问题
  C. 业务分析　　　　　　　　　　D. 系统设计

(4) 2013年,今日头条的商业计划书主要包含了哪些内容?(　　)
  A. 新的市场　　　B. 独特技术　　　C. 产品布局　　　D. 团队

(5) 2008年,AirBnb商业计划书主要包含了哪些内容?(　　)
  A. 产品功能、所解决的痛点及方案
  B. 市场验证及规模
  C. 盈利模式、推广方案
  D. 竞争对手分析及自身优势

2. 判断题

(1) "从0到1"双创实践偏重具有原创精神的科创人才培养需求。(　　)

(2) 科创计划打磨主要分为4方面内容:一是创业项目定位,二是创新道路选择,三是商业模式探索,四是公司股权分配。(　　)

（3）科创企业需要在一系列研发中做出大量妥协，以开发出有望持续发展的产品原型。此后不需要在产品原型上进行完善与迭代。（　　）

（4）以本章"小行星——环绕你，拥抱你"项目为例，该项目创新类型仅包含改进式创新。（　　）

（5）以本章"火堆：一站式'二战'助手"为例，该项目没有进行商业模式探索。（　　）

第11章

创新创业竞赛导航

11.1 代表性创新创业竞赛项目

全国普通高校学科竞赛排行榜,即全国普通高校学科竞赛评估结果榜单,是中国高校创新人才培养暨学科竞赛成果的排行榜,由中国高等教育学会"高校竞赛评估与管理体系"专家工作组研究发布,为高校提高人才培养质量提供服务性参考信息,是检验高校创新人才培养质量的重要标准之一。

2023年3月22日,中国高等教育学会高校竞赛评估与管理体系研究专家工作组发布《2022年全国普通高校大学生竞赛分析报告》。该报告给出了最新全国普通高校大学生竞赛目录,共有84项学科竞赛上榜,其中16项为创新创业类竞赛。2023年全国普通高校大学生创新创业类竞赛榜单内竞赛项目名单如表11-1所示。

表11-1 2023年全国普通高校大学生创新创业类竞赛榜单内竞赛项目名单

序号	竞赛名称	主办单位	面向组织	面向对象	赛事网站	竞赛时间
1	中国国际"互联网+"大学生创新创业大赛	教育部等部委	允许跨校	本科生、研究生	https://cy.ncss.cn/	赛事报名4—7月;高校、省赛6—8月;总决赛10月
2	"挑战杯"全国大学生课外学术科技作品竞赛	共青团中央、中国科协、教育部、全国学联	允许跨校	专科生、本科生、研究生	https://www.tiaozhanbei.net/	初赛时间每年5—6月;决赛时间每年6—7月
3	"挑战杯"中国大学生创业计划大赛	共青团中央、中国科协、教育部、全国学联	允许跨校	专科生、本科生	https://www.tiaozhanbei.net/	初赛时间每年5—6月;决赛时间每年6—7月
4	全国大学生机械创新设计大赛	全国大学生机械创新设计大赛组委会	不允许跨校	专科生、本科生	http://umic.ckcest.cn/	该项竞赛每两年举办一次(偶数年);自治区赛7月;国赛时间8月
5	全国大学生电子商务"创新、创意及创业"挑战赛	教育部高校电商类专业教学指导委	允许跨校	专科生、本科生、研究生	http://www.3chuang.net/	校赛每年3—4月;省赛每年4—6月;全国总决赛每年7月

续表

序号	竞赛名称	主办单位	面向组织	面向对象	赛事网站	竞赛时间
6	中国大学生工程实践与创新能力大赛	教育部高教司	不允许跨校	本科生	http://www.gcxl.edu.cn/new/index.html	校赛时间每年10—12月;区赛时间次年3—4月;国赛时间次年5—6月
7	全国三维数字化创新设计大赛	国家制造业信息化培训中心、光华设计发展基金会、全国三维数字化技术推广服务与教育培训联盟	允许跨校	专科生、本科生、研究生	https://3dds.3ddl.net/	初赛4—7月;省赛9—10月;全国总决赛11—12月
8	中国大学生服务外包创新创业大赛	教育部、商务部、无锡市人民政府	允许跨校	专科生、本科生、研究生	http://www.fwwb.org.cn/	初赛每年4月;区域赛每年5月中下旬;全国赛决赛及颁奖每年7月下旬
9	中国大学生计算机设计大赛	教育部高校计算机相关教指委或独立或联合主办	不允许跨校	本科生	http://jsjds.blcu.edu.cn/index.htm	区赛每年6月;国赛每年7—8月
10	蓝桥杯全国软件和信息技术专业人才大赛	中华人民共和国工业和信息化部人才交流中心		专科生、本科生、研究生	https://dasai.lanqiao.cn/	报名时间10—12月;省赛时间次年4月;国赛时间次年5—6月
11	全国大学生集成电路创新创业大赛	工业和信息化部人才交流中心	允许跨校	本科生、研究生	http://univ.ciciec.com/	参赛报名3月;分赛区决赛7月;全国赛总决赛8月
12	中国大学生机械工程创新创意大赛	中国机械工程学会	不允许跨校	专科生、本科生、研究生	http://www.chinafoundry.org/	决赛初评每年4月;决赛终评每年6月
13	全国大学生生命科学竞赛（CULSC）	国家级实验教学示范中心联席会物理学科组全国高等学校实验物理教学研究会等	不允许跨校	专科生、本科生	http://www.culsc.cn/# /	校赛区赛时间每年3—8月;国赛时间每年9月
14	"学创杯"全国大学生创业综合模拟大赛	高等学校国家级实验教学示范中心联席会、中国陶行知研究会	不允许跨校	本科生	http://www.bster.cn/cyds/index	报名时间3—5月;省赛选拔5—10月;国赛时间10月
15	iCAN大学生创新创业大赛	北京大学,全球华人微纳米分子系统学会,市人民政府,中国科学技术馆	允许跨校	专科生、本科生、研究生	http://www.g-ican.com/home/index	每年4月初报名

续表

序号	竞赛名称	主办单位	面向组织	面向对象	赛事网站	竞赛时间
16	全国高等院校数智化企业经营沙盘大赛	中国商业联合会	不允许跨校	本科生、研究生	http://spbk.seentao.com/	每年4月

近年来，越来越多的高校重视创新创业竞赛，将其纳入学生评优评先中，引导学生积极参加竞赛。学生通过积极参加双创竞赛获得好成绩的能够保研成功，也可以自主创业增加就业岗位，以缓解社会的就业压力。

11.2 创新创业三大国家级竞赛

在全国普通高校大学生竞赛榜名单中，影响力最大、规格最高、覆盖面最广的赛事无疑是中国"互联网＋"大学生创新创业大赛、"挑战杯"全国大学生课外学术科技作品竞赛、"挑战杯"中国大学生创业计划大赛三大赛事。

11.2.1 中国国际大学生创新大赛

1. 大赛简介

中国国际"互联网＋"大学生创新创业大赛（后改称中国国际大学生创新大赛），是由教育部和有关部委共同主办的，是"总书记亲自回信，总理亲自倡议，副总理每年出席"的全国最高规格的学科竞赛，为学校的"双一流"建设、学科评估和学位点评估提供了有力的支撑。中国国际大学生创新大赛一般于每年4月至10月举办。第一届于2015年由吉林大学承办，截至2024年已连续举办10届。第六届改名为中国国际"互联网＋"大学生创新创业大赛。自2023年起更名为中国国际大学生创新大赛。

中国国际大学生创新大赛累计有943万个团队、3983万名大学生参赛。现在，中国国际大学生创新大赛已经成为我国深化创新创业教育改革的重要平台，为许多有理想、有本领、有担当的青年插上创新创业的翅膀。

2. 参赛对象

不同赛道的参赛对象有所不同，其主要赛道为高教主赛道和青年红色筑梦之旅赛道，下面以"第九届中国国际'互联网＋'大学生创新创业大赛"为例进行介绍。

大赛有5个赛道：高教主赛道（针对本科及以上学生）、"青年红色筑梦之旅"赛道（简称"红旅"赛道）、职教赛道（针对职业院校、国家开放大学学生）、产业命题赛道、萌芽赛道（针对普通高等中学在校学生）。每个赛道下又细分不同组别，一个项目只能报名参加一个赛道的一个组别。

第八届中国国际"互联网＋"大学生创新创业大赛已取消师生共创组，增设本科生初创组和成长组。

3. 比赛日程

大赛主要采用校级初赛、省级复赛、总决赛三级赛制（不含萌芽赛道以及国际参赛项目)。一般于5—7月报名,6—8月进行高校初赛以及省级复赛,9—10月进行总决赛。

5—7月为比赛报名阶段。首先要组建团队,然后确定选题,根据选题撰写相应的商业计划书和路演PPT,此时应具备项目雏形,能够简单说明项目创新性和商业性。

6—8月为高校初赛阶段。此时应进一步完善商业计划书和路演PPT,开始路演打磨,团队分工应明确,各司其职。

6—8月为省级复赛阶段。网评阶段提交更丰富详细的商业计划书和PPT,此时要展现项目的创新性和商业性,材料内容与形式应让人眼前一亮。进入省级决赛的团队在路演中要充分体现项目的竞争性,以吸引专家的注意。

9—10月为总决赛阶段。要根据网评阶段专家意见进一步完善商业计划书和PPT,进行路演、答辩打磨等。进入总决赛的团队,在答辩过程中应将抽象的项目具体化,挖掘项目特色,让人眼前一亮。

4. 定位

大赛定位是以赛促学,以赛促教,以赛促创。

以赛促学,培养创新创业生力军。大赛旨在激发学生的创造力,激励广大青年扎根中国大地了解国情民情,锤炼意志品质,开拓国际视野,在创新创业中增长智慧才干,把激昂的青春梦融入伟大的中国梦,努力成长为德才兼备的有为人才。

以赛促教,探索素质教育新途径。把大赛作为深化创新创业教育改革的重要抓手,引导各类学校主动服务国家战略和区域发展,深化人才培养综合改革,全面推进素质教育,切实提高学生的创新精神、创业意识和创新创业能力。推动人才培养范式深刻变革,形成新的人才质量观和教学质量观。

以赛促创,搭建成果转化新平台。推动赛事成果转化和产学研用紧密结合,促进"互联网+"新业态形成和服务经济高质量发展,努力形成高校毕业生更高质量创业就业的新局面。

5. 类型

对于大学生来说,中国国际"互联网+"大学生创新创业大赛主要赛道为高教主赛道和青年红色筑梦之旅赛道,接下来介绍这两个赛道。

(1) 高教主赛道。

① 新工科类项目:大数据、云计算、人工智能、区块链、虚拟现实、智能制造、网络空间安全、机器人工程、工业自动化、新材料等领域,符合新工科建设理念和要求的项目。

② 新医科类项目:现代医疗技术、智能医疗设备、新药研发、健康康养、食药保健、智能医学、生物技术、生物材料等领域,符合新医科建设理念和要求的项目。

③ 新农科类项目:现代种业、智慧农业、智能农机装备、农业大数据、食品营养、休闲农业、森林康养、生态修复、农业碳汇等领域,符合新农科建设理念和要求的项目。

④ 新文科类项目:文化教育、数字经济、金融科技、财经、法务、融媒体、翻译、旅游休闲、动漫、文创设计与开发、电子商务、物流、体育、非物质文化遗产保护、社会工作、家政服务、养老服务等领域,符合新文科建设理念和要求的项目。

参赛项目团队应认真了解和把握"四新"发展要求,结合以上分类及项目实际,合理选择参赛项目类别。参赛项目不只限于"互联网+"项目,鼓励各类创新创业项目参赛,根据

"四新"建设内涵和产业发展方向选择相应类别。

(2) 青年红色筑梦之旅。

① 公益组：参赛项目不以营利为目的，积极弘扬公益精神，在公益服务领域具有较好的创意、产品或服务模式的创业计划和实践。

② 创意组：参赛项目基于专业和学科背景或相关资源，解决农业农村和城乡社区发展面临的主要问题，助力乡村振兴和社区治理，推动经济价值和社会价值的共同发展。

③ 创业组：参赛项目以商业手段解决农业农村和城乡社区发展面临的主要问题、助力乡村振兴和社区治理，实现经济价值和社会价值的共同发展，推动共同富裕。

11.2.2 "挑战杯"全国大学生课外学术科技作品竞赛

1. 大赛简介

"挑战杯"全国大学生课外学术科技作品竞赛，也称"大挑"，是由共青团中央、中国科协、教育部、全国学联和地方政府共同主办，由国内著名大学、新闻媒体联合发起的一项具有导向性、示范性和群众性的全国竞赛活动。自1989年首届竞赛举办以来，在促进青年创新人才成长、深化高校素质教育、推动经济社会发展等方面发挥了积极作用，在广大高校乃至社会上产生了广泛而良好的影响，被誉为当代大学生科技创新的奥林匹克盛会。

"挑战杯"历经10届，从最初的19所高校发起，发展到1000多所高校参与；从300多人的小擂台发展到200多万大学生的竞技场，"挑战杯"竞赛在广大青年学生中的影响力和号召力显著增强，形成了国家、省、高校三级赛制。广大高校以"挑战杯"竞赛为龙头，不断丰富活动内容，拓展工作载体，把创新教育纳入教育规划，使"挑战杯"竞赛成为大学生参与科技创新活动的重要平台，引导和激励高校学生实事求是、刻苦钻研、勇于创新、多出成果、提高素质，培养学生创新精神和实践能力，并在此基础上促进高校学生课外学术科技活动的蓬勃开展，发现和培养一批在学术科技上有作为、有潜力的优秀人才。

2. 参赛对象

凡在举办竞赛终审决赛的当年7月1日以前正式注册的全日制非成人教育的各类高等院校在校中国籍专科生、本科生、硕士研究生和博士研究生（均不含在职研究生）都可申报作品参赛。

3. 比赛日程

一般在2月启动比赛，3月举办校级比赛，4—5月举办省级比赛，6月进行国赛申报，7月进行国赛初评，8月进行国赛复评，11月举办全国决赛。一般来说，先有作品再参赛是较佳的选择，比赛之前确定选题，期间合作撰写论文或者调研报告。

4. 定位

引导和激励高校学生实事求是、刻苦钻研、勇于创新、多出成果、提高素质，培养学生创新精神和实践能力，并在此基础上促进高校学生课外学术科技活动的蓬勃开展，发现和培养一批在学术研究上有作为、有潜力的优秀人才。鼓励学以致用，推动产学研融合互促，紧密围绕创新驱动发展战略，服务国家政治、经济、文化、社会、生态文明建设。

5. 类型

(1) 自然科学类学术论文：作者仅限本专科生；作品类别包括机械、仪器仪表、自动化控制、工程、交通、建筑、计算机、电信、通信、电子、数学、物理、地球与空间科学、生物、农学、药学、医学、健康、卫生、食品、能源、材料、石油、化学、化工、生态、环保等方面的作品；侧重考核基础学科学术探索的前沿性、学术性和实用性。

（2）哲学社会科学类社会调查报告和学术论文：限定在哲学、经济、社会、法律、教育、管理等 6 个学科内；侧重考核与经济社会发展热点、难点问题的结合程度和前瞻意义。

（3）科技发明制作：为 A、B 两类，侧重考核作品的应用价值和转化前景，A 类指科技含量较高、制作投入较大的作品；B 类指投入较少，且为生产技术或社会生活带来便利的小发明、小制作等。

参赛作品必须由两名具有高级专业技术职称的指导教师（或教研组）推荐，经本校学籍管理、教务、科研管理部门审核确认。

11.2.3 "挑战杯"中国大学生创业计划大赛

1. 大赛简介

"挑战杯"中国大学生创业计划竞赛，也称"小挑"，由共青团中央联合有关单位发起，自 1999 年举办以来，已经成为国内大学生最关注的全国性创业赛事之一。

2013 年 11 月，在全球创业周中国站中，习近平总书记要求发挥青年学生在创新创业中的重要作用，全社会都应重视和支持青年创新创业。共青团中央等机构决定，在原有"挑战杯"中国大学生创业计划竞赛的基础上，自 2014 年起共同组织开展"创青春"全国大学生创业大赛，作为"创青春"中国青年创新创业大赛的大学生组别，每两年举办一次。因此从 2014 年开始"小挑"就是"创青春"，两者合二为一。"创青春"全国大学生创业大赛，每两年举办一届，它与中国"互联网+"大学生创新创业大赛是齐名的，二者都是全国规格最高的大学生创新创业大赛。

2020 年，第十二届"挑战杯"中国大学生创业计划竞赛，不再作为"创青春"中国青年创新创业大赛大学生组举办。

20 多年来，大赛规模从 120 余所学校、近 400 件作品发展到全国 2700 余所学校、近 20 万件作品参赛，大赛始终致力于引导学生了解国情社情、提升学生社会化能力、服务学生就业创业。

2. 参赛对象

① 普通高校学生：在举办竞赛决赛的当年 6 月 1 日以前正式注册的全日制非成人教育的各类普通高等学校在校专科生、本科生、硕士研究生（不含在职研究生）可参加。硕博连读生、直接攻读博士生若在举办竞赛决赛的当年 6 月 1 日前未通过博士资格考试的，可以按硕士研究生学历申报作品；没有实行资格考试制度的学校，前两年可以按硕士研究生学历申报作品；本硕博连读生，按照四年、两年分别对应本、硕申报。博士研究生仅可作为项目团队成员参赛（不能作为项目负责人）且人数不超过团队成员数量的 30%。

② 职业院校学生：在举办竞赛决赛的当年 6 月 1 日以前正式注册的全日制职业教育本科、高职高专和中职中专在校学生。

3. 比赛日程

一般于 5 月底前进行校级初赛，6 月底前进行省级复赛，下半年进行全国决赛。一般来说,先有作品再参赛是较佳的选择,比赛之前确定选题,期间合作撰写商业计划书以及项目网评 PPT 等。

4. 定位

"挑战杯"中国大学生创业计划竞赛鼓励大学生提出创新的商业创业计划,参赛者可以自主选择创业项目和行业,进行市场分析、商业模式设计、财务规划等相关工作,并撰写详细的创业计划书。

5. 类型

聚焦创新、协调、绿色、开放、共享五大发展理念,分别设 5 个组别。

(1) 科技创新和未来产业:围绕创新驱动发展战略,推动数字经济健康发展,在智能制造、信息技术、大数据、人工智能、生命科学、新材料、军民融合等领域,结合实践观察设计项目。

(2) 乡村振兴和农业农村现代化:围绕实施乡村振兴战略,在农林牧渔、电子商务、乡村旅游、城乡融合等领域,结合实践观察设计项目。

(3) 社会治理和公共服务:围绕国家治理体系和治理能力现代化建设,在政务服务、消费生活、公共卫生与医疗服务、金融与财经法务、教育培训、交通物流、人力资源等领域,结合实践观察设计项目。

(4) 生态环保和可持续发展:围绕可持续发展战略和碳达峰碳中和目标,在环境治理、可持续资源开发、生态环保、清洁能源应用等领域,结合实践观察设计项目。

(5) 文化创意和区域合作:突出共融、共享,紧密围绕"一带一路"和京津冀、长三角、粤港澳大湾区以及成渝地区双城经济圈、长江中游城市群等区域合作,在工业设计、动漫广告、体育竞技和国际文化传播、对外交流培训、对外经贸等领域,结合实践观察设计项目。

11.3 其他重要创新创业竞赛

11.3.1 全国大学生电子商务"创新、创意及创业"挑战赛

1. 大赛简介

全国大学生电子商务"创新、创意及创业"挑战赛,又称"三创赛",在中国高等教育学会发布的全国普通高校大学生竞赛排行榜的 57 项赛事中排名第 13 位,是全国广大师生信赖、支持的比赛。

三创赛自 2009 年至 2024 年,已成功举办了 14 届。经过多年的发展,大赛的参赛队伍不断增加,从第一届的 1500 多支到第十二届的 13 万多支;参赛项目的内涵逐步扩大,从最初的校园电商到"三农"电商、工业电商、服务电商、跨境电商,以及 AI、5G、区块链等领域的创新应用;同时,创造性地举办了跨境电商实战赛。

2. 参赛对象

凡是经教育部批准的普通高等学校全日制在校大学生,经本校教务处等机构证明后都有资格参赛;高校教师既可以作为指导老师(在学生队中)也可以作为参赛选手(在混合

队中做队长或队员)与其他学生一起组成师生混合队参赛。

11.3.2 中国大学生计算机设计大赛

1. 大赛简介

中国大学生计算机设计大赛(Chinese Collegiate Computing Competition,简称"大赛"或4C)是我国高校面向本科生最早的赛事之一,自2008年开赛至今,一直由教育部高校与计算机相关教指委等联合主办。大赛的目的是以赛促学、以赛促教、以赛促创,为国家培养德智体美劳全面发展的创新型、复合型、应用型人才服务。

中国大学生计算机设计大赛始筹于2007年,首届于2008年举办,已经举办了17届(至2024年)赛事。自2019年开始,该大赛是全国普通高校大学生竞赛排行榜榜单内赛事。大赛每年举办一次。国赛决赛时间是当年7月中旬至8月下旬。

2. 参赛对象

中国境内高等院校中所有专业的当年在籍本科生(含港、澳、台学生及留学生)都可以参加大赛。

11.3.3 蓝桥杯全国软件和信息技术专业人才大赛

1. 大赛简介

蓝桥杯全国软件和信息技术专业人才大赛(简称"蓝桥杯大赛")由工业和信息化部人才交流中心主办,国信蓝桥教育科技有限公司承办。自2010年办赛以来,共有全国1600余所高校积极参与,累计参赛人数超65万人,已成为行业深度认可、全国规模领先的IT类学科赛事。

蓝桥杯大赛连续三年入选全国普通高校学科竞赛排行榜竞赛项目,其作为高校教育教学改革和创新人才培养的重要竞赛项目,为我国IT业的发展,培养和选拔了大批优秀人才。

2. 参赛对象

具有正式全日制高校学籍且符合相关科目报名要求的研究生、本科生及高职高专学生(以报名时状态为准),可报名参加除青少年创意编程赛外的其他各类比赛。

11.4 备赛经验分享

随着创新创业的热潮不断涌现,越来越多的高校开始重视创新创业大赛,鼓励学生积极参与创新创业大赛,以提高学生的创新能力和创业理念。现在的双创竞赛大多以PPT、项目计划书为评审标准,要想获得好成绩就需要认真筹备和精心准备。接下来我们将从选题、备赛及意义等方面进行介绍。

11.4.1 选题

在参加创新创业大赛之前,首先要明确自己的参赛目的和选题方向。

1. 参赛目的

对于大学生来说，参加创新创业竞赛一般是想要展示自己的创新能力，获得更多的人脉资源，或是找到投资机会等。

2. 选题方向

选题方向要根据自己的兴趣和实际情况来确定，可以通过查看往届优秀项目，从结果出发，通过分析往届优秀项目，了解项目基本特点与风格，寻找与自己专业或兴趣相符的项目选题。但是作品立意要具有实际意义，尽量立足于解决某个问题或社会现状，有应用和推广价值。

11.4.2 准备

我们认为，参加创新创业大赛的准备工作一般可以分前期、中期和后期三个阶段。

1. 前期准备

前期主要是确定选题和组建团队。选题确立后，首先从不同学院、不同专业招揽擅长项目规划、项目执行的队友。然后利用学校师资，找相关的竞赛老师，或者本专业的老师，获取相关的资料进行学习。

2. 中期准备

中期准备就进入大赛的主线任务。

（1）市场调研和竞争对手分析。

了解市场需求、竞争状况以及同类项目的优缺点和市场反响，明确自己项目的创新点以及市场规模。

（2）设计项目方案。

在明确选题和市场情况后，就需要开始设计自己的项目方案。方案设计过程中，要平衡好项目各要素的要求，然后再增加创新点和吸睛点，围绕着项目本身、商业模式、市场营销、财务分析、团队管理及发展战略等展开，设计要完整、合理、可行，同时也要符合大赛的评审标准和流程。

（3）撰写商业计划书。

如果项目偏重商业模式创新，撰写材料时要注意项目执行性与项目市场分析的撰写，突出创新性；如果项目偏重技术创新，要注重新技术与现有技术的对比，以及新技术的商业性体现。

（4）积极参与培训和交流活动。

在大赛筹备过程中，参赛者应积极参加创业讲座、商业模式课程、投资路演等活动，这样可以更好地理解市场和行业趋势，进一步学习和掌握更多的创新创业知识和技能。

（5）充分准备评审环节。

在评审过程中，参赛者需要结合PPT展示自己的项目和创新理念，回答评审人员的提问。因此PPT制作不仅要美观，而且要亮眼、突出重点，根据具体项目进行实际制作。答辩时应沉稳地应对，对于老师指出的不足之处应当虚心接受，后续及时完善。

11.4.3 发展

参加竞赛不仅对我们的专业知识有所要求，还能提升我们的就业机会。那大学生如何将竞赛与自身的专业以及就业发展相结合呢？以下几点是需要注意的。

第一就要选择与专业的相关竞赛，如果你是计算机类专业的学生，可以参加编程竞赛或算法竞赛。

第二是制订学习计划，安排专门的时间来学习与竞赛相关的知识和技能，并将其融入专业学习中。可以寻找与竞赛相关的课程、教材或在线资源，或者向导师、同学或行业专家寻求指导，这样可以指引你在专业学习和就业发展方向上的发展。

第三是参加团队竞赛，通过团队合作，提升自己的协作技巧、团队管理能力以及沟通能力。这些都是在职场中非常重要的技能，对未来的就业发展会有积极的影响。

第四是关注实践经验，竞赛通常涉及实际问题和项目，利用这些机会进行实践。将竞赛项目作为展示自己能力的机会，并在简历中突出这些实践经验，以吸引潜在面试官的注意。

第五，平衡竞赛与专业学习、就业发展是关键。合理安排时间，参与竞赛的同时不忽视学业和其他重要的事务。

11.5　本章小结

本章主要介绍创新创业竞赛的相关要点。首先，介绍创新创业竞赛概况，包括全国高校竞赛榜单中的创新创业类竞赛。接着，分别介绍了创新创业三大国家级赛事，分别是中国"互联网＋"大学生创新创业大赛、"挑战杯"全国大学生课外学术科技作品竞赛、"挑战杯"中国大学生创业计划大赛。然后，介绍了其他重要的创新创业竞赛。最后，针对大学生如何备赛进行了经验分享。

课后习题

1. 多选题

（1）2023年全国普通高校大学生竞赛榜单内竞赛项目名单排名前三的是（　　）。

　　A. 中国"互联网＋"大学生创新创业大赛

　　B. "挑战杯"全国大学生课外学术科技作品竞赛

　　C. "挑战杯"中国大学生创业计划大赛

　　D. ACM-ICPC国际大学生程序设计竞赛

（2）中国国际"互联网＋"大学生创新创业大赛中，普通高等学校全日制在校本科生可以参加（　　）赛道。

　　A. 高教主赛道　　　　　　　　　　B. 青年红色筑梦之旅赛道

　　C. 职教赛道　　　　　　　　　　　D. 产业命题赛道

2. 判断题

（1）全国普通高校学科竞赛排行榜是检验高校创新人才培养质量的重要标准之一。
（　　）

（2）中国"互联网＋"大学生创新创业大赛是"总书记亲自回信，总理亲自倡议，副总

理每年出席"的全国最高规格的学科竞赛。（　　）

（3）全国大学生课外学术科技作品竞赛（"大挑"）被誉为当代大学生科技创新的奥林匹克盛会。（　　）

（4）中国大学生创业计划竞赛自1999年举办以来，已经成为国内大学生最关注的全国性创业赛事之一。（　　）

（5）"小挑"又称"商业计划竞赛"，参赛作品是一个项目的商业计划。（　　）

参考文献

[1] 李善友.贝索斯,把所有资源 all in 在不变的事物上[OL]. https://ishare.ifeng.com/c/s/v0021Hq0----IFou9bn9i7fJVsnRTI--GTpid98TmuNL-_4lOHU__.

[2] 刘正伟.360周鸿祎谈年轻人创业：互联网是不用论资排辈的职业[OL]. https://ishare.ifeng.com/c/s/v002-_Xx--Chc6-_nrLEriTJSsmUgJ6gOX8y3j5kLKREbmyPYA__.

[3] 何源.创业宝典请收好,从0到1轻松落地创业计划[OL]. https://ishare.ifeng.com/c/s/v0029XK64JAaMxSSscKkkvvZMqfEUXxBVjOm7tTSqq49Ftg__.

[4] 程春雨.周鸿祎：不要把创业狭义地定义成开个公司自己当老板[OL]. https://news.qq.com/rain/a/20241023A0467Z00.

[5] 陈俊杰.反对低质换低价,倡导提效挖潜 头部餐饮品牌创始人谈如何度过"寒冬"[OL]. https://news.qq.com/rain/a/20240925A00T5Q00.

[6] 叶蓁.泡沫破灭,Ai四小龙烧了六百多亿后,如何熬过寒冬？[OL]. https://news.qq.com/rain/a/20221230A01J1I00.

[7] 蔡冬珍.何一兵：互联网要避免"三大坑"：互联网＋、APP、O2O[OL]. http://www.zjucce.cn/index.php/news/news_info/1937.html.

[8] 雷军口述.小米创业思考[M].北京：中信出版集团,2022.

[9] 腾讯网.16万创业公司失败原因分析,最容易忽视的市场研究7大问题[OL]. https://news.qq.com/rain/a/20230106A01UP200.

[10] 杨蓉.创业公司如何从0到1？[OL]. https://ishare.ifeng.com/c/s/v002FY7OKnJiyp--CIZd8Y9dpP1IV0Xd4rXFkmGVmkJK6Cxc__.

[11] Marc Andreessen.创业中最重要的事[OL]. https://news.qq.com/rain/a/20230922A0AUSJ00.

[12] 猎云网.傅盛：创业的一两个盲点 就能导致整个事情崩塌[OL]. http://www.lieyunwang.com/archives/431538.

[13] 猎云网.扎克伯格：先决定创业再决定做什么 是本末倒置[OL]. http://www.lieyunwang.com/archives/412043.

[14] 俞敏洪.柳传志、马化腾,靠"穿透力"才走到今天[OL]. https://cj.sina.com.cn/article/detail/2268916473/426318.

[15] 高悦.今天是第16个"全国疟疾日",致敬屠呦呦！[OL]. https://news.qq.com/rain/a/20230426A03LJW00.

[16] 经济观察网.比尔盖茨抵京演讲：有关困难与乐观,创新与人才,盛赞屠呦呦和袁隆平[OL]. https://baijiahao.baidu.com/s?id=1768756620479396736.

[17] 姚劲波.创业永远要做未来的事情,不要嫌早[OL]. https://www.36kr.com/p/1721224069121.

[18] 张学文.比尔·盖茨：从电脑神童到世界首富[M].中国社会出版社,2015.

[19] 凤凰财经.李开复：年轻人崇拜马云、雷军,一定是有浮躁的！[OL]. https://www.sohu.com/a/122242956_463979.

[20] 文森特·奥涅马(Vincent Onyemah)等.创业初期的五大认识误区,千万要当心[OL]. https://news.qq.com/rain/a/20241104A014E000.

[21] 闫怡勝.做了10年投资发现,创业成这功的关键在里[OL]. https://www.sohu.com/a/334088241_696204.

[22] 李天田.关于创新,大多数努力都是错误的[OL]. https://www.techsir.com/a/201602/28760.html#.

[23] 姚欣.创业十年三起三伏,我对科技创业者们有几点忠告[OL]. https://www.36kr.com/p/1722214760449.

[24] 孙陶然.一次成功的创业至少需要10年的时间,而中间需要经历这4个阶[OL]. https://zhuanlan.zhihu.com/p/58538810.

[25] 主编毛基业.创业中国故事[M].北京:中国人民大学出版社,2022.

[26] 许小年.创新何需高科技,创新是荒郊野地里的"孤狼"[OL]. https://mp.weixin.qq.com/s/Ub45jsh275mHO5GEh1FWYw.

[27] 陈文洋.创业二十余载,传统企业家和现代企业家都脱离不了商业本质[OL]. https://mp.weixin.qq.com/s?__biz=Mzg3MDUwODM2NA==&mid=2247494511&idx=1&sn=638c120e45485e7a036293967911f456&source=41#wechat_redirect.

[28] 程浩.会吃自助餐就会精益创业[OL]. https://www.36kr.com/p/1721232867329.

[29] 郭乐彬.互联网创业少走弯路的3个忠告:先活下来![OL]. https://blog.csdn.net/k7Jz78GeJJ/article/details/79227662.

[30] (美)史蒂文·霍夫曼著.让大象飞:激进创新,让你一飞冲天的创业术:the process of radical innovation[M].中信出版集团股份有限公司,2017.03.

[31] 徐勇.从建团队、找融资、应对危机来看百度早期创业[OL]. https://mp.weixin.qq.com/s?__biz=Mzg3MDUwODM2NA==&mid=2247494826&idx=1&sn=9f0e5f04d685ecc5186c72150-17bf59d&source=41#wechat_redirect.

[32] 陈向东.之所以失败,是因为你迟迟没有行动[OL]. https://mp.weixin.qq.com/s/4aN-JcvcO_96w3CUAWYGfA.

[33] 吴世春.梅花创投吴世春:给创业者的一封信[OL]. https://news.pedaily.cn/202304/512661.shtml.

[34] 陆玘.对阿尔·里斯定位理论的反思[D].上海:上海师范大学,2022.

[35] (美)迈克尔·波特著.竞争战略.第2版[M].北京:华夏出版社,2012.

[36] (美)埃里克·莱斯著.精益创业2.0[M].北京:中信出版集团,2020.08.

[37] 乔海燕.初创企业股权结构设计及实施策略分析[J].行政事业资产与财务,2021,(9):121-122.

[38] (美)彼得·蒂尔,(美)布莱克·马斯特斯著.从0到1:开启商业与未来的秘密[M].北京:中信出版社,2021.